本书系"'一带一路'背景下国有企业工程承包与能源投资的法律风险



"一带一路"沿线国家投资法丛书

ZHONGGUO QIYE CANYU
ZHONGDONG XINNENGYUAN TOUZI
FALÜ FENGXIAN YANJIU

# 中国企业参与
# 中东新能源投资
# 法律风险研究

方　拯　徐　莉　王　寰　刘明萍
贾　佳　曾小雄　刘唯唯　著

知识产权出版社
全国百佳图书出版单位
—北京—

**图书在版编目（CIP）数据**

中国企业参与中东新能源投资法律风险研究 / 方拯等著 . —北京：知识产权出版社，2023.7

ISBN 978-7-5130-8828-2

Ⅰ . ①中… Ⅱ . ①方… Ⅲ . ①新能源—基本建设投资—经济法—研究—中国 Ⅳ . ① D922.674

中国国家版本馆 CIP 数据核字（2023）第 129739 号

**内容提要**

中国企业海外投资规模不断扩大，在海外投资过程中，投资企业一方面需要系统了解我国有关涉外投资的法律法规，另一方面需要深入分析投资国的法律与政策。本书主要从中东地区新能源情况、新能源投资相关法律与政策、新能源投资风险及其预防、新能源投资争端解决机制四个方面分析中国企业在中东地区的投资环境、法律风险及规避风险的举措，对于中国企业特别是在中东地区投资的企业具有参考价值。

本书适合企业管理者阅读。

**责任编辑：**李　婧　　　　**责任印制：**孙婷婷

"一带一路"沿线国家投资法丛书

**中国企业参与中东新能源投资法律风险研究**

方拯　徐莉　王寰　刘明萍　贾佳　曾小雄　刘唯唯　著

| | | | |
|---|---|---|---|
| **出版发行：** | 知识产权出版社有限责任公司 | **网　　址：** | http：//www.ipph.cn |
| **电　　话：** | 010-82004826 | | http：//www.laichushu.com |
| **社　　址：** | 北京市海淀区气象路50号院 | **邮　　编：** | 100081 |
| **责编电话：** | 010-82000860转8594 | **责编邮箱：** | laichushu@cnipr.com |
| **发行电话：** | 010-82000860转8101 | **发行传真：** | 010-82000893 |
| **印　　刷：** | 北京中献拓方科技发展有限公司 | **经　　销：** | 新华书店、各大网上书店及相关专业书店 |
| **开　　本：** | 720mm×1000mm　1/16 | **印　　张：** | 17.5 |
| **版　　次：** | 2023年7月第1版 | **印　　次：** | 2023年7月第1次印刷 |
| **字　　数：** | 250千字 | **定　　价：** | 89.00元 |

ISBN 978-7-5130-8828-2

# 前 言

2018年以来，中国与“一带一路”沿线国家合作稳步推进，经贸投资领域合作不断升温，跨境直接投资成为“一带一路”沿线国家经济合作的核心领域。为有效应对气候变化、更好落实联合国2030年可持续发展议程，共建“一带一路”必须实现高质量发展。习近平主席在第二届“一带一路”国际合作高峰论坛的讲话中，从三个维度提出了高质量共建“一带一路”的重要论述，即秉承共商、共建、共享原则；坚持绿色、开放、廉洁理念；实现高标准、惠民生、可持续目标。从绿色“一带一路”建设情况来看，到2020年，中国与其他国家共建的能源项目以可再生能源项目为主。2021年9月，中国明确表示，将大力支持发展中国家绿色低碳发展，不再新建境外煤电项目。可见，新能源投资的重要性日渐凸显并成为企业对外投资的重要方面。

近年来，中东地区新能源投资备受关注。中东地区地处“两洋三洲五海”之地，油气资源丰富、沙漠平坦开阔。前者提供了充足的国家财富和信用，后者则为太阳能的开发利用提供了天然的场所和充足的光照条件。在中东各个国家的发展战略中，都将既可以取代油气资源又符合发展趋势的新能源作为经济转型、应对气候危机的重要发展领域。新能源投资得到政府高度重视，予以政策倾斜，如在超大的项目规模（通常大于等于300兆瓦）、超长的购电协议期限（通常25～30年）等方面，给予开发商从金融机构拿到优质融资的优势条件，这对全球投资商、承包商、供应商产生巨大吸引力。然而，新能源投资周期长、资金量大，属于投资中的高风险领域，且多数中东国家属于伊斯兰法系，我国投资者对其法律制度知之甚少。同时，中东国家法律变化频繁、本土化倾向明显，而我国海外投资的国际保障机制目前尚不完善，国际规则具有不确定性，双边或多边投资保护条约和自由贸易协定机制尚无法充分保护投资者的切身利益，因此加强对中东地区能源投资法律风险的研究具有较大现实意义。

湖南省“一带一路”基金作为湖南省国资系统三大基金之一，也是“资金融通、信息互通、产业互联”的国资境内外投融资平台，基金总规模达到200亿元。该基金支持省属国有企业“抱团出海”和创新国际化战略，共同推进“走出去”发展，尤其发力于中东新能源市场。在第二届中非经贸博览会上，湖南省国际合作私募基金管理有限公司（湖南省“一带一路”基金管理人，以下简称“湖南国合”）与沙特阿拉伯国际电力和水务公司正式签约埃及Kom Ombo 200MW光伏电站项目。该项目是湖南省在埃及投资规模最大的电站项目，也是中国在埃及通过埃及政府国际招标获得的投资规模最大的电站项目。该项目的签约，标志着湖南省“一带一路”基金在中东能源市场迈出了重要的一步。然而，项目的落地和实施也将不可避免地要面对中东国家复杂的法律环境及由此引发的投资风险。为此，湖南国合基金委托长沙理工大学法学院课题组就“‘一带一路’背景下国有企业参与中东能源工程承包与投资的法律风险及对策研究”课题进行研究，本书即是本课题的研究成果。

本书以中东地区新能源投资为视角，研究投资该地区的各种典型风险及应对策略，具体包括四章内容。本书较好地契合当下国际国内碳中和、碳达峰的热点，积极践行2020年12月12日习近平主席在气候雄心峰会上发表的重要讲话精神。习近平主席提出“以新发展理念为引领，在推动高质量发展中促进经济社会发展全面绿色转型，为全球应对气候变化做出更大贡献”。

本书第一章从中东地区新能源行业投资概况入手，系统性描述目标市场的投资环境，梳理我国海外投资政策、法律法规以及具体流程，并选取典型案例进行深入剖析，从理论与实践层面阐明研究企业参与中东新能源投资法律风险的重要性。在新能源投资的境外监管方面，我国更多地围绕境外投资项目的事中和事后监管展开，监管逻辑按照企业性质进行分类监管并实行信息集中分享机制。中国企业特别是国有企业除了要受到国内法律对于企业境外投资的普遍监管之外，还要受到专门针对国有企业从事境外投资的法律法规的监管。在此意义上，中国企业应注意处理中东地区新能源投资的合规性及风险防范。

第二章、第三章分别对中东地区新能源投资相关法律与政策进行了梳理，并将中国企业参与中东新能源投资需要注意的法律风险进行总结，结合投资者的实践，选取投资审查风险、环境法律风险、属地化用工风险及仲裁本地化风险四种极具中东地区区域特色的风险作为重点阐述内容，将其产生的制度及成因进行剖析，在此基础上提出具有可操作性的风险预防对策。当然本书也关注到了国际投资的共通性，因此也对其他风险及其预防进行了重点论述。

第四章落脚于中东新能源投资争端的解决机制。在第三章的基础上，收集与分析当下中东地区与能源投资相关的国内法与国际法体系，尤其注重对国际争端解决方式的解构，包括投资东道国国内的救济模式和国际救济机制。本章以“维纳酒店案”“新能源投资争端案”为例进行研究，在制度解读过程中辅以案例分析，从而提升制度阐述的说服力与制度理解的通俗性。同时，本书将综合传统习惯法、能源宪章条约及双边投资协定（BIT）中有关争端解决的约定、解决投资争端国际中心（ICSID）等第三方机制仲裁程序，建立行之有效的多元化海外能源投资法律纠纷解决机制。

我国学界对国际投资领域相关问题的研究比较充分，但尚无专著针对中东地区新能源领域投资问题进行专题研究。本书一方面梳理中东新能源投资相关法律与政策，为我国企业投资中东新能源投资市场提供参考；另一方面以实现“一带一路”倡议绿色原则对投资新能源项目的特殊要求，体现了国际投资领域的新发展。本书形成一些独到的观点与见解，希望为我国企业、实务界应对海外新能源投资领域的风险提供有益参考与智识支持。

本书由方拯、徐莉策划和组织编写，王寰担任编写小组助理。本书是团队合作的成果，分工具体如下：前言由方拯执笔；第一章由方拯、曾小雄、刘唯唯执笔；第二章由徐莉、贾佳执笔；第三章由方拯、刘明萍执笔；第四章由徐莉、王寰执笔。

同时感谢王轶翟、朱金敏、肖佳、沈雪珂、彭琛、王睿同学在查阅与整理资料、出版校对等方面做出的贡献。

# 目　录

## 第一章　中东新能源行业投资概况


一、中东新能源行业投资现状……………………………………………………1

（一）中东新能源的投资市场概述 ……………………………………1

（二）中东新能源投资的主要方式 ……………………………………5

（三）中国对中东新能源投资情况 ……………………………………8

二、中国赴中东新能源投资的流程及风险…………………………… 13

（一）中国海外投资政策与法规聚焦 ……………………………… 13

（二）中国企业赴中东投资的国内流程 …………………………… 18

（三）中国企业赴中东投资的国内合规风险及防范 ……………… 29

三、中东新能源投资的思考及应用——以某中国企业投资埃及光伏电站为例……………………………………………………………… 39

（一）项目基本情况 ………………………………………………… 39

（二）项目建设必要性 ……………………………………………… 40

（三）项目建设可行性 ……………………………………………… 41

（四）项目运营与投融资模式 ……………………………………… 45

## 第二章　中东新能源投资相关法律与政策梳理

一、中东地区新能源投资的国际条约…… 53
（一）国际能源宪章体系 …… 53
（二）中东多边投资保护条约 …… 60
二、中国与中东地区的双边投资条约…… 67
（一）中国与埃及关于鼓励促进与相互保护投资协定 …… 69
（二）中华人民共和国和沙特阿拉伯王国关于相互鼓励和保护投资协定（1996） …… 69
三、中东国家新能源投资的国内法律体系…… 70
（一）宪法 …… 70
（二）外国投资法律 …… 71
（三）外国投资的配套法律 …… 76
（四）环境保护和劳工权益保护的法律和政策 …… 80

## 第三章　中东新能源投资风险及其预防

一、中国企业遭受投资审查风险及其预防…… 84
（一）中东各国投资审查制度变动频繁 …… 84
（二）风险预防：关注制度变化寻求当地合作 …… 86
二、环境法律风险及其预防…… 92
（一）中东各国的环境保护法治趋于严苛 …… 92
（二）中东各国的环境立法庞杂 …… 93
（三）风险预防：严格履行企业环境责任 …… 96
三、属地化用工风险及其预防…… 97
（一）中东各国属地化用工的比例和保险缴纳 …… 97

（二）中东各国其他受法律保护的外籍劳工权利 ……100
（三）风险预防：灵活处理属地与外籍用工问题 ……102
四、仲裁本地化风险及其预防……103
（一）中东各国仲裁法修改展现本地化特征 ……103
（二）排除特许协议的可仲裁性限制能源投资者选择 ……104
（三）重新起用“用尽当地救济”原则将能源仲裁拉回国内司法体系 ……106
（四）风险预防：善用区域内国际仲裁庭解决纠纷 ……108
五、中东新能源投资的其他法律风险及其预防……110
（一）知识产权风险与东道国腐败风险 ……110
（二）风险预防：收集并熟悉当地立法现状 ……113

## 第四章 中东新能源投资争端解决机制研究

一、中东国家国际投资争端的国内救济机制……115
（一）中东国家新能源投资争端解决的诉讼机制 ……116
（二）中东国家新能源投资争端解决的仲裁机制 ……119
二、中东国家国际投资争端的国际救济机制……122
（一）双边条约中的新能源投资争端解决安排 ……128
（二）多边条约中的新能源投资争端解决安排 ……131
（三）中东国家对国际仲裁裁决的承认与执行 ……135
三、中东国家投资争端的典型案例……136
（一）维纳酒店案件 ……136
（二）新能源投资争端案例 ……141
四、中东国家国际投资争端的国际救济机制重要趋势……145
（一）涉及中东新能源开发的基础设施建设争议增加 ……146

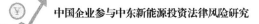

（二）本地仲裁服务对中东能源行业建设的能力提升 ……………… 147
（三）国际局势对中东能源投资争议的影响持续发酵 ……………… 149

## 附 录

附录一　中国与中东国家促进和保护投资双边协定签署情况附表………151
附录二　中国企业赴中东新能源投资相关法律法规…………………………152

参考文献……………………………………………………………………259

# 第一章　中东新能源行业投资概况

## 一、中东新能源行业投资现状

### （一）中东新能源的投资市场概述

1. 沙特阿拉伯

沙特阿拉伯（以下简称沙特）是中东北非地区最大的经济体和全球前二十大经济体之一，也是世界上最大的石油资源储藏国和出口国之一。自2016年实施“2030愿景”以来，沙特经济多元化发展已成大势所趋。大力发展新能源，既是沙特摆脱石油资源依赖、实现经济多样化的现实需求，也是沙特政府遵守《巴黎气候协定》、实现碳中和承诺的必然选择。

（1）沙特新能源投资环境良好。

可再生资源丰富：沙特位于北纬20~30°，是西亚地区的阿拉伯半岛，日照条件充足，平均日照量达到2200千瓦时/米$^2$，拥有开发太阳能、风能的良好自然条件。根据沙特阿卜杜拉国王原子能和可再生能源城的研究数据，沙特的风能集中在东部波斯湾、西部红海沿岸及西北部地区，沙特大部分地区全年平均风速6.0~8.0米/秒，风力资源较为充足。

新能源市场具有投资前景：根据沙特电力和水电联产管理局统计，2004—2017年，沙特总发电装机容量由28吉瓦增加至62.5吉瓦，年均增长率约为8%。而根据沙特国家统计局数据，沙特人口数量到2030年预计将达到 3910 万人，年均增长率约为 16.7%。为满足未来沙特居民的电力需求，到 2030 年，沙特全国发电总装机容量将至少需要达到 122.6 吉瓦。

新能源政策支持投资：沙特制定了可再生能源发展规划目标，是实现“2030 愿景”的重要内容。愿景目标包括两个阶段和两大目标。第一阶段：到 2023 年，实现新能源发电装机 27.3 吉瓦。第二阶段：到 2030 年，实现新能源发电装机 58.7 吉瓦，其中光伏 40 吉瓦，风力发电 16 吉瓦，光热发电 2.7 吉瓦。2021 年初沙特未来投资倡议峰会举办期间，沙特能源部长表示，到 2030 年，沙特发电装机总量的 50% 将由新能源构成。发展现状和规划目标之间的差距，使沙特新能源市场充满潜力。

非沙特投资者在新能源领域投资，可以享受沙特政府的一系列政策优惠，主要包括：① 100% 外资所有权。②雇用沙特籍员工享受沙特国家人力资源发展基金的薪资补贴（男性员工补贴不超过月工资 15%；女性员工不超过 20%。这也是沙特鼓励企业雇用本地员工就业的措施之一）。③用于项目的原材料和永久性设备可申请进口关税豁免，部分机械设备使用完再出口可申请退税。④项目用地租金补贴。

（2）沙特新能源投资市场相对成熟。

从项目招投标执行情况来看，沙特新能源项目已经形成了相对公平、公开和公正的市场模式和职能划分。

项目规划执行上分工明确：根据沙特国家新能源发展规划，“2030 年愿景”新能源发电装机 58.7 吉瓦，其中 30%（17.61 吉瓦）通过公开招标进行，目前已完成前两轮招标，第三轮正在进行中；70% 则通过邀请开发商进行竞争性谈判。

政府参与主体职能明确：沙特新能源市场的政府参与主体主要包括四大部门——沙特能源部新能源项目发展办公室、沙特公共投资基金、沙特电力和热电联产管理局、沙特购电公司，分别负责新能源项目公开招标、大型新能源项目投资开发和竞争性谈判合作、沙特新能源电力市场监管和新能源投资项目电力回购协议签订。通过政府部门的明确分工和协作，沙特新能源领域形成了比较完整的投资开发运营和监管链条，在沙特公私合作（PPP）相关法律、新能源专门法律等尚未出台的情况下，有效划定了投资者和政府的权利义务。此外，沙特新能源领域的重要政府参与者还包括三个：①规划和研究中心：沙特阿卜杜拉国王原子能和可再生能源城（KACARE），负责沙特范围内可再生资源分布研究，包括太阳能、风能、地热、垃圾发电等；②沙特能源部下属的阿卜杜拉国王能源研究中心（KAPSARC），能源电力转型是其研究重点方向之一；③最高决策机构：2020 年，沙特内阁组建电力生产和新能源推进能源事务最高委员会，负责沙特可再生能源事务和该领域本地化规划执行，作为领导和协调新能源事务的最高政府机构。

2. 埃及

埃及地跨亚非两大洲，领土面积 100 万平方公里，拥有超过 1 亿人口数量，是阿拉伯世界和非洲地区最重要的经济体之一。2014 年阿卜杜勒·法塔赫·塞西当政以来，对内稳定政治环境、改善营商环境和优化投资环境，对外开展全方位外交，加大吸引外资力度、加强与东西方经济强国合作力度，推动埃及社会经济持续改革和发展。尤其在全球新冠疫情暴发以后，埃及凭借社会经济改革释放的发展活力，在 2020 年保持了 1.5% 的经济增长速度，成为全球为数不多的保持经济正增长的国家之一。

（1）埃及新能源投资环境良好。

在全球新能源热的背景下，埃及的新能源发展主要具备三大优势：可再生资源丰富、市场需求和政策支持。

可再生资源丰富：埃及拥有丰富的光照和风力资源，这使其成为非洲可再生能源发展的最佳目的地之一，可再生设备市场的潜在价值达数十亿美元。埃及全境太阳能和风能资源丰富，使之成为西亚北非地区最具新能源发展潜力的市场之一：

市场需求：根据埃及发布的风能和太阳能地图显示，埃及太阳能资源区每天日照时长为 9~11 小时，红海沿岸、尼罗河西南岸和西部沙漠南部 50 米以上平均风速分别达到 8~10 米 / 秒和 6~8 米 / 秒。埃及尼罗河东西地区可以建设 52.3 吉瓦太阳能发电装机和 31.15 吉瓦风电装机，从资源禀赋看存在较大市场潜力。

政策支持：早在 2001 年，埃及穆巴拉克政府就在欧洲国家资助下开始了扎法拉纳风力发电项目的建设。2008 年，埃及最高能源委员会批准了埃及首个新能源发展规划，截至 2022 年年底，埃及已签署的可再生能源发电项目的装机容量合计超过 1200 万千瓦。2015 年，埃及政府重新修订了《可再生能源法》，旨在进一步推动社会资本和私人投资者参与本国可再生能源发电项目。塞西政府于 2016 年 10 月正式发布《2035 综合可持续发展能源战略》，计划到 2035 年将可再生能源供电比例提升至 42%，其中风电占比 14%、水电占比 2%、光伏占比 22%、光热占比 4%（风电 18 吉瓦，太阳能发电 43 吉瓦）。新能源和可再生能源市场将涌现大量机会。根据规划，私营领域将成为埃及新能源项目的主要资金来源。2017 年以来，埃及政府连续出台吸引外资的投资政策，向私营领域开放天然气销售、电力、铁路建设等投资领域，为包括新能源在内的多个行业引入私营资本和外资破除了障碍。

（2）埃及新能源市场竞争激烈。

埃及新能源市场潜力大，项目机遇多。在新能源资源丰富、经济改革发展、政策支持的背景下，埃及新能源市场在区域内存在较大潜力，未来十年项目机遇较多。欧美资金多，国际玩家多。观察埃及新能源的发展历程可以发现，埃及新能源项目从开始起就得到了世界银行、欧洲复兴开发银行、欧盟等国际组织和欧美资金的支持。资金支持一方面是国际金融机构要求埃及进行经济自由化改革的一部分交换条件，另一方面也为欧美开发商、承包商、供应商进入埃及新能源市场创造了便利条件。

商业模式成熟，市场竞争激烈。在经济改革、吸引外资的背景下，埃及政府先后颁布了《新能源电力法》和《公私合作法》[1]，形成了比较清晰的法律监管体系和商业模式。埃及发展新能源具备得天独厚的优势，如广袤的荒漠、充足的光照和风能资源等，加之较高的上网电价，埃及已成为全球最热门的新能源市场之一。市场环境向好吸引了更多企业加入，让中东区域、埃及本土、欧美企业之间形成比较激烈的市场竞争格局。中国光伏产品进入埃及前，中国承包商参与度较低。以埃及光伏项目为例，中国电科以工业试验和制造的路径进入埃及市场。阳光电源、正泰电器等中国光伏、电力生产商也在为埃及新能源项目供货，显示出了中国光伏制造行业的强大影响力。而与此形成对比的是，中国工程承包企业在埃及新能源项目上的参与度还较低。

## （二）中东新能源投资的主要方式

1.F+EPC（融资总承包）模式

（1）概念。

F+EPC 模式，即融资、设计、采购、施工一体化，是在原有的 EPC（工程总承包）模式的基础上衍生出来的新模式，通常是指公共设施项目的项目业主通过招标等方式选定承包商，由该承包商直接或间接筹措项目所需建设资金，以及承揽工程总承包相关工作，待项目建设完成后移交给项目业主，在项目合作期内由项目业主按合同约定标准向合作方支付费用的融资建设模式。该承包模式的重点在于融资。

（2）F+EPC 模式与其他模式的区别。

表 1–1 是 F+EPC 模式与其他模式的区别

[1] Law No. 67 for the year 2010 Promulgating the law regulating Partnership with the Private Sector in Infrastructure Projects, Services and Public Utilities。

表 1–1　F+EPC 与其他模式的对比

| 比较内容 | F+EPC | EPC | EPC+F |
|---|---|---|---|
| 融资要求 | 融资责任主体通常是业主，融资渠道由承包商搭建。 | 建筑企业适当让渡部分收益，帮业主分担部分融资成本。 | 建筑工程总承包方获取EPC 项目并帮业主解决相关资金问题。 |
| 收益表现 | F>EPC | — | F<EPC |
| 适用领域 | 以设备材料等占主要投资比例的石油化工、电力、加工制造业。 | 一般规模较大，工期较长，且具有相当的技术复杂性的工程。 | 由政府投资的基础设施和公共服务领域。 |

（3）F+EPC 的操作方式。

股权型：项目 EPC 承包方与项目业主共同出资成立合资公司，合资公司在 EPC 承包方的协助下筹集项目建设的资金，用于支付 EPC 工程总承包费用。

债权型：项目的 EPC 承包方通过委托贷款、信托贷款、借款等方式向项目业主提供项目建设的资金，由项目业主用于支付 EPC 工程总承包费用。

延付型：承包方先进行融资建设，EPC 工程总承包费用在建设期间支付一部分，剩余的部分由项目业主延期支付。

2. PPP（公私合作）模式

（1）概念。

PPP 的具体概念是“政府与私人组织之间为了提供某种公共物品或服务，通过合同明确双方的权利和职责，彼此之间形成一种伙伴式的合作关系，最终使合作各方达到比单独行动更为理想的结果”。PPP 模式通过合同的形式及共同合作的模式在政府和私人间搭建了“利益共享、风险共担”的协作关系，这既可以减轻政府方的财政负担，同时还能够发挥社会资本方的资金优势，降低社会资本方的风险，最终为消费者提供更多选择的机会和更为优质的服务。

（2）PPP 项目的特征。

PPP 项目具有复杂性和风险性：PPP 项目在立项磋商、建立运营、监督管理和绩效评估各个方面会有民事法律关系、行政法律关系，多种法律关系交集、并进甚至相互影响使 PPP 项目本身极具复杂性。同时，鉴于 PPP 项目的建设周期长、投入资本大、参与者众多，PPP 项目在实施过程中比一般的项目潜藏更多的风险。

PPP 项目兼具公益性和营利性：一方面，政府希望大力推广、广泛运用 PPP 模式，通过社会资本的融入为公民提供低价又优质的服务，减少政府的财政负担；另一方面，作为社会投资者则希望通过政府的庇护获得可观的投资回报。

（3）PPP 合同性质存在争议。

PPP 合同究竟属于单纯的民事合同还是行政合同，抑或是具有“双重混合性质”的合同一直存在很大争议，司法实践对此的判定不一。但 PPP 项目实现公共服务的最终目的是服务民生，且政府在项目中影响较大，因此，可以确定 PPP 项目中政府仍为主导，且 PPP 项目的公益性决定了政府部门作为公权行使机关需承担最终的项目责任。

3. BOT（建设—经营—移交）模式

（1）概念。

BOT 实质上是基础设施投资、建设和经营的一种方式，以政府和私人机构之间达成协议为前提，由政府向私人机构颁布特许，允许其在一定时期内筹集资金建设某一基础设施并管理和经营该设施及其相应的产品与服务。海外 BOT 项目，是指私营部门来自项目所在国，通过组建项目公司，与项目所在国政府签订 BOT 特许协议，并负责项目的融资、建设，在特许协议期内通过运营项目获利。因此，我国企业海外 BOT 项目是指我国企业以私营部门的身份参与到国外的 BOT 项目模式中，进行项目融资、建设、运营及移交等一系列工作。

（2）特征。

参与主体多：政府、投资方、项目公司、贷款方/债权人、承包方、项目运营方、产品购买方、供应方、保险方等。

政府干预：尽管BOT协议的执行全部由项目公司负责，但政府自始至终都拥有对该项目的控制权。在立项、招标、谈判三个阶段，政府的意愿起着决定性的作用。在履约阶段，政府又具有监督检查的权力，项目经营中价格的制订也受到政府的约束，政府还可以通过通用的BOT法来约束BOT项目公司的行为。

（3）BOT模式与PPP模式的比较。

PPP模式包含多种操作形式，BOT也是PPP的一种。BOT模式是指政府授予私人企业特许经营权，私人企业承担更多的风险，PPP模式则强调政府与社会资本建立的利益共享、风险分担及长期合作关系。

共同点：①这两种融资模式的当事人都包括融资人、出资人、担保人。②两种模式都是通过签订特许权协议使公共部门与私人企业发生契约关系。③两种模式都是用项目运营的盈利偿还债务并获得投资回报。

不同点：①组织机构设置不同。以BOT模式参与项目的公共部门和私人企业之间是以等级关系发生相互作用的；在PPP模式组织机构中，参与各方虽然没有达到自身理想的最大利益，但总收益却是最大的，实现社会效益最大化，更符合公共基础设施建设的宗旨。②运行程序不同。BOT模式运行程序包括招投标、成立项目公司、项目融资、项目建设、项目运营管理、项目移交等环节；而PPP模式运行程序包括项目识别、项目准备、项目采购、项目执行、项目移交环节。

### （三）中国对中东新能源投资情况

1. 中国对中东地区新能源的投资背景（以沙特、埃及为例）

从20世纪50年代起，中国和沙特之间开始正式的双边投资，截至

2020年，中国对沙特的投资增长到了39026万美元。并且近年来随着沙特市场的开放和中国企业的发展，中国到沙特投资的企业已遍布包括新能源行业在内的各个行业。2015年，中国政府和沙特政府签署了14项合作协议与备忘录，这14项合作协议涉及能源行业，双方将共同推进中国和沙特的战略合作，致力于建设“21世纪海上丝绸之路”和“陆上丝绸之路”，双方在可再生能源等领域力图打造一个互惠共赢的融资平台，推进中方企业在沙特的发展，实现中国政府和沙特政府的共赢。

2016年1月，习近平主席访问埃及期间，中埃两国政府发表《关于加强两国全面战略伙伴关系的五年实施纲要》，埃及政府表示支持中国“丝绸之路经济带”和“21世纪海上丝绸之路”倡议，中埃两国同意在“一带一路”倡议框架下加强电力、新能源，以及可再生能源等领域合作。中国愿意通过各种中方融资机制，与埃及就有关项目探讨开展融资合作。此外，中埃两国政府还同意加强能源特别是新能源和可再生能源领域合作，支持在埃及本地生产风能、太阳能电池板及硅板等，通过新能源和可再生能源领域的培训计划支持埃及相关能力建设。埃及政府希望以中国企业拥有的丰富技术经验为基础，与中国在埃及抽水蓄能、清洁燃煤发电、电网换代增效等领域进行合作。

2. 中国与中东地区新能源合作现状

为了能够在新一轮的国际能源转型中抓住机遇，摆脱单一能源消费结构，近些年中东各国新能源发展态势迅猛，纷纷提出了自己的新能源发展目标。如沙特“2030愿景”，计划到2030年新能源装机容量实现58.7吉瓦，新建核电站20座；埃及2035年能源战略，计划增加61吉瓦新能源发电装机容量，包括43吉瓦太阳能和18吉瓦风能。中东各国的新能源发展目标体现出两大特征：一是中东各国新能源发展目标较为宏远，在新能源领域雄心十足，但从中东当前的发展情况来看要实现这些目标具有较大的挑战性；二是各国新能源的主要发展方向为太阳能光伏、核能和风力发电领域，这些领域体现了中东各国新能源发展因地制宜的特征。

我国与中东地区新能源合作，主要集中在太阳能、核能、风能、生物质等领域，这与彼此的合作基础与发展规划相契合。中国企业与中东国家新能源合作的主要方式是EPC模式，主要原因在于新能源开发项目投资规模大、资质要求高，招投标的时间又短，同时受欧美等西方发达国家资金雄厚、投建更具优势等因素影响。

虽然在核能、风能、生物质发电领域，中国与中东地区合作市场广阔，但当前合作规模较小。近年来，中东国家为了摆脱对化石燃料的过度依赖，越来越重视民用核能的发展，而我国核电技术已经相当成熟，具备“走出去”的条件。2016年，中国核工业建设集团与沙特等国签订了关于高温气冷堆项目的合作协议。2016年中国与伊朗也签订双边协议，将在阿曼湾附近为其修建两座核电站。可见，中国自主研发的新一代核技术已经受到中东地区国家的信赖。中东地区风力资源较为丰富的有摩洛哥、埃及、阿曼、伊朗等海岸国家，但埃及、摩洛哥在风力发电领域与中国合作甚少，而较早进军埃及、摩洛哥两国风力发电市场的，是技术更加先进的法国、德国和日本等发达国家。

3. 中国与中东地区新能源合作的特点

政策性意愿大与合作规模小之间的落差：目前，从官方政策来看，中东主要国家都提出了宏远的新能源发展目标，与中国的合作意愿也非常强烈，但现实情况却不尽如人意。双方新能源合作有限的深层原因，既非资源问题，也非资金问题，主要还是社会层面的问题。针对这一窘境，我们需要理性而客观地分析。从沙特、阿联酋、卡塔尔等国家来看，这些国家新能源发展缓慢的深层原因并非缺金少银，他们凭借丰富的油气资源早已积累了雄厚的国家资本，人均生活水平基本接近发达国家。与这类国家新能源合作不足的根本原因，在于其没有将新能源发展作为当前能源转型的强烈意愿。石油危机后，西方为了减少对传统化石能源的过度依赖，带头掀起以新能源为核心的新一轮能源革命，这引起世界各国的广泛关注，中东国家作为传统能源供应中心更是反应强烈，也纷纷提出自己的规划，可在操作层面上，却大相径庭。根据可供利用的资源论，当前的确不是中东能源转型的最佳时机，高油价时期不转型，低油价时转型更难。在一切顺风顺水的高油价时期，其国内各界对于需要投入大量资源进行转型的大工程则难以达成共识，转型的动力明显不足，彼此合作规模也因此受限。从相对贫穷的国家来看，其与前一类国家的区别在于，其的确不具备与其能源转型目标相适应的能力。埃及的新能源发展成就的确令人印象深刻，但如果不是在外国的投资下仅靠自己也无力发展一些必要的项目。如摩洛哥原本计划在 2025 年实现新能源装机量达到 52%，但后来因投资不足重新调整计划为到 2030 年达到 52%。伊朗、伊拉克、也门、叙利亚等国则要么受到国际制裁而经济一度不景气，要么不得不将有限的资源用于更加重要的安全领域。

以 EPC 合作模式为主并参与国际竞合：我国新能源企业同中东地区合作的方式，主要以总承包作为参与方的合作方式为主，这种较为单一的合作方式，深受国际因素的影响。从当前国际能源项目合作模式看，任何一个国家的国际能源合作，基本上都是以政府为主导，民间资本参与项目合作，这种合作模式又称为公私合营模式（PPP 合作模式）。PPP 合作模式在欧美国家发展比较成熟，它又可以根据项目具体运作方式分为：EPC（总承包合作模式）、BOO（建造—拥有—运营模式）、BOT（建造—运营—移交模式）、SPV（特殊目的载体等合作模式）。我国与中东国家之间新能源合作依然是以典型的 EPC 合作模式为主，而出现这种现象的主要原因在于，我国新能源企业与中东国家合作过程中还需要同欧洲国家和美国等发达国家竞争，在竞争过程中我国新能源企业在运营管理方面劣势较明显，即使在太阳能光热发电领域具有技术竞争力，但由于国际能源合作投资大、风险高、周期长，企业也会保持谨慎态度。我们从埃及新能源产业发展历程就可以看出，埃及政府较早就出台了 PPP 法支持本国光伏产业发展，明确将采取多种项目运作模式，保障光伏产业的发展，欧美国家凭借自身先进的运营管理经验和资金优势，在埃及新能源项目开发中获得了开发、运营、供应和特殊目的主体的权限。我国的阳光电源、正泰电器等电力企业虽然也参与供货，承包了部分项目，但与欧美国家相比，我国新能源企业的参与度较低。

专利技术为核心内容的多领域合作特征：在竞争激烈的国际新能源市场中，掌握核心技术才是扩大国际新能源合作的关键性因素。传统上，中国与中东地区的经贸合作主要局限于石油的买卖，中国超过一半的石油来自中东。但从近年来看，中国与中东地区的合作内容正在发生改变，新能源成为双方合作的新内容。中国的新能源产品或服务之所以能够进入中东市场，主要有两方面的原因：一是受国际能源转型的影响，中东地区自身石油出口占比下降较快，在其他领域寻求与中国扩大合作范围。根据国际能源署 2021 年 1 月份出版的欧佩克《石油市场月报》显示，2020 年世界石油需求总量为 9001 万桶 / 天，同比下降 9.78%，国际油价也出现大幅下降，这对中东石油出口带来较大冲击。在这样的背景下，中东国家重视与中国的新能源合作，尤其注意到中国在太阳能、核能等领域的先进技术水平在不断提高。二是中国新能源技术的迅速发展，并逐渐得到国际社会认可，这也是我国与中东国家新能源合作顺利的关键所在。根据世界知识产权组织统计，在 2010 年至 2019 年后半年间，尽管日本的新能源专利申请仍以 3114 项位居榜首，美国以 2247 项排名第二，中国以 1522 项上升至第三位。在中国的所有专利申请中，有 1115 项专利属于太阳能技术领域，说明中国近年来这方面进步非常大。不仅如此，与其他地区的申请人相比，中国申请人在更多的司法管辖区申请专利，这说明中国申请的专利发明全球商用潜力更大。

## 二、中国赴中东新能源投资的流程及风险

### （一）中国海外投资政策与法规聚焦

1. 国务院

（1）国务院办公厅2016年印发《关于建立国有企业违规经营投资责任追究制度的意见》。该意见的追责范围包括固定资产投资和投资并购方面。固定资产方面包括未按规定进行可行性研究或风险分析；项目概算未经严格审查，严重偏离实际；未按规定履行决策和审批程序擅自投资，造成资产损失；购建项目未按规定招标，干预或操纵招标等。投资并购方面包括投资并购未按规定开展尽职调查，或尽职调查未进行风险分析等，存在重大疏漏；财务审计、资产评估或估值违反相关规定，或投资并购过程中授意、指使中介机构或有关单位出具虚假报告；未按规定履行决策和审批程序，决策未充分考虑重大风险因素，未制定风险防范预案等。

责任承担方式采取单独或合并使用的方式，包括组织处理、批评教育、扣减薪酬、禁入限制、纪律处分、移送司法机关处理等。

（2）国务院2008年修订《中华人民共和国外汇管理条例》。该条例对经常项目外汇管理的规定：对经常性国际支付和转移不予限制，并进一步便利经常项目外汇收支。取消经常项目外汇收入强制结汇要求，经常项目外汇收入可按规定保留或者卖给金融机构；经常项目外汇支出按付汇与购汇的管理规定，凭有效单证以自有外汇支付或者向金融机构购汇支付。

该条例对资本项目外汇管理的规范：一是为拓宽资本流出渠道预留政策空间，简化对境外直接投资外汇管理的行政审批，增设境外主体在境内筹资、境内主体对境外证券投资和衍生产品交易、境内主体对外提供商业贷款等交易项目的管理原则。二是改革资本项目外汇管理方式。除国家规定无须批准的以外，资本项目外汇收入保留或者结汇应当经外汇管理机关

批准；资本项目外汇支出国家未规定需事前经外汇管理机关批准的，原则上可以持规定的有效单证直接到金融机构办理，国家规定应当经外汇管理机关批准的，在外汇支付前应当办理批准手续。三是加强流入资本的用途管理。要求资本项目外汇及结汇后人民币资金应当按照有关主管部门及外汇管理机关批准的用途使用，并授权外汇管理机关对资本项目外汇及结汇后人民币资金的使用和账户变动情况进行监督检查。

该条例对完善跨境资金流动监测体系的规定：总则中明确要求国务院外汇管理部门对国际收支进行统计监测，定期公布国际收支状况，另一方面要求金融机构通过外汇账户办理外汇业务，并依法向外汇管理机关报送客户的外汇收支及账户变动情况。有外汇经营活动的境内机构，还应当按照国务院外汇管理部门的规定报送财务会计报告、统计报表等资料。

2. 商务主管部门

（1）商务部、中央网络安全和信息化委员会办公室、工业和信息化部2021年印发《数字经济对外投资合作工作指引》。该指引鼓励企业主动参与全球数字化，积极融入全球先进数字技术开发体系。监管制度上利用对外投资备案报告制度，用好境外企业和对外投资联络服务平台，加强监测与分析。该指引表现出国家对于企业数字化转型持鼓励态度，对于数字企业的监管较宽松，遵循包容审慎原则，以指导为主。

（2）商务部、生态环境部2021年印发《对外投资合作绿色发展工作指引》。该指引要求企业对外投资合作践行绿色发展理念，开展境外绿色投资，支持在太阳能、风能、核能、生物质能等清洁能源领域的对外投资；鼓励企业按照国际通行惯例开展对外投资项目环境评估和尽职调查，识别潜在环境风险；推进绿色技术创新，鼓励企业灵活运用各种投资方式和路径，与国际先进企业开展第三方合作；企业要用好境外企业和对外投资联络服务平台，加强环境风险预警和预案；鼓励企业提高对外投资合作绿色发展水平。

（3）商务部2019年印发新版《对外投资合作“双随机、一公开”监管工作细则(试行)》。该细则规定，对对外投资企业进行监管贯彻公开、透明、高效的原则，遵循随机抽取检查对象、随机选派执法检查人员，及时公开检查情况和查处结果的监管制度；取消了2014年商务部发布的《境外投资管理办法》中国内企业在境外投资开办企业（金融企业除外）由省级商务主管部门核准初审的规定，统一由商务部进行监管；根据实际情况进行合理的确定检查，对外投资的检查频次每年不少于1次，原则上境外企业抽取比例不低于检查对象名录库中企业总数的2%；对“双随机”设定了例外情况，即对有明显问题的企业进行定向抽查；抽查过程中发现的违法违规问题将纳入“对外投资合作和对外贸易领域不良信用记录”平台。被公示的抽查对象纠正、改正相关问题后，商务部或省级商务主管部门可移除相关公示信息；对整改不到位的企业进行多手段惩治处理；监管内容包括企业合规、主体安全。

（4）商务部、中国人民银行、国务院国有资产监督管理委员会（以下简称“国务院国资委”)、中国银行监督管理委员会、中国证券监督管理委员会、中国保险监督管理委员会、国家外汇管理局2018年联合印发《对外投资备案（核准）报告暂行管理办法》。第一，“管理分级分类、信息统一归口、违规联合惩戒”的对外投资管理模式：管理分级分类是指各部门依据国务院赋予的对外投资管理职责开展相应的对外投资备案（核准）报告工作；信息统一归口是指商务部牵头对外投资备案（核准）报告信息统一汇总；违规联合惩戒一方面是指如境内投资主体未按该办法规定履行相应义务的，商务部将会同相关主管部门视情况采取提醒、约谈、通报等措施；另一方面是指如发现境内投资主体存在偷逃税款、骗取外汇等行为，管理部门将把有关问题线索转交相关部门依法处理。第二，明确对外投资备案（核准）按照“鼓励发展+负面清单”进行管理。商务部等部门实行“备案为主、核准为辅”的管理方式。负面清单明确限制类、禁止类对外投资行业领域和方向。第三，明确对外投资备案（核准）实行最终目的地管理原则。最终目的地指境内投资主体投资最终用于项目建设或持续生产经营的所在地，对于境内投资主体投资到最终目的地企业的路径上设立的所有空壳公司，管理部门均不予备案或核准。最终目的地企业再开展的投资活动不属于现行对外投资管理范畴，无须办理对外投资备案或核准手续。第四，明确“凡备案（核准）必报告”的原则。境内投资主体完成对外投资备案（核准）手续后，向相应的主管部门定期报送对外投资关键环节信息；当境内投资主体对外投资出现重大不利事件或突发安全事件时，按“一事一报”原则及时向相关主管部门报送。第五，规定了重点督察和“双随机、一公开”抽查工作相结合的事中事后监管方式。

3. 国家发展和改革委员会

（1）国家发展和改革委员会（以下简称国家发展改革委）2017 年颁布《企业境外投资管理办法》，2018 年开始实施。该管理办法规定，投资主体直接或间接通过其控制的境外企业开展敏感类项目，包括涉及敏感国家和地区的项目及敏感行业的项目，需实行核准管理；投资主体直接开展的非敏感项目，即涉及投资主体直接投入资产、权益或提供融资、担保得到非敏感项目，实行备案管理。

实行备案管理的项目中，投资主体是中央管理企业（含中央管理金融企业、国务院或国务院所属机构直接管理的企业）的，备案机关是国家发展改革委；投资主体是地方企业，且中方投资额 3 亿美元及以上的，备案机关是国家发展改革委；投资主体是地方企业，且中方投资额 3 亿美元以下的，备案机关是投资主体注册地的省级政府发展改革部门。

（2）国家发展改革委、商务部、中国人民银行、外交部 2017 年印发《关于进一步引导和规范境外投资方向的指导意见》。该指导意见按“鼓励发展 + 负面清单”模式引导和规范企业境外投资方向，明确了鼓励、限制、禁止三类境外投资活动。该指导意见在基础设施、产能和装备、高新技术和先进制造、能源资源、农业、服务业等方面提出六类鼓励开展的境外投资；近年来房地产、酒店等领域境外投资出现非理性倾向，指导意见将此类境外投资纳入限制类是为提示企业审慎参与。该指导意见提出禁止企业参与危害或可能危害国家利益和国家安全的五类境外投资活动，旨在为我国企业“走出去”划清“红线”、明确“禁区”，更好维护国家利益和安全。

措施分为三方面：完善管理机制方面，强调将加强境外投资真实性、合规性审查，防范虚假投资行为，同时提出建立健全境外投资黑名单制度、部门间信息共享机制、国有企业境外投资资本金制度等一系列制度。提高服务水平方面，提出制定境外投资经营行为规范、加强与合作国开展机制化合作、支持中介机构发展等政策举措。强化安全保障方面，提出加强对赴高风险国家和地区投资的指导和监督、督促企业开展境外项目安全风险评估等政策措施。

4. 中国银行保险监督管理委员会

中国银行保险监督管理委员会 2020 年发布了《保险资产管理产品管理暂行办法》。该办法规定，保险资管产品的投资范围包括国债、地方政府债券、中央银行票据、政府机构债券、金融债券、银行存款、大额存单、同业存单、公司信用类债券、证券化产品、公募基金、其他债权类资产、权益类资产和银保监会认可的其他资产。上述投资范围与理财产品、私募资管计划的投资范围总体一致。在监管方面要求保险资管机构有效识别保险资管产品的实际投资者与最终资金来源，充分披露资金投向、投资范围和交易结构等信息。

5. 国家外汇管理局

国家外汇管理局 2015 年发布《关于进一步简化和改进直接投资外汇管理政策的通知》。该通知总体而言简化了直接投资的外汇管理。需注意的是，该通知被部分修改。取消境内直接投资项下外汇登记核准和境外直接投资项下外汇登记核准两项行政审批事项，通过银行对直接投资外汇登记实施间接监管；简化部分直接投资外汇业务办理手续，简化境内直接投资项下外国投资者出资确认登记管理、取消境外再投资外汇备案、取消直接投资外汇年检，改为实行存量权益登记。

## （二）中国企业赴中东投资的国内流程

中国企业拓展海外新能源市场时经常面临障碍，这些障碍包括对国家相关部门的监管制度理解不到位、中外文化差异、企业必要监管经验的缺乏及国外市场透明度缺失等。而其中，熟悉本国严格的监管制度是中国企业海外投资面临的第一关。因此，对于想要在中东开展新能源投资的中国企业而言，在作出海外投资的决策后，首先就应当密切关注国内相关政策法规，准确把握政策导向，依法依规履行境外投资国内申报程序以防因国内合规问题导致对外投资失败。

目前，中国境外投资监管和风险防范体系正在逐步完善。一方面，我国政府简政放权不断推进境外投资便利化，对于企业境外直接投资审核经历了从“核准为主”到“备案为主”的转变；另一方面，政府部门也对企业备案核准的信息进行了真实性合规审查，加强针对企业境外投资的合规管理，督促中资企业依法合规开展境外投资，以树立中国投资者良好形象。

1.ODI 备案登记流程

（1）国家发展改革委备案登记流程。

国家发展改革委进行境外投资监管的主要依据是 2018 年 3 月 1 日正式实施《企业境外投资管理办法》。除该办法外，国家发展改革委还配套公布了企业境外投资管理办法配套格式文本，为企业境外投资申报提供了格式文本及填写的具体指南。

①受国家发展改革委监管的境外投资方式及申报类型。

国家发展改革委的职责中涉及海外投资的包括提出利用外资和境外投资的战略、规划及有关政策建议，按权限审核重大项目。因此，在境内企业 ODI 备案登记的审查中，国家发展改革委将重点审查境内企业作为投资主体直接或者间接控制的境外企业开展的境外投资。

该办法第二条规定，ODI 主体直接，或者通过其控制的境外企业以投入资产、权益或者提供融资、担保等方式获得境外所有权、控制权经营管理权及其他相关权益的投资行为受到发改部门的监管。投资活动主要包括但不限于下列情形：获得境外土地所有权、使用权等权益；获得境外自然资源勘探、开发特许权等权益；获得境外基础设施所有权、经营管理权等权益；获得境外企业或资产所有权、经营管理权等权益；新建或改扩建境外固定资产；新建境外企业或向既有境外企业增加投资；新设或参股境外股权投资基金；通过协议、信托等方式控制境外企业或资产。

依照《企业境外投资管理办法》（发改委 11 号令）第十三条和第十四条规定、《关于发布境外投资敏感行业目录（2018 年版）的通知》（发改外资〔2018〕251 号）、国家发展改革委《境外投资核准备案常见问题解答（2021 年）》回复可知，敏感项目主要包括：一是涉及敏感国家和地区的项目；二是涉及敏感行业的项目。

敏感国家和地区分为四种情形：一是与中国未建交的国家和地区；二是发生战争、内乱的国家和地区；三是根据中国缔结或参加国际条约、协定等，需要限制企业对其投资的国家和地区；四是其他敏感国家和地区。

境内企业开展敏感类项目投资的以及中方投资额在 10 亿美元以上的，其核准机关是国家发展改革委。境内企业直接投资的是非敏感类项目，但是投资主体是中央管理企业或者地方企业（中方投资额在 3 亿美元以上的）其备案机关也是国家发展改革委。而投资主体是地方企业，且中方投资额在 3 亿美元之下的，备案机关是投资主体注册地的省级政府发改部门。

②发展改革委的核准 / 备案流程。

境内企业应当依照对外投资具体的申报类型，向对应级别的发展改革部门提交核准以及备案的申请。

依照国家发展改革委发布的《国家发展改革委办公厅关于启用全国境外投资项目备案管理网络系统的通知》（发改办外资〔2014〕1386 号）规定，需核准的项目应当通过国家发展改革委政务服务大厅提交申请报告。而对于需备案的项目，地方企业中方出资额在 3 亿美元以上的，无须省级发改部门转报，可以直接同核准项目一样通过国家发展改革委政务服务大厅进行申报。而对于中方出资额低于 3 亿美元的地方企业而言，只需要通过“全国境外投资管理和服务网络系统”提交备案表即可。投资主体是中央管理企业的，由其集团公司或总公司向备案机关提交；投资主体是地方企业的，由其直接向备案机关提交。此外，《企业境外投资管理办法》（发改委 11 号令）第十六条还规定了由两个以上主体共同开展的海外投资项目，应当由投资额的一方在征得其他投资方的同意后，备案申请以及如果各方投资额相等应当协商一致的规定。

对于需要核准的境外投资项目，依据《企业境外投资管理办法》（发改委 11 号令）其项目申请报告应当包含以下内容：投资主体情况；项目情况包括项目名称、投资目的地、主要内容和规模、中方投资额等；项目对我国国家利益和国家安全的影响分析；投资主体关于项目真实性的声明。同时，项目申报的附件应当依照《境外投资项目核准和备案管理办法》（发改委 9 号令）附属文本的要求，具体包括：a. 公司董事会决议或相关的出资决议；b. 投资主体及外方资产、经营和资信情况的文件；c. 银行出具的融资意向书；d. 以有价证券、实物、知识产权或技术、股权、债权等资产权益出资的，按资产权益的评估价值或公允价值核定出资额，并应提交具备相应资质的会计师事务所、资产评估机构等中介机构出具的审计报告、资产评估报告及有权机构的确认函，或其他可证明有关资产权益价值的第三方文件；e. 投标、并购或合资合作项目，应提交中外方签署的意向书或框架协议等文件。

而对于需要备案的境外投资项目，境内企业应当提交境外投资项目备案申请表（表中应当包含项目名称、投资主体情况、项目公司情况、投资领域、项目内容、投资规模、投资方式、出资方式、资金用途等内容），以及投资主体股权架构图、投资主体财务报表、投资主体投资决策文件、具有法律约束力的投资协议或类似文件等证明材料。

在收到境内企业提交的核准 / 备案申请后，核准机关应当在受理项目申请报告后 20 个工作日内作出是否予以核准的决定，对符合核准条件的项目，核准机关应当予以核准，并向投资主体出具书面核准文件。对不符合核准条件的项目，核准机关应当出具不予核准书面通知，并说明不予核准的理由。备案机关在受理项目备案表之日起 7 个工作日内向投资主体出具备案通知书。备案机关发现项目违反有关法律法规、违反有关规划或政策、违反有关国际条约或协定、威胁或损害中国国家利益和国家安全的，应当在受理项目备案表之日起 7 个工作日内向投资主体出具不予备案的书面通知，并说明不予备案的理由。

（2）商务部门备案登记流程。

①商务部的基本职能及依据。

商务部是中国主管国内外贸易和国际经济合作的国务院组成部门。对外经济合作、拟定对外经济合作政策是商务部的重要工作之一，包括拟定境外投资的管理办法和具体政策，依法核准中国企业对外投资。商务部的该部门规章仅适用于非金融企业，金融企业则由其相应的主管金融监管部门履行核准 / 备案职责。商务部进行境外投资监管的主要依据是《境外投资管理办法》（商务部令 2014 年第 3 号）（《商务部 3 号令》）及《对外投资备案（核准）报告暂行办法》（商合发〔2018〕24 号）。依照《管理办法》的规定，境外投资指的是中国企业通过新设、并购及其他方式在境外拥有非金融企业或取得既有非金融企业所有权、控制权、经营管理权及其他权益的行为。需要注意的是，商务部门仅对投资和并购境外企业的行为进行监管，而并不对其他取得境外资产权益的行为进行监管。

②前期报告程序。

根据《商务部、国家外汇管理局关于印发〈企业境外并购事项前期报告制度〉的通知》（商合发［2005］131号）的规定，并购双方签订并购意向书或备忘录后，境内中国企业须及时向商务部及地方省级商务主管部门报告，即填写并提交《境外并购事项前期报告表》，具体需要报告的事项包括境内投资主体、实施并购的具体子公司、境外并购目标企业、预计投资总额、交易方式、初步时间安排、潜在的风险及应对方案等事项。目前，该通知目前仍然有效，实践操作中也仍然在执行，但是前期报告制度提交的时间节点已经有所放松。中国企业无须在并购意向达成后即可递交《境外并购事项前期报告表》，仅需在首次办理境外投资核准/备案程序时与其他材料一起递交即可。

③商务部门境外投资核准/备案流程。

A. 核准/备案对外投资项目。

根据《境外投资管理办法》，商务部对企业实行“备案为主，核准为辅”的监管模式，商务部和省级商务主管部门按照企业境外投资的不同情形，分别实行备案和核准管理：企业境外投资只要涉及敏感国家和地区、敏感行业的，无论投资额度多少，都需要实行核准管理。企业其他情形的境外投资，均实行备案管理。

需要注意的是，商务部关于敏感国家地区及敏感行业的范围与国家发展改革委有所不同：依据商务部的规定，敏感国家地区主要包括未与中华人民共和国建交、受联合国制裁、发生战乱、内乱及根据国际条约与协定，需要限制企业对其投资的国家与地区；实行核准管理的行业是指涉及出口中华人民共和国限制出口的产品和技术的行业、影响一国（地区）以上利益的行业，包括武器装备的研制生产维修、跨境水资源开发利用以及新闻传媒等。

B. 核准 / 备案流程。

受理机构。依照《境外投资管理办法》第九条、第十条的规定。中央企业投资的核准备案都应当直接向商务部提出；而地方企业对外投资的核准则需要通过所在地省级商务主管部门向商务部提出申请，而备案则是向所在地省级商务部门备案即可。同时依照《商务部办公厅关于完善境外投资备案（核准）无纸化管理的通知》（商办合函〔2020〕82 号）的规定，境外企业在办理境外投资核准手续时，原则上不再报送纸质材料，而是通过商务部业务统一平台境外投资信息管理服务系统进行线上接收。

申报应当提交的材料。依照《境外投资管理办法》及商务部发布的《境外投资核准服务指南》的规定，境内企业申请境外投资核准需要提交的材料包括：a. 申请书（包括投资主体基本情况、境外企业名称、股权结构、投资金额、投资范围等内容）；b.《境外投资申请表》；c. 境外投资相关的合同与协议；d. 有关部门对所涉关于中华人民共和国限制出口的产品或者技术标准予以出口的材料；e. 企业营业执照复印件等证明材料。境内企业进行境外投资备案则需要提交：a. 境外投资（机构）备案表；b. 营业执照；c. 境外投资相关的合同与协议；d. 可行性研究报告；e. 投资资金来源情况说明等证明材料。

流程。申请人在通过线上服务系统提交申报材料的同时，可向所在地商务主管部门，提交纸质材料。商务主管部门在收到申请后，核准的法定办结时限为 20 个工作日（地方企业 15 个工作日），备案的法定办结时限为 3 个工作日。依据《境外投资管理办法》第八条的规定，境内企业在完成商务部的核准 / 备案程序后，商务主管部门将会向企业签发《企业境外投资证书》和《境外中资企业（机构）报道登记表》。《企业境外投资证书》由商务部及省级商务主管部门分别印制并盖章，实行统一编码管理。

核准 / 备案后的事由。其中《投资证书》的有效期限为 2 年，企业自领取证书之日起2年内，未开展有效境外投资的，即未前往开户银行办理境外直接投资外汇登记手续的，证书自动失效。

在境外企业完成当地注册后，境外企业的中方负责人应持境外中资企业（机构）报道登记表、企业境外投资证书复印件等资料，当面或者以信函、传真、电子邮件等方式向中国驻外使领馆经商处室报道登记，完成后必须将境外中资企业（机构）登记报道表的回执联原件交回境内商务主管部门保存。

2. 外汇登记

（1）外汇登记政策法律依据。

外汇管制，也称外汇管理，是指一个国家或地区的中央政府或者货币当局（简称“外汇当局”）对外汇的收支、买卖、定价、结算和市场所实施的管制措施，并通过立法和颁布相关法规、条文或法令来实现有计划的外汇管理、协调、组织和限制。外汇管理的机构是指政府制定或者授权银行履行外汇管制职能的机构。而外汇的管理内容则主要包括对经常项目外汇的管理、对资本项目外汇的管理及对汇率的管理、对外汇账户外汇储备的管理等。

就我国而言，我国的外汇管理制度经历了从严格管理到当前的以市场调节为主的外汇管理体制的转变。当前我国外汇管理制度在积极“引进来”，不断提高利用外资质量的同时积极支持国内有能力、有条件的企业“走出去”开展真实合规的境外直接投资。目前，我国外汇管理法律法规只有《中华人民共和国外汇管理条例》，而与资本外汇相关的部门规章主要有《境内机构境外直接投资外汇管理规定》（汇发〔2009〕30号）、《国家外汇管理局关于境内居民通过特殊目的公司境外投融资及返程投资外汇管理有关问题的通知》（汇发〔2014〕37号）、《关于进一步简化和改进直接投资外汇管理政策》（汇发〔2015〕13号）、《关于进一步促进跨境贸易投资便利化的通知》（汇发〔2019〕28号）和《关于精简外汇账户的通知》

（汇发〔2019〕29号）以及《资本项目外汇业务指引（2020年版）》等。应当认识到，国家外汇管理局本身无权对ODI项目作出许可或不予许可的决定，但其通过即时调整对ODI资金跨境的审核尺度和限额，时刻掌握着ODI项目的资金命脉，也对企业跨境投资的ODI项目有一定的话语权。

根据《中华人民共和国外汇管理条例》的规定，中国企业境外投资需要办理境外投资外汇登记，并取消了境外直接投资项下外汇登记核准行政审批，改由银行按照《直接投资外汇业务操作指引》直接审核办理境外直接投资项下的外汇登记。也就是说，外汇局不再负责境外投资外汇登记事项，而只是通过银行对直接投资外汇登记实施间接监管。

（2）外汇登记流程。

①境内企业境外直接投资前期费用登记。

如果境内企业在进行境外直接投资前需要向境外汇出前期费用的，依照国家外汇管理局《关于进一步推进外汇管理改革完善真实性合规性审核的通知》（汇发〔2017〕3号）的要求，应当在其注册地银行完成“境内机构境外直接投资前期费用登记”。登记需要提交的材料包括《境外直接投资外汇登记业务申请表》、营业执照及境外投资资金来源证明、资金使用计划和董事会决议等材料。境内机构汇出境外的前期费用，累计汇出金额原则上不超过300万美元且不超过中方投资总额的15%。如确有客观原因，前期费用累计汇出额超过300万美元或超过中方投资总额15%的，境内投资者需提交说明函至注册地外汇局申请（外汇局按个案业务集体审议制度处理）办理。此外，境内投资者在汇出前期费用之日起6个月内仍未设立境外投资项目的，应向注册地外汇局报告其前期费用使用情况并将剩余资金退回。如确有客观原因，开户主体可提交说明函向原登记银行申请延期，经银行同意，6个月期限可适当延长，但最长不得超过12个月。

②境内企业境外直接投资外汇登记。

依照《资本项目外汇业务指引（2020年版）》的要求，境内企业应先到所在地银行或外汇局办理相关资本项目外汇登记手续，并领取业务登记凭证（加盖银行或外汇局业务专用章），作为办理资本项目下账户开立和资金汇兑等后续业务的依据。

非金融企业开展境外投资业务需要提供商务主管部门颁发的企业境外投资证书及国家发展改革委备案通知书，即可选择一家企业注册地银行（须为已经取得外管局金融机构标识码且在所在地外管局开通资本项目信息系统的银行）办理境外直接投资外汇登记。境内企业在办理外汇登记业务时，需要依据要求填写境外直接投资外汇登记业务申请表，以及提交营业执照或注册登记证明、商务部门的企业境外投资证书，关于投资资金来源、资金使用计划、董事会决议及合同真实性等相关证明文件。

3. 信用保险（以中信保海外投资保险为例）

出口信用保险又称出口信贷保险，是经世界贸易组织许可的用于支持各国发展出口贸易的一项政策性手段，非营利性、政策性是出口信用保险业务最主要的特征。作为一种政策性金融工具，出口信用保险在世界范围内被广泛采用，各国以国家财政为后盾，对本国企业对外出口税收安全承保，为企业参与国际贸易提供保障，进而提高企业的风险抵御能力，增强企业国际竞争力。当前，全球出口信用保险依照承办政策性业务主体性质的差异，可以分为由政府单位办理、政府承办单位经营、政府委托私营保险公司代理、政府控股公司经营和进出口银行兼营五种情况。

（1）我国信用保险投保流程。

①承包机构。

我国专营出口信用保险业务的机构是中国出口信用保险公司（以下简称中国信保）成立于2001年，是中国唯一专营信用保险业务的政策性保险公司，属于政府出资建立的全资公司。其主要任务是执行国家外交、外经、外贸、财政及产业政策，通过为企业提供信用保险保障，对外支持国内企业扩大出口，实施“走出去”战略；对内促进中国社会诚信体系建设，提高商品流通效率，改善市场运行环境，推动信用销售，促进企业发展。就海外投资而言，中国信保为投资者及金融机构因投资所在国发生的征收、汇兑限制、战争及政治暴乱、违约等政治风险造成的股权或债权损失提供风险保障。

近年来，中国信保对于“一带一路”承保额显著增加。2018 年海外投资承保额达到 581.3 亿美元，同比增长 18.9%。2017 年 5 月，在“一带一路”高峰论坛期间，中国信保分别与埃及、沙特等“一带一路”沿线国家同业机构签署了一系列合作协议及系列框架合作协议。

②投保主体。

中国信保《海外投资政治风险保险投保和理赔的办事指南》中规定了中国信保海外投资保险的投保主体为在中国境内注册的法人以及由境内法人控股 95% 以上的境内企业。“其他”属于兜底条款，为未来投保主体的扩大提供了条件。

③承保范围及保险种类。

中国信保的海外投资保险主要承保的是投资者在东道国可能遭遇的政治风险，具体包括征收险、汇兑限制、战争及政治暴乱险等基本险以及违约这一附加险。征收主要表现为东道国政府通过没收、国有化及征收等手段，暂时或者永久地剥夺投资者所投资项目的所有权和经营权；项目投资资金及对于自身资产的支配和使用的行为。汇兑限制主要表现为东道国限制或者提高换汇成本进而阻止投资者换汇的行为。战争与暴乱指的是东道国发生政治革命、恐怖活动及其他与战争类似的行为，进而客观地导致投资者遭受巨大经济损失或者无法继续经营的情况。而违约指的是东道国或者经投资人认可的其他主体违反或不履行与投资者签署的具有法律约束力的协议与合同，且被投资人已经获得有管辖权的法院或者仲裁机构就上述事宜作出的对东道国的不利裁决的情形。

中国信保所承保的海外投资保险又分为股权保险和债权保险类，前者主要保障投资者股权利益，后者旨在保障境外投资项目贷款方贷款利益。

（2）中国信保投保流程。

中国企业开拓国际市场，跟进目标项目，确定投资项目后，需要首先填写询保单以及申请中国信保出具兴趣函。询保单既向中国信保介绍了关于项目的完整信息，也是要求中国信保进一步跟进项目的要约。而在向中国信保申请出具兴趣函时，需要提供以下材料：①询保单；②营业执照与投资项目相关的经验和能力的证明等材料；③项目的基本情况说明；④使馆经商参处的支持意见函；⑤项目相关方的基本情况说明。

在申请出具兴趣函后，投资者可以后续向中国信保申请出具意向书，表达承保的意向。意向书应当列明投资者意向承保的条件并提供参考费率等信息，且意向书并非投保的必经流程。

在出具意向书后，投资者应当正式向中国信保申请投保，填写投保单。投保单是投资者正式投保申请的材料，因此，应当如实完整地填写各项信息。中国信保在收到投保单并审查相关材料后，将向投资者（投保人）出具保险单。保险单的出具意味着中国信保保险责任生效，并需要投保人、被保险人提交签字、盖章的保单明细表，并在保险费通知书的规定时间内缴费。

①我国信用保险索赔流程。

投资者一旦在向东道国投资的过程中发生了政治风险，即可向中国信保申请索赔然后由承保机构向投资者赔偿后取得代位求偿权，通过向东道国代位求偿将投资争议予以解决。

投资者既可以申请可损也可以申请索赔。申请可损的期限是损失发生日起的30日，而申请索赔则是损失发生之后的12个月内。在提出申请的同时，投资者还应当同时提交可能损失通知书、索赔申请书及相关损失证明类文件。

中国信保收到索赔申请书后，将对项目进行定损核赔。投资者（投保人）应当提交相应的证明文件：对于汇兑限制导致的损失，企业应提供对外汇款的相关证明、东道国政府颁布的限制汇兑法令、被保险人汇兑手续证明文件。对于违约导致的损失，企业应提供由有管辖权的法院或仲裁机构作出的东道国违约的生效判决或裁决等。中国信保经调查后未发现证明风险发生不真实的线索或者材料时，将认定损害事实的真实性并予以赔付。投资者在收到赔付后，企业应当提交赔款账户确认书和赔款收据及权益转让书。

## （三）中国企业赴中东投资的国内合规风险及防范

合规风险，是指企业及其员工因不合规行为，引发法律责任、受到相关处罚、造成经济或声誉损失以及其他负面影响的可能性，也是企业作为市场主体没有遵守法律规章制度、国际条例、监管规定、行业准则、商业惯例、道德规范和企业依法制定的章程及规则制度，而使企业名利受损的可能性。企业对外投资过程中，时常面临的合规风险主要包括本国政府、东道国政府、国际组织的监管风险，公司治理的风险等。

就境内合规风险而言，考虑到政府有关部门及国资监管部门是中国企业境外投资的审批机构和国有资本的监管部门，这些部门掌握着境外投资项目的审批权，政府政策信息资源及金融、外汇资源，存在着巨大的权力空间。因此，中国企业开展中东新能源投资，除了依照各政府有关部门的要求办理完成商务、发展改革及外汇管理部门的 ODI 核准或备案手续流程，在获得开展境外投资的资格之后还要依照各部门就企业境外投资颁布的一系列行政法规、规章制度红头文件，关注投资后的持续报告义务，包括境外再投资、境外投资事项变更等的报告、备案程序，以及境外投资项目退出涉及的监管程序。国务院办公厅于 2016 年 8 月发布了《关于建立国有企业违规经营投资责任追究制度的意见》，明确了投资并购等 9 大责任追究范围、54 种责任追究情形，并对资产损失认定、经营投资责任认定、责任追究处理方式和工作实施等进行了明确规定。2017年5月，中央全面深化改革领导小组第35次会议审议通过了《关于规范企业海外经营行为的若干意见》，明确指出要加强企业海外经营行为合规制度和机制建设，落实企业责任。就中央企业而言，2018年7月，国务院国资委出台《中央企业合规管理指引（试行）》将企业海外投资经营行为列为合规管理的重点；同年12月国家发展改革委牵头七部委共同制定的《企业境外经营合规管理指引》对中国企业提出了高标准的合规期待，要求“企业开展境外投资，应确保经营活动全流程、全方位合规，全面掌握关于市场准入、贸易管制、国家安全审查、行业监管、外汇管理、反垄断、反洗钱、反恐怖融资等方面的具体要求”。

面对当前国内较为严格的投资监管合规要求，部分中国企业却应对不足，这些企业由于内部相关法规信息缺失、专业人才匮乏，发生投资方向不符合国家战略导向、投资未经过系统规划和科学论证导致重大亏损的问题，不仅给企业带来了巨大的经营风险，也大幅增加了企业所面临的国内监管压力。应当注意到，企业在“走出去”过程中的不合规行为很有可能会导致不予核准备案、吊销投资证书，以及后续刑事追责等一系列后果，最终导致投资的失败。因此，本节将重点从国内监管视角对中国企业在后续投资过程中可能遭遇的国内合规风险及防范进行阐述。

有关部门对于既有境外投资项目的监管，长期存在着“重审批轻监管”的怪圈，即在过去的境外投资监管中，虽已设立后期管理制度，但只是浮于表面的登记备案和问责制度，依旧存在许多监管漏洞。尽管有关部门对于境外再投资会有备案要求，但是就境外投资项目本身的落地合规、融入当地社会等方面并未有过多的监管，实际监管效果并不明显。

而伴随着中国境内企业境外投资有关事前监管制度的不断成熟、已投境外投资项目的有关问题逐渐暴露，近年来我国境外投资监管制度更多地围绕境外投资项目的事中和事后监管展开，监管逻辑按照企业性质即国有企业和民营企业进行分类监管并实行信息集中分享机制。在此情况下，中国企业特别是国有企业除了要受到国内法律对于企业境外投资的普遍监管之外，还要受到专门针对国有企业从事境外投资的法律法规的监管。

1. 中国企业境外投资面临的一般监管合规风险及防范

（1）持续报告义务。

①商务部门。依照《境外投资管理办法》第24条、《境外投资备案（核准）报告暂行办法》第12条、16条的规定可知，商务部门要求境内企业在开展对外投资的过程中，必须按规定向相关主管部门报告其对外投资情况并提供相关信息，在“凡备案（核准）必报”的基本原则下，具体分为“定期报告”和“一事一报”。所谓“定期报告”，即企业按照“凡备案（核准）必报”的原则，向为其办理备案（核准）的相关主管部门定期报送对外投资关键环节信息（包括但不限于根据《对外直接投资统计制度》规定应填报的月度、年度信息；对外投资并购前期事项；对外投资在建项目进展情况、对外投资存在主要问题以及遵守当地法律法规等）。所谓“一事一报”，指的是境外投资主体出现重大不利事件或突发安全事件时，按“一事一报”原则及时向相关主管部门报送，相关部门将情况通报商务部。

②发改部门。依照《企业境外投资管理办法》第43条、44条的规定，企业境外投资应当向国家发展改革委履行报告义务。企业向发改部门的报告具有类似商务报告中“一事一报”的特点，但是存在以下几点区别：a. 具体明确的发改报告时限：如5个工作日（重大不利情况）、20个工作日（境外投资项目完成后）；b. 未履行报告的法律后果：发改部门将责令投资主体限期改正，情节严重或逾期不改正的，对投资主体及有关责任人处以警告；c. 企业境外投资发生威胁或损害我国国家利益和国家安全的，企业如果进行重大不利情况报告并主动改正的，可以减轻或免除相应的行政处罚。

依照国家发展改革委的要求，中国企业在新能源投资过程中，就投资中发生的外派人员重大伤亡、境外资产重大损失、损害我国与有关国家外交关系等重大不利情况，应当在相关情况发生之日起5个工作日内通过网络系统提交重大不利情况报告表给发改部门。同时，在投资项目完成后20日内，企业应当依照国家发展改革委发布的项目完成情况报告表格文本的要求，通过网络系统提交项目完成情况报告表。

③外汇主管部门。外汇部门对企业的持续监管通过“存量权益登记”制度来实现。依照国家外汇管理局《关于进一步简化和改进直接投资外汇管理政策的通知》（汇发〔2015〕13号）第2条的规定：相关市场主体应于每年9月30日（含）前，自行或委托会计师事务所、银行通过外汇局资本项目信息系统报送上年末境内直接投资和（或）境外直接投资存量权益（以下合称直接投资存量权益）数据。

对于企业而言，如果未按规定报送存量权益登记的，企业将被外汇局列入“业务管控”名单，企业将无法在银行办理任何资本项的外汇业务。在此情况下，企业必须按要求补报并向外汇局出具说明函说明合理理由，但之后仍有可能受到行政处罚。

（2）境外再投资的监管要求。

境外再投资指境内企业在此前已取得核准/备案的境外投资项目中设立境外企业，以新设、并购等方式新开展的境外投资活动。国家发展改革委、商务部及国家外汇管理局都对企业境外再投资做出了相应的规定，但是根据开展境外再投资的不同主体（是否为原ODI项目中的最终目的企业，或为路径企业）、投资范围（是否属于原ODI项目，已核准/备案投资范围）、资金来源（是否涉及境内主体新汇出资金）等情况，各部门对境外再投资所适用的监管程序亦有所差别。

①商务部门。依照商务部的《境外投资管理办法》第25条、《对外投资备案（核准）报告暂行办法》第2条的规定，企业投资的境外企业开展

境外再投资，在完成境外法律手续后，企业应当通过“境外投资管理系统”向商务主管部门报告。商务部采用“穿透式”监管模式，即对再投资的主体进行严格限制，仅限于最终目的地企业，即最终目的地企业再开展的投资活动不属于现行对外投资管理范畴，无须办理对外投资备案或核准手续，仅需进行报告。而对于境内投资主体投资到最终目的地企业的路径上设立的所有空壳公司，如SPV，则均不属于再投资的主体，需要办理对外投资备案或核准手续才可进行相应的投资行为。

②国家发展改革委。《企业境外投资管理办法》第2条、第42条规定投资主体通过其控制的境外企业开展大额非敏感类项目的，投资主体应当在项目实施前通过网络系统提交大额非敏感类项目情况报告表，将有关信息告知国家发展改革委。根据国家发展改革委对境外投资咨询的解答，境内企业通过其控制的境外企业开展中方投资额不超过3亿美元的非敏感类项目，如果境内企业不投入资产、权益，也不提供融资、担保，则境内企业既不需要备案也不需要提交大额非敏感类项目情况报告表。

相比于商务部对于主体的严格限定，国家发展改革委规定更宽泛，包括境内投资主体控制所有境外企业；而从监管的投资行为而言，国家发展改革委的范围也更加广泛，不仅限于企业，只要是获取境外权益的投资行为，如获得境外土地所有权、使用权、境外基础设施所有权、经营管理权等都属于国家发展改革委的再投资范围。

③ 国家外汇管理局。依照国家外汇管理局《关于进一步简化和改进直接投资外汇管理政策的通知》第二条的规定，境内投资主体设立或控制的境外企业在境外再投资设立或控制新的境外企业无须办理外汇备案手续。

可见，就再投资监管程序的严格程度而言，国家外汇管理局是较为宽松的。

（3）境外投资事项变更、退出监管要求。

企业在完成直接投资后，如果其中特定境外投资事项发生了变更，企业应当及时向有关行政部门办理相关变更手续、说明风险。

①商务部。依照《境外投资管理办法》第十五条规定企业境外投资备案或核准后，原《证书》载明的境外投资事项变更的，企业应当按照规定程序向原备案或者核准的商务主管部门办理变更手续；第17条规定，企业终止已备案或核准的境外投资，应当在依投资目的地法律办理注销等手续后，向原备案或核准的商务部或省级商务主管部门报告。原备案或核准的商务部或省级商务主管部门根据报告出具注销确认函。

②国家发展改革委。根据《企业境外投资管理办法》第34条，已核准、备案的项目，发生下列情形之一的，投资主体应当在有关情形发生前向出具该项目核准文件或备案通知书的机关提出变更申请：a.投资主体增加或减少；b.投资地点发生重大变化；c.主要内容和规模发生重大变化；d.中方投资额变化幅度达到或超过原核准、备案金额的20%，或中方投资额变化1亿美元及以上；e.需要对项目核准文件或备案通知书有关内容进行重大调整的其他情形。

依据该条款，如果对外投资涉及多个投资主体的情况下，对外投资额的调整是否需要申请变更取决于整体中方投资额的变化幅度。而如果前述新增的50%境外投资额并非用于原备案投资项目，而是开展新的投资活动，应申请新的境外投资项目ODI核准或备案手续。而就退出程序，《企业境外投资管理办法》未明确约定企业境外投资终止/退出的相关监管要求。

③国家外汇管理局。依照国家外汇管理局《关于进一步简化和改进直接投资外汇管理政策的通知》《银行直接办理资本项目外汇业务操作指引》（以下简称《操作指引》）的规定，境内机构已登记的境外企业发生名称、经营期限、合资合作伙伴及合资合作方式等基本信息变更，或发生增资、减资、股权转让或置换、合并或分立等情况之日起60日内，境内机构应就上述变更情况向相关外汇银行办理境外直接投资外汇登记变更手续。多个

境内机构共同实施一项境外直接投资的，由约定的一个投资主体向其注册地外汇局管理辖内银行申请办理变更登记，其他境内机构无须重复申请。

而就退出程序，国家外汇管理局《关于进一步简化和改进直接投资外汇管理政策的通知》《操作指引》规定境内机构因减资等原因不再持有境外企业股份的，应当依照指引办理；需要汇回资金的，应当在注册地银行办理变更登记后，直接到银行办理后续境外资产变现账户开立、汇回资金流入等手续。

（4）应对建议。

首先，企业应当增强自身法治合规意识，强化企业的合规管理。企业应当对当前国内对于不同行业投资倾向有一个清晰的了解，如当前我国对外投资监管政策分为鼓励、限制、禁止等，因此企业走出去时应尽量在国家指导目录以内找准行业，严格注意国家亮红灯的领域。如国家限制房地产、酒店、影城、娱乐业、体育俱乐部等境外投资，而对基础设施建设、高新技术、能源等领域表示鼓励。

其次，企业内部应当建立合规管理架构，完善合规管理体系。各部门发布的“指南”“合规指引”都对企业对外投资中合规管理架构提出了明确的要求。因此，企业应当从管理架构、管理制度、运行机制、合规风险评估与处置、合规评审与改进、合规文化建设等方面入手，不断完善内部合规管理体系，以避免因对政府部门监管措施应对不及而导致的合规风险。具体来说，企业合规管理体系应拥有自我发现、分析和完善的风险预警机制、风险识别机制和持续改进机制，应根据环境的变化收集风险信息，全面动态地识别合规风险，针对风险制定防控措施，并对措施的有效性实时监测，及时进行改进。对于海外投资企业，特别是集团公司，不但应建立健全合规管理体系，还应建立海外风险防控体系，要加强不同项目间横向沟通的协同和集团纵向的统筹引领，实现各个项目的风险防控和集团风险管控的有机结合。

最后，企业应当聘请熟悉核准/审批流程及国家法律法规政策的专业人才予以协助。当前，很多中国企业内部并没有单独设立法务或者专门的合规部门，这一现状显然与当前走出去过程中国内较为严格的监管环境及企业自身合规体系建设的现实需要是不相符的。除此之外，企业应当依照自己的实际需要，聘用第三方服务机构如会计师事务所、律师事务所等探究如何规避由于国内监管而引发的企业合规问题。

2. 对于国有企业的特殊要求及企业面临的合规难题

（1）特殊要求。

如前文所述，国有企业境外直接投资，除了要遵循国家发展改革委、商务部等的一般性的规定之外，还需要遵守有关国有资产管理的系列规定，包括但不限于《中华人民共和国企业国有资产法》《国有资产评估管理办法》《企业国有资产评估管理暂行办法》等。就“走出去”事中、事后阶段，除了上述规定，国有企业（特别是中央企业）还需要重点关注国有资产监督管理委员会的一系列规定。如依照2017年1月国务院国资委修订的《中央企业境外投资监督管理规定》，国务院国资委从事前管理、事中过程问责和事后评估管理的角度加强对于中央企业境外投资项目的管理；2018年7月，国务院国资委颁布《中央企业违规经营投资责任追究实施办法（试行）》，对中央企业违规经营投资提出了严格责任追究；2018年11月，国务院国资委出台《中央企业合规管理指引（试行）》从中央企业合规的总体要求、职责、重点、运行和保障等方面对于央企如何建立合规体系进行了具体指引。就具体内容而言，该“合规指引”以有效防范合规风险为目的，以央企及其员工的经营管理行为为对象，具体包括制度设计、风险识别、合规审查、风险应对、责任追究及考核评价等海外投资的全流程管理活动，对于合规的重点领域和具体要求都做出了详细规定。同时，为推动省属企业全面加强合规管理，加快提升依法合规经营管理水平，进一步加强法治国企建设，保障企业持续稳定健康发展的需求，各省国有资产监督管理委员会结合本省特色，先后出台了《省属企业合规管理指引》，对省属国有企业境外投资过程中合规管理的重点、合规管理运行、合规管理保障、监督管理与法律责任进行了规定。

国务院其他有关部门也做出回应：如财政部后续就提出对于国有企业的境外投资项目提出事前财务尽职调查、事中预算控制、监督审计和绩效评价制度，已经将国有企业的境外投资深入财务监管的每一个环节；国家发展改革委和国务院国资委正在制定《国有企业境外投资经营行为规范》，以期进一步加强对于包括中央企业和地方国有企业在内的国有企业的事前管理、事中问责及风险控制、事后评价追责，形成完整的监管体系。

（2）监管现状及企业合规难点。

国有企业涉及的监管部门趋于多元化。正如前文阐述的，中国企业开展境外投资涉及多个部门核准 / 备案审批，每个部门均有各自独立的法规、规章及规范性文件。而对于国有企业而言，由于经国务院授权，国务院国资委对所监管企业国有资产监督。由此可见，我国当前国有企业在对外投资中所涉及的监管部门呈现出趋于多元化的特点。

各部门规范数量多、体系庞杂。随着国有企业境外投资的领域不断扩张、规模不断扩大，所要面临的情况也愈发复杂，国家如果要实现对于国有企业事前、事中、事后全面的监管，就需要从财税、外汇等多角度进行规范。因此，出于对企业本身投资安全及国有资产保护的立场，当前我国针对国有企业境外投资的相关法律总体数目呈现出了由少到多的发展趋势，对于国有企业在境外投资行为提出了更加细致的合规要求。

法条更新替代速度较快。从任何一个部门订立的法规更新频率来看，均能得出其法规变更速度较快的结论。以国务院国资委为例，《中央企业境外投资监督管理暂行办法》这部行政法规自 2006 年至 2018 年经历了 2 次重新制定。已经失效的《境外投资项目核准和备案管理办法》在 2014 年 4 月发布之后，同年 12 月又修改。而商务部 2009 制定的《境外投资管理办法》，到2017年底八年时间经历了2次重新制定。法律法规修改频率较大，既是由于我国境外投资规模的不断扩大、投资增速较快、投资市场环境变化较快等因素所致，也是由于投资主体对于放宽投资的呼吁及“简政放权、提高效率”的要求。

（3）国有企业合规风险防范。

应对上述难题，首先国有企业应当坚持国务院国资委的总体指导方向，并结合本企业实际，制定企业境外投资管理制度，经董事会审议通过后报送国务院国资委。

就事中、事后这两个阶段而言，国有企业（特别是实施重大投资项目的）在开展投资业务过程中一方面要保证自己对外投资行为的合规性，积极应对国务院国资委就企业境外投资决策、执行和效果等的随机检查，按照国务院国资委要求，分别于每年一、二、三季度终了次月10日前将季度境外投资完成情况通过中央企业投资管理信息系统报送国务院国资委，其中重大项目完成后还应当开展常态化审计；另一方面，就国有企业内部合规管理而言，应当做好项目实施过程中的风险监控、预警和处置，防范投资后项目运营、整合风险，做好项目退出的时点与方式安排。具体而言：a.首先应当对于投资的各个流程定期跟踪再作出决策。如出现影响投资目的实现的重大不利变化时，应研究启动中止、终止或退出机制。企业因境外重大投资项目再决策涉及到年度投资计划调整的，应当将调整后的年度投资计划报送国务院国资委。b.阶段性评价。企业应当建立境外投资项目阶段评价和过程问责制度，对境外重大投资项目的阶段性进展情况开展评价，发现问题，及时调整，对违规违纪行为实施全程追责，加强过程管控。c.积极与各种资本和股权结构的企业合作。国有企业应当积极引入社会资本和股权结构的企业，强强联合，建立起长期的合作关系，加强取长补短、优势互补，吸收各种企业的管理长处及避险机制。发挥各类投资者熟悉项目情况、具有较强投资风险管控能力和公关协调能力等优势，降低境外投资风险。如设立专项基金可以集聚多家之力，发挥各方在不同市场与产业领域的优势，共同促进项目开发，抱团出海，实现共赢。

## 三、中东新能源投资的思考及应用——以某中国企业投资埃及光伏电站为例

### （一）项目基本情况

1. 项目背景

埃及某光伏电站项目（以下简称“该项目”）是中国投资者与埃及政府合作的重要能源投资项目案例。该项目具有显著的政治意义和社会效益，发展前景良好，在技术、经济上可行，总体风险较小。某中国企业（以下简称“A 公司”）通过股权转让方式收购某国际电力公司（以下简称“X 公司”）持有的目标公司超 20% 的股权并参与该项目投资。

2. 项目历程

（1）埃及国家电网公司发布资格预审申请文件，邀请独立发电商 / 开发商针对该项目提交资格预审文件。

（2）X 公司提交资格预审文件，被选入该项目开发商入围名单。

（3）埃及国家电网公司以未签署的草案形式向入围开发商发出招标申请文件，邀请提交技术和商务报价。

（4）埃及国家电网公司通过信函通知 X 公司被选为排名第一的投标人。A 公司与 X 公司就项目合作签署《投资框架协议》。

（5）埃及财政部与埃及国家电网公司签署关于 X 公司的项目公司电费支付的《政府担保协议》，保障项目公司电费回收权益。

（6）X 公司与埃及国家电网公司和埃及新能源和可再生能源管理局举行线上签约仪式，正式签署《购电协议》《电网连接协议》和《土地使用

权协议》。

（7）X 公司与欧洲多家金融机构共同签署了项目融资协议。

（8）A 公司与项目合作方 X 公司完成项目《股权转让协议》签署。

## （二）项目建设必要性

1. 国家层面：引领全球可再生能源发展浪潮

埃及 2018、2019 财年经济增长率高达 5.6%，在中东和非洲地区名列前茅；通货膨胀率降至 5.9%（2020 年 4 月），摆脱了埃及镑贬值引发的恶性通货膨胀；世界银行《2020 年营商环境报告》中，埃及在全球 190 个国家和地区中排第 114 名，投资环境持续改善；南非兰德商业银行 2 月份发布《2020 年非洲投资指南》，埃及连续 3 年蝉联非洲最佳投资目的国。

埃及政府为应对因经济发展、人口规模扩大带来的能源缺口问题，正积极发展可再生能源，致力于将丰富的太阳能资源转变为助力经济发展、改善民生的清洁电力。根据《埃及 2030 年愿景》，埃及政府将加大对电力行业的改革，增强可再生资源的利用，预计到 2030 年可再生能源发电量将占总发电量的 42%，其中光伏发电占比为 22%。截至 2022 年，埃及光伏发电占比仅为 2%，仍有较大的提升空间。未来各国企业在埃及投资重点将集中在光伏发电、光热发电和风能发电项目及配套产业链上。

抓住埃及国家电力结构调整机遇，积极参与埃及优质光伏项目的投资，对 A 公司融入全球可再生能源发展浪潮具有重大的现实意义。

2. 企业层面：拓宽全球融资渠道

2021 年 4 月 22 日，X 公司分别与多家国际金融机构共签署了超过 1 亿美元的贷款协议，以此锁定项目融资，给项目提供了充足的资金保障。

通过参与该项目投资开发，有助于与国际多边金融机构、全球投资基金等金融机构建立良好的合作关系，积极拓宽多元化融资渠道，为 A 公司在境外其他项目融资提供借鉴和保障。

3. 项目层面：取得良好的政治效应和社会效应

该项目是国际能源投资商在埃及投资规模最大的电站项目，也将是中国投资者在埃及通过埃及政府全球招标获得的投资规模最大的电站项目。从以往的经验来看，该项目极有可能被列入中国“一带一路”国际合作高峰论坛成果清单。参与该项目投资将有利于湖南省深入融入“一带一路”倡议和践行“三高四新”战略。此外，埃及为非洲大陆第三大经济体，投资该项目有助于借助2021年第二届中非经贸博览会在长沙举办之机，打造中国企业对非投资新名片。

该项目投产后将成为北非最大的地面电站，产出的清洁电力可进一步满足埃及日益增长的电力需求，助力埃及加速低碳转型，具有良好的社会效应。

## （三）项目建设可行性

1. 政治经济环境相对稳定

埃及是世界上最重要的文明古国之一，地处亚欧非三大洲交界处，扼守“21世纪海上丝绸之路”的战略要冲，苏伊士运河走廊是连接南海、印度洋至红海、地中海的枢纽，埃及对接“一带一路”倡议，有着天然的地理优势。

自2014年塞西总统执政以来，逐步清除2011年埃及民众抗议活动引发的动荡因素，稳定国内政治局势，打击恐怖活动，实行浮动汇率、削减补贴、开放市场、吸引外资等全方位的经济改革，成效显著。一方面，2018、2019财年经济增长率高达5.6%，在中东和非洲地区名列前茅；通货膨胀率降至5.9%（2020年4月），摆脱了埃镑贬值引发的恶性通货膨胀；世界银行《2020年营商环境报告》中，埃及在全球190个国家和地区中排第114名，投资环境持续改善；南非兰德商业银行2月份发布《2020年非洲投资指南》，埃及连续3年蝉联非洲最佳投资目的国。另一方面，埃及财政状况更加稳健，2018、2019 财年实现 2% 的基本财政盈余，各项公共产品价格市场化机制逐步推进；外汇储备较为充裕，埃镑持续坚挺，对美元汇率屡创新高；标普、惠誉等国际评级组织乐观评价埃及经济前景。当然，过度依赖消费的经济结构仍存在内生动力不足的明显病症，实现经济转型的道路将不会一帆风顺，特别是人口快速增长消耗着来之不易的经济发展成果；较高的负债率掣肘公共投资；个别部门的官僚主义和政策多变仍使外国投资者感到困惑；土地、人力、水电油等各类生产要素价格快速上涨推高投资成本等。2020 年新冠肺炎疫情全球暴发，对埃及经济造成重大影响，但在总体上，埃及保持政治稳定、经济增长的大势不会发生根本变化，在国际货币基金组织、世界银行等国际组织和美国、欧盟、中国等全球主要经济体的普遍支持下，埃及经济发展前景依然可期。

2021 年 7 月 18 日，国务委员兼外长王毅正式访问埃及时表示："中方坚定支持埃方继续探索符合自身国情的发展道路，愿加强'一带一路'倡议同埃及'2030 愿景'对接，支持埃方疫苗本地化生产，并同埃方深化发展战略对接，拓展在产能、基础设施、新能源、航空航天、高新技术等领域合作，开辟两国互利合作新前景。中方期待同埃方一道，落实好两国元首达成的重要共识，推动中埃关系以两国建交 65 周年为契机再上新台阶，朝着构建中埃命运共同体目标共同努力，将两国关系打造成中阿、中非命运共同体先行先试的样板。"[1]

根据中国信保《国家风险分析报告 2019》，埃及主权信评级为 B 级（由 CCC 级上调），主权信用风险展望为稳定。

2. 埃及光伏电发展状况良好

埃及发电能力在非洲及中东地区已居首位，电网基本覆盖全境，目前已实现可观的电力富余，停电现象极少发生，新建项目接入电力供应比较

[1] 参见：https://www.mfa.gov.cn/web/fyrbt_673021/jzhsl_673025/202107/t20210719_9171310.shtml.

迅速。埃及能源结构以天然气为主，水电、风电和太阳能比例较小，目前尚无煤电和核电装机。2018、2019 财年，发电项目建设进度放缓，装机容量小幅上涨，总装机容量达到 56556 兆瓦。其中，可再生能源（水电、风电、太阳能）装机容量为 4340 兆瓦，占总装机容量的 7.9%。目前，根据 2019 年 3 月世界经济论坛发布的能源转型指数，埃及在 115 个国家和地区中排名第 89 位，较低的可再生能源占比导致其能源可持续发展水平较差。

过去十年，埃及发电量总体上保持了 4.4% 的稳定增长速度，埃及电力供应严重依赖石油和天然气，发电占比超过 90%。2018—2025 年，埃及全国规划新增电源装机 45687 兆瓦，该规划主要旨在增加装机容量、调整能源结构和完善配套设施。根据规划，截至 2025 年埃及计划新增核电 3600 兆瓦，新增洁净煤发电 12000 兆瓦，新增燃油 / 气发电 4676 兆瓦，新增水电 68 兆瓦，新增风电 19533 兆瓦，新增光伏 5810 兆瓦。规划新增电源装机中，可再生能源占比达到 56%。

埃及已于 2016 年年底实现电力富余，暂时不考虑增加热电装机容量，主要着力于将新能源和可再生能源发电装机容量在 2022 之前提升至 7200 兆瓦，新能源的占比从目前的 8% 提高到 20%，其中水电 6%，风电 12%，太阳能和其他 2%，新能源和可再生能源市场将涌现大量机会。埃及发展新能源具备得天独厚的优势，如广袤的荒漠、充足的光照和风能资源等，加之较高的上网电价，埃及已成为全球最热门的新能源市场之一。未来投资的重点将集中在光伏发电、光热发电和风能发电项目，以及配套产业链。

由于可再生能源资源丰富、资本投入成本低廉，特别是存在优惠融资途径可以协助开发商降低债务成本等优势，埃及是全球光伏和陆上风电成本最低的国家之一。埃及可再生能源项目风险适中，从某种程度上说，投资环境也在不断优化。然而，开发商仍须面对政策延迟、通货膨胀及汇率波动等风险。考虑到包括经济环境良好在内的各种因素，埃及的可再生能源潜力较大。

根据《埃及 2030 年愿景》，埃及政府将加大对电力行业的改革，增强可再生资源的利用，预计到2030年可再生能源发电量将占总发电量的42%，其中光伏发电占比为22%。截至2022年年底，埃及的可再生能源发电份额占总发电量的20%，但光伏发电量仅占2%，仍有较大的提升空间。埃及政府为鼓励新能源项目开发，实行25年长期购电协议政策，确保电力消纳和电费收入。部分项目和公共设施由国际金融机构提供贷款支持。

3. 项目风险可控

（1）购电协议和政府担保协议双重保障项目收益。

埃及国家电网公司作为埃及国家垄断企业，是项目公司交付全部电力的唯一购电方，确保了项目公司未来25年的电力消纳和电费收入。《购电协议》期限可在双方共同满意的条款和条件下进行延长，延长协议条款可与当前条款保持一致。同时，埃及财政部为埃及国家电网公司提供付费义务担保。

（2）电费收入的计价和结算方式合理。

《购电协议》约定，电费收入由埃及国家电网公司直接结算，以美元计价，70%电费收入以美元结算，其余部分以埃及镑结算，埃及镑结算部分的电费收入可用于支付本地产生成本，如劳务工资、维修费用等成本，有效规避汇率波动风险。此外，埃及投资法对换汇和外汇汇入汇出没有任何限制。

（3）项目融资已锁定，项目资金有保障。

项目公司分别与多家国际金融机构签署了贷款协议，以此锁定项目融资，提供资金保障，满足项目投资需要。

（4）EPC合同为固定价款合同，项目成本基本可控。

《EPC合同》分为离岸采购合同（设备供应合同）和在岸供应与安装合同，两部分均为固定价格，除特定情形外，该固定合同价格不得变更。

（5）项目投资架构合理，有效优化税负成本。

通过聘请专业税务顾问设计投资架构和制定税务筹划，有效降低项目整体税负。

（6）关键协议中的条款较大程度防范了新冠疫情造成的不利影响。

一是《购电协议》约定，电价与CPI挂钩，较大程度规避CPI波动带来的影响；二是虽然在新冠肺炎疫情的影响下，埃及居民电力需求放缓，但项目《购电协议》期限为25年，电力消纳已得到长期保障；三是《EPC合同》约定，EPC承包商在项目延期的情况下需支付违约金，充分考虑了新冠肺炎疫情导致项目延迟的可能性。

（7）中国信保意向承保海外投资险。

针对项目征收、汇兑限制、暴乱、战争、政府违约等国家政治风险，A公司将购买中国信保海外投资险。经过中国信保初步判断，该项目可以投保。

（8）完备的商业保险覆盖项目建设期和运营期全过程。

一是《EPC合同》约定，由EPC承包商自费购买商业保险，覆盖建设期“全险”保险；二是《运维协议》约定，运维承包商自费购买一般惯例下及法律要求的商业保险，确保项目保险的覆盖范围能够涵盖项目《购电协议》及融资协议规定下的项目商业保险要求。

（9）周边电站运营良好，该项目收益可预期。

项目所在地沿线地带四家电站均与埃及国家电网公司签署了为期25年的《购电协议》，并于2017年10月融资关闭后的次年实现正式商业运行。截至2021年8月，上述四家电站均运营良好，对该项目的预期收益提供了充分的借鉴。

## （四）项目运营与投融资模式

### 1. 项目运营管理

该项目投资总额为2亿美元，项目资本金比例达30%，金额为6000万美元。A公司按25%的持股比例进行资本金出资1500万美元；X公司按75%的持股比例进行项目资本金出资4500万美元。

根据投融资模式和项目特点，结合东道国实际，采取BOO（建设－拥有－经营）模式，建设周期为10个月，计划运营期限为30年。

2. 投资架构设计

投资架构设计对项目风险防范、资金便利性、运营收益等方面都具有举足轻重的影响。

（1）投资架构设计主要考虑的因素。

在设计投资架构方案前，主要考虑以下因素：

①符合中国、埃及和架构涉及国别的法律法规。

②不影响享受中国对外投资合作专项补贴政策。

③考虑企业对该项目的投资开发便利，包括各方政府的要求、前期开发费用的资金支付便捷性。

④有利于企业整体税收风险管理与税收筹划。

⑤确保项目退出机制的灵活性和可操作性。

（2）投资架构及税务筹划。

由于采用间接投资的方式在政治、商业环境、税务等方面均具有显著优势。A公司通过在香港设立平台公司，作为海外项目的投资及运营管理平台，通过下设境外SPV公司，收购目标公司21%股权。

多层海外架构的优势在于在税务筹划、融资安排和供应链管理等方面更具灵活性；更有利于国际运营管理（如区域性管理）；可将部分利润、资金留存在海外公司用于再投资，简化政府的审批程序及外汇管理手续；通过降低预提所得税、供应链管理税务筹划等方式，可以递延或大幅降低全球整体税负。

采用间接投资方式对海外项目进行投资的税务效益明显，也是众多中国企业走出去的常见选择。

（3）退出机制。

A公司收购目标公司部分股权并参与投资主要目的在于融入国家“一带一路”倡议和践行湖南省“三高四新”战略，“借船出海”继续开发其他海外基础设施股权投资类项目，实现“投融建营”一体化。因此，A 公司计划长期持有目标公司股权。后期，A 公司将根据发展战略，结合目标公司经营管理效益，决定是否转让项目股权。

3. 投资风险分析及应对措施

（1）政治环境风险。

由于战争及政治暴乱、法律变更、政府违约等导致的项目建设中断或延期、项目收益无法实现等风险。

应对措施：①风险转移：企业可购买中国信保等机构提供的政治风险保单实现风险转移。风险事件一旦发生，可以通过索偿降低损失。②临危不惧：建立境外突发事件预警、防范和应急处置预案。出现风险事件时应及时寻求驻外使馆等相关政府部门的帮助，可通过约定、双边或多边机制解决争端。③不干涉政治：企业及中方员工不干涉或参与投资所在国（地区）的政治事务（包括选举、资助等），或持有及发表带有偏向性的政治立场。④形成命运共同体：与当地民众、政府、企业实现互利共赢是应对政治风险的重要举措。企业应思考如何加强与当地利益相关方的合作，成为“好朋友”而不是“眼中钉”。同时要积极承担社会责任，维护好企业在当地民众心中的形象。

（2）外汇风险。

外汇风险的常见表现为投资所在国（地区）外汇管制导致企业境外资金难以回收，或货币汇率出现不利变动导致汇兑损失。

应对措施：①角度全面：投资项目筛选过程中，不仅要看项目有没有“高回报高收益”，也要看收益能否“收回来”。在设计投资及融资方案时，应考虑收益回收路径及风险。②自然对冲：降低外汇风险规模的重要举措，方式包括匹配资产、负债币种，匹配收入、支出币种等。建议企业在谈判及签署合同时锁定收入货币的币种。③抓住时机：实时跟踪汇率波动情况，合理安排货币兑换时点。④风险转移：利用远期外汇拍卖、银行远期结售汇等方式提前锁定汇率，转移风险。

（3）税务风险。

企业在境外投资过程中，若因为各种税务违法行为或欠缺税务考量，譬如税务申报不合规、运营及决策欠缺税务考虑、税务日常管理不合规、税务规划不充分等，将可能导致一定程度的财务损失、声誉损害甚至法律制裁的风险。

应对措施：①依托专业机构帮助：聘请熟悉投资所在地的国际中介机构，为公司提供全方位的税务咨询服务。②重视内部队伍培养：企业应重视内部税务人才的聘用及培养，建立及培养懂境内外税法规则、会运用境内外税法规则的人才队伍。③税务筹划应嵌入境外投资项目全生命周期管理：在投资机会选择及前期准备阶段就要考虑税务对项目收益的影响，尽早开展税收筹划，并设计合理的控股架构、融资架构、运营架构及合约。④建立与当地政府部门的良好关系：积极与当地政府沟通联系，了解当地税收政策，提前进行税务协商，争取获取政府税务优惠支持（需获得对方政府书面承诺以规避政府违约风险），及时履行税收缴纳义务。⑤充分利用税收优惠政策：熟悉投资所在地税收优惠政策，对于税收优惠政策的可利用性，需结合适用条件、范围及期限进行考量。常见的税收优惠政策包括税率降低或零税率、进出口关税减免、额外抵扣项、财政返还及其他补贴、税务加速折旧摊销政策、国际或双边税收协定下的税收减免等。

（4）合规风险。

中国企业（特别是中国国企）的合规性容易被放大审视。多边金融机构制裁、出口管制、投资审查、反垄断诉讼、数据泄露等风险隐患频出，企业面临复杂的外部合规环境。

应对措施：①弄清楚“合哪些规”：“规则”既包括中国及投资所在国法律法规、国际条约、监管规定、企业内部章程及制度等“硬规则”，也包括商业惯例、行业准则、道德规范等“软规则”。②完善内部合规管理体系：遵循《企业境外经营合规管理指引》等境内监管机构出台的合规管理指引，从管理架构、管理制度、运行机制、合规风险评估与处置 、合规评审与改进、合规文化建设等方面入手，完善内部合规管理体系。③抓住重点加强合规管理：如投资所在国为欠发达地区，企业可重点关注司法体系完善情况、法律执行情况及政府违约情况；如投资所在国为发达地区，企业可重点加强对法律法规的分析与理解。④专业法律力量参与全流程管理：聘请熟悉境内外法律法规及合规环境的中介机构参与项目全流程管理，实时关注国际、境内、投资所在国（地区）、长臂管辖国相关法规政策对项目的影响。

（5）工程风险。

境外投资项目如涉及工程建设，企业可能面临工程质量、进度、成本、安全、技术、合规和合同履约等方面的风险。

应对措施：①获取许可：建议企业事前全面梳理项目工程适用的各项法律法规，明确各阶段需要提交的审批 / 备案资料，及时完善建设许可、环保审查和社会影响审查等手续。②工程合同：工程合同中应明确项目标准、技术规范、各方责任和处罚条款。合同应采用里程碑式的合同价款支付方式，履约过程中严禁超进度或超计价付款、违规变更设计及不规范操作。验收阶段应组织专家严格审核把关，及时提出索赔要求。③沟通与监督：建立包含业主方、承办方、监理方和政府部门在内的常态化信息沟通与反馈机制。企业应聘请中介机构进行项目全过程审计，并选择合适的监理单位实现全面监督。

# 第二章　中东新能源投资相关法律与政策梳理

联合国贸发会议（UNCTAD）《2021 世界投资报告》显示 2020 年全球对外直接投资流量 7399 亿美元，同比下降 39.4%，其中发达经济体对外直接投资 3471.6 亿美元，下降 55.5%，占全球流量的 46.9%；发展中经济体对外投资 3871 亿美元，同比下降 7.1%，占 52.3%；转型经济体 56.4 亿美元，占 0.8%。2020 年中国对外直接投资逆势增长，流量达 1537.1 亿美元，首次跃居世界第一，占全球份额的 20.2%（见图 2-1）。

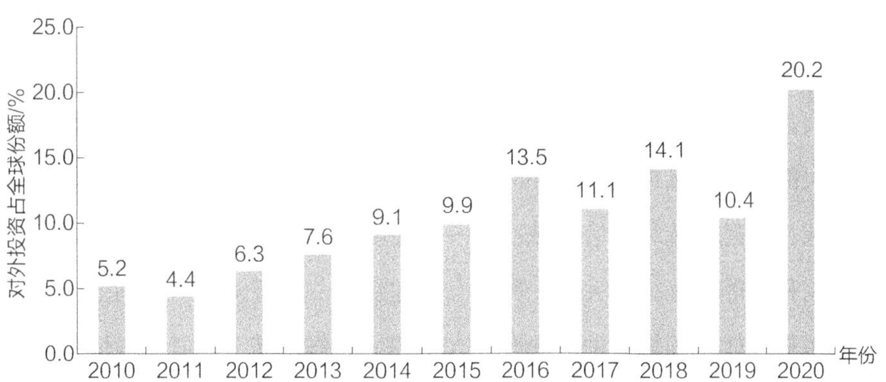


**图 2-1　2010—2020 年中国对外直接投资占全球份额情况**

数据来源：根据 2020 年中国对外直接投资统计公报数据整理。

2020 年，中国对中东地区主要直接投资存量排名前五位的国家是阿联酋、以色列、沙特、伊拉克和埃及，投资金额分别为 92.8 亿美元、38.7 亿美元、29.3 亿美元、17.4 亿美元和 11.9 亿美元。中国对中东地区投资存量排名前五位国家的直接投资及比例见图 2-2。

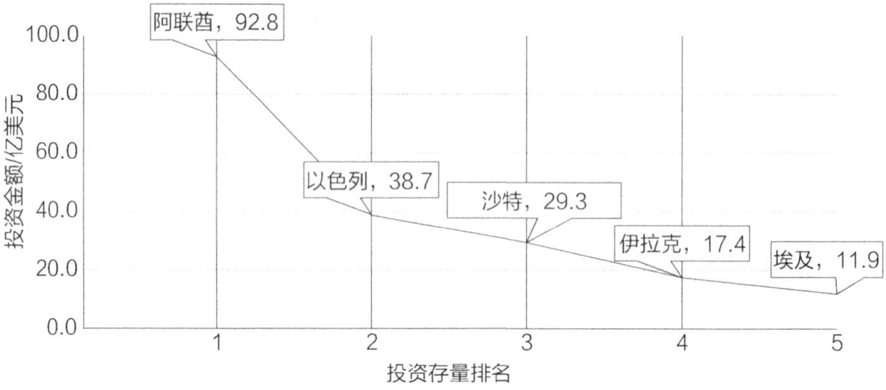


**图 2-2　2020 年中国对中东地区直接投资存量**

数据来源：根据商务部对中东地区（按国别）双边经贸合作简况（2020 年）对外直接投资数据整理。

在“一带一路”倡议及国内国际双循环大背景下，拥有丰富能源储备的中东国家一直都是中国“走出去”的友好合作伙伴。经过多年友好商贸合作，中国成为中东国家的第一大贸易伙伴国，中东国家跃升至中国贸易伙伴第七位。其中，中国直接投资资金的主要流向国家仍为以出口石油、天然气等资源为主的中东国家，且中国对中东国家的历年直接投资流量变动较大，投资国别的选择因素主要集中在国内政局、投资便利化程度上。中国大部分的直接投资资金都流向了中东国家的三个主要行业领域，即能源领域、基建领域和通信领域：其一，能源领域，投资主要偏向阿联酋和阿尔及利亚等油气出口大国；其二，基建领域，阿曼、阿尔及利亚等中东国家在基础建设领域与中国展开了大范围的合作；其三，通信领域，以华为、中兴为代表的中国大型通信公司先后在黎巴嫩、科威特等中东国家大力开拓电信业务。[1]

---

[1] 张玲玲，张文辉，解若冰，等.中国对中东国家直接投资的问题研究［J］.中国商论，2022（6）：87-89.

本章从国际投资立法、中国与中东国家签订的双边投资协定、中东地区国内投资立法三个层面介绍中东地区新能源投资的法律体系，其中国际立法层面，从国际能源宪章体系和中东地区多边投资保护条约两个角度对相关法律进行详细的分析。

## 一、中东地区新能源投资的国际条约

### （一）国际能源宪章体系

国际能源宪章体系的诞生可以追溯至20世纪90年代初，是欧洲发起的一项政治倡议。“冷战”结束为国际能源宪章体系的形成提供了前所未有的机会，以克服铁幕两边国家之间的经济分歧。考虑到欧洲不断增长的能源需求和苏联解体后中东欧国家大量的资源供应，相互依存的互利合作最可能的领域在能源领域。此外，有必要在欧亚各国之间建立普遍认可的能源合作基础。最初国际能源宪章体系进程的目的是在20世纪90年代“冷战”结束时将苏联和东欧的能源部门纳入更广泛的欧洲市场和世界市场。然而，它的作用不仅限于东西方合作，还通过具有法律约束力的文书、全球能源市场的自由贸易和非歧视原则来刺激外国直接投资和全球跨境贸易。

国际能源宪章体系的内容非常广泛，涵盖投资促进和保护、贸易、过境、能源效率和争端解决等诸多能源相关的问题。国际能源宪章体系以1991年《欧洲能源宪章宣言》（European Energy Charter Declaration）为起点，以1994年《能源宪章条约》（Energy Charter Treaty）为核心内容，以1994年《关于能源效率和相关环境议题的能源宪章议定书》（The Protocol on Energy Efficiency and Related Environmental Aspects of 17 December 1994）、1998年《能源宪章条约贸易相关条款的修正》（The Amendment to the Trade-Related Provisions of the Energy Charter Treaty of 24 April 1998）和2015年《国际能源宪章宣言》（The 2015 International Energy Charter Declaration）等诸多协议为补充，共同构成了一个以能源规制为核心的多层级的法律体系。[1]能源宪章组织的成员国传统上以欧洲和苏联加盟共和国为主，并逐渐吸收了部分亚洲国家。中国2001年12月17日获得能源宪章会议（Energy Charter Conference）邀请，成为其大会及其附属机构的观察员，2015年5月，中国正式签署了《国际能源宪章宣言》。《国际能源宪章宣言》有89个签署方，远超《能源宪章条约》的53个签署方。[2]

1.《欧洲能源宪章宣言》

《欧洲能源宪章宣言》为《能源宪章条约》进程提供了政治基础，《欧洲能源宪章宣言》简明地表达了国际能源合作应基于安全能源供应和可持续经济发展的共同利益的各项原则。《欧洲能源宪章宣言》是对国际能源合作原则的宣言，这些原则建立在安全能源供应和可持续经济发展的共同利益基础上。2015年4月，乍得和尼日尔成为最新的签署国，据能源宪章组织统计，截至2016年6月23日已有66个国家（包括美国和加拿大）以及两个国际组织，即欧盟（the European Union）和欧洲原子能共同体（European Atomic Energy Community），签署了这一政治宣言。《欧洲能源宪章宣言》的所有签署国都是能源宪章会议的观察员，《欧洲能源宪章》的签署是迈向加入1994年《能源宪章条约宣言》的第一步和必要步骤。

2015年《国际能源宪章宣言》试图反映自20世纪90年代初最初的《能源宪章条约》制定以来能源世界出现的变化，因此通过对比研究《国际能源宪章宣言》与《欧洲能源宪章宣言》，有助于了解国际能源宪章体系的

---

[1] 单文华，王鹏，王晗．“一带一路”建设背景下中国加入《能源宪章条约》的成本收益分析［J］．国际法研究，2016（1）：39-61.

[2] 详见能源宪章组织网站：https://www.energycharter.org/process/international-energy-charter-2015/overview/.

发展趋势，有利于把握未来新的国际能源宪章的核心条款的修改方向。

《欧洲能源宪章宣言》与《国际能源宪章宣言》的相同之处体现在以下四点：法律文本的性质、宣言的结构、法律效力和制定目标。第一，法律文本的性质方面，《国际能源宪章宣言》与《欧洲能源宪章宣言》都是关于国际能源合作在贸易、过境和投资方面的原则性的政治宣言，没有法律强制性。二者是为了加强签署国之间的能源合作，任何接受这些原则的国家都可以签署，无须承担任何法律约束的责任。第二，宣言的结构方面，两个宣言的文本结构相同，都包括目标、执行、特殊协议、最后条款等四个部分。第三，法律效力方面，两个宣言都强调签署宣言是缔结《国际能源宪章》的前置条件。第四，制定目标方面，二者都是为了确保国家对自然资源的主权，同时将国际合作的原则铭记于心，允许其他国家获取这些资源。《欧洲能源宪章宣言》是为了在欧亚各国之间建立一个普遍接受的能源合作基础，《国际能源宪章宣言》则是为了提供以市场为基础的原则的国际基准和能源市场监管改革规则。

《欧洲能源宪章》与《国际能源宪章宣言》的不同之处体现在适用范围和内容两个方面。首先，在适用范围上，《国际能源宪章宣言》比《欧洲能源宪章宣言》的签署国明显增多，适用范围更加宽泛。2015 年《国际能源宪章宣言》有 89 个签署国，1991 年《欧洲能源宪章宣言》只有 66 个签署国，适用的国家更多，体现了全球化的趋势。其次，在内容上，《国际能源宪章宣言》更强调可持续能源、能源资源和输送路线的多样化，这与乌克兰危机之后，欧盟想要通过可再生能源与能源多元化降低对俄罗斯的能源依赖密切相关。该宣言反映了自 20 世纪 90 年代初冷战之后的《能源宪章条约宣言》制定以来能源世界出现的变化，包括可再生能源在全球能源市场地位提高和能源合作内容更加国际化。[1]

[1] 程春华．能源宪章转型与全球能源治理：历程、原因及影响［J］．社会科学，2015（11）：55-64.

2.《能源宪章条约》

《能源宪章条约》为能源合作提供了国际法方面的多边框架。它旨在通过运行更加开放和竞争的能源市场来促进能源安全，同时尊重可持续发展和能源主权的原则。《能源宪章条约》于1994年12月签署，于1998年4月生效。目前，该条约有53个签署方。[1]其中包括两个国际组织：欧盟和欧洲原子能共同体，这两个国际组织也是《欧洲能源宪章宣言》的签署方。在《能源宪章条约》所有签署方中，44个签署方是世界贸易组织的成员方，5个签署方是世界贸易组织的观察员。中东国家对《能源宪章条约》和《国际能源宪章宣言》的签署情况见表2–1。

表2–1　中东国家对国际能源条约的签署情况

| 国家 / 地区 | 是否签《能源宪章条约》 | 是否签《国际能源宪章宣言》 |
|---|---|---|
| 沙特 | 是 | 是 |
| 伊朗 | 是 | 是 |
| 伊拉克 | 否 | 否 |
| 科威特 | 是 | 是 |
| 阿联酋 | 是 | 是 |
| 阿曼 | 是 | 是 |
| 卡塔尔 | 是 | 是 |
| 巴林 | 是 | 是 |
| 土耳其 | 是 | 是 |
| 以色列 | 是 | 是 |
| 巴勒斯坦 | 否 | 否 |
| 叙利亚 | 是 | 是 |
| 黎巴嫩 | 是 | 是 |
| 也门 | 是 | 是 |
| 埃及 | 是 | 是 |
| 利比亚 | 否 | 否 |

[1] 签署国名单详见能源宪章条约网站：https://www.energycharter.org/process/energy–charter–treaty–1994/ energy–charter–treaty/.

续表

| 国家地区 | 是否签《能源宪章条约》 | 是否签《国际能源宪章宣言》 |
| --- | --- | --- |
| 突尼斯 | 是 | 是 |
| 阿尔及利亚 | 是 | 是 |
| 摩洛哥 | 是 | 是 |
| 塞浦路斯 | 是 | 是 |
| 格鲁吉亚 | 是 | 是 |
| 亚美尼亚 | 是 | 是 |
| 阿塞拜疆 | 是 | 是 |

数据来源：根据国际能源宪章（International Energy Charter）网站《能源宪章条约》和《国际能源宪章宣言》签署国的数据整理。

《能源宪章条约》是能源宪章体系中法律强制性最强、能源领域适用范围最广的国际条约。《能源宪章条约》包含八个部分，共50个条文和19个《能源宪章条约》附录，规定了签署方在能源贸易的发展、能源领域的合作、能源效率和环境保护三个领域的基本原则，并详细规定了签署方的权利义务和争端解决的具体方式及程序。在能源投资方面，《能源宪章条约》与一般国际投资协定类似，规定了较为具体的投资保护和促进义务。但是，《能源宪章条约》所规定的条约义务较高，包括全部的准入后待遇和全面的“投资者—国家争端解决机制”，总体上高于中国与《能源宪章条约》签署方签订的双边投资协定。

《能源宪章条约》涵盖商业能源活动的所有方面，包括贸易、过境、投资和能源效率。该条约载有条约缔约国（相对于其他国家）的争端解决程序及国家与在前者领土上投资的其他国家投资者之间的争端解决程序。该条约的规定侧重四个方面：第一，对外国投资者的保护方面，扩大国民待遇或最惠国待遇（适用更有利的标准）的范围，同时增加了对非商业风险的保护；第二，通过确保调节设备与该网络运作的技术规格兼容性，尤其是关于电气系统的稳定性，保障能源产品的运输；第三，解决条约缔约国与在其领土上投资的他国投资者之间的争端；第四，推广能源效益，并尽量减少能源生产和使用对环境的影响。[1]

《能源宪章条约》的内容主要体现在以下五个方面：第一，对外国投资者在能源领域的投资给予保护，为外来投资提供一个稳定透明的法律框架，保证了高水平的法律安全，使投资风险担保方案得到应用；第二，消除能源贸易壁垒，尤其是在能源产品、设备与服务等方面的责任，并在一定程度上与关贸总协定（General Agreement on Tariffs and Trade，GATT）条款、其相关文件、核不扩散义务与事业保持一致；第三，保障能源产品运输的自由化；第四，通过节省、有效率地使用能源，减少能源领域对环境的负面影响；第五，建立有效的能源争端解决机制，包括签署方之间的争议和投资者与签署方之间的能源争端。[2]

《能源宪章条约》旨在为成员在能源领域的投资营造一个公平竞争环境，以便将非商业风险降到最低。在能源运输方面，该条约规定了过境自由的原则，即不得无理拖延、限制或收费，以及不因能源产品的来源、目的地或所有权而歧视。在能源效率方面，条约要求参与国就提高能源效率，减少能量循环对环境的负面影响，并制定清晰的政策目标，同时提供了与经济合作与发展组织（Organisation for Economic Cooperation and Development，OECD）主要成员国分享能源效率相关经验和政策建议的论坛。此外，争端解决机制是《能源宪章条约宣言》的基石，它与现有的WTO规则相互协调，已成为从事国际能源活动的投资者保护其合法权益的有效途径。

《能源宪章条约宣言》作为国际能源领域唯一一个具有法律约束力的综合性多边条约，对推动能源领域的国际合作具有重要意义。它的目标是建立一个面向21世纪开放的、非歧视性的能源市场，这是唯一一份涉及

---

[1] 张利宾，曾雪皓．能源宪章条约（ECT）：历史背景、基本框架规定和争端解决［EB/OL］.（2016-2-15）［2022-4-15］.https://www.china5e.com/news/news-930534-1.html>.

[2] 马迅．能源宪章条约投资规则研究［D］．武汉：武汉大学出版社，2012.

政府间能源领域合作的协议，涉及整个能源价值链（从勘探到最终使用），以及所有能源产品和能源相关设备。

3.《国际能源宪章宣言》

2015年5月20—21日，国际能源宪章条约组织（International Energy Charter Treaty，IECT）在荷兰海牙举行部长级会议。75个国家及3个区域组织代表参会。会议通过了2015年《国际能源宪章宣言》，将该组织的关注范围扩大至能源减贫等新的领域。64个签署该宣言的国家与区域组织还应邀参加1994年《能源宪章条约》的修订工作，并就新的《国际能源宪章宣言》达成共识。包括中国在内的八十多个国家的专家团队参与了条约文本的修订。共有89个国家和地区包括中国，签署了《国际能源宪章宣言》。[1]《国际能源宪章宣言》是旨在加强各签署国能源合作的政治意图宣言，不承担任何具有法律约束力的义务和资金承诺，它制定了能源领域国际合作的共同原则。

《国际能源宪章宣言》反映了21世纪最热门的一些能源挑战，特别是以下7个方面的挑战：第一，过去20年间制定的有关能源的多边文件和协定的范围，与能源有关的多边论坛之间（包括《国际能源宪章宣言》在内）鉴于后续行动的协同作用；第二，发展中国家在全球能源安全中的分量不断上升；第三，能源安全、经济发展和环境保护的“三难”；第四，加强能源贸易对可持续发展的作用；第五，证明现代能源服务、减少能源贫困、清洁技术和能力建设的必要性；第六，能源来源和路线多样化的需要；第七，区域能源市场一体化的作用。通过解决这些相关问题，《国际能源宪章宣言》促进了各国为了能源安全和可持续性而进行的互利能源合作。

[1] 签署国名单详见国际能源宪章宣言网站：https://www.energycharter.org/process/international-energy-char ter-2015/overview/.

## （二）中东多边投资保护条约

国际投资保护条约的形式除了双边投资保护条约外，还包括若干国家之间达成的多边投资保护条约（Multilateral Investment Agreement）。在两国之间不存在双边投资保护公约时，投资者也可考虑利用两国共同加入的地区多边投资保护条约中载有保护个人和公司在彼此领土上的投资的条款以解决投资争端。阿拉伯地区早在20世纪80年代就存在两个重要的地区多边投资保护条约，即《伊斯兰会议组织成员国间投资促进、保护和保障协议》（以下简称《伊斯兰合作组织投资协议》）（*Agreement for Promotion, Protection and Guarantee of Investments Among Member States of the Organization of the Islamic Conference*）和《阿拉伯国家阿拉伯资本投资统一协议》（*Unified Agreement for the Investment of Arab Capital in the Arab States*）（以下简称《阿拉伯投资统一协议》）。这两个投资保护协议是为了提供投资保护，可用于阿拉伯地区的投资者，特别是当投资者无法从双边投资条约（Bilateral Investment Agreement）的条约保护中受益时，更有利于保护外国投资者的利益。

1.《伊斯兰合作组织投资协议》

《伊斯兰合作组织投资协议》是由伊斯兰国家于1981年6月制定的，该协议在1988年2月生效。伊斯兰合作组织（前身是伊斯兰会议组织，2011年更名为“伊斯兰合作组织”）是第二大政府间组织（仅次于联合国）；它由4大洲的57个成员国组成，其中有15个阿拉伯国家或地区批准了该协议，包括了埃及和沙特。[1]成立于1969年的伊斯兰会议组织旨在加强和巩固成员国之间的联系，加强伊斯兰内部的经济和贸易合作，以实现经济一体化，从而建立伊斯兰共同市场。

---

[1] 15个阿拉伯国家或地区分别是：埃及、约旦、科威特、黎巴嫩、利比亚、摩洛哥、阿曼、巴勒斯坦、卡塔尔、沙特、索马里、苏丹、叙利亚、突尼斯和阿联酋。

《伊斯兰合作组织投资协议》对投资者的定义广泛，其第 1 条第 6 款规定，投资者包括任何缔约国政府或者缔约国国民，以及拥有资本且投资于另一缔约国的领土的自然人或法人。《伊斯兰合作组织投资协议》对“投资者”的定义非常广泛，它没有规定法律实体的国籍，只是规定法律实体的设立必须符合任何会员国的法律。《伊斯兰合作组织投资协议》第 1 条第 5 款对“投资”进行了定义，投资是指在任何缔约一方领土内，许可的领域内使用资本以取得利润回报或为同样的目的向缔约国转让的资本。伊斯兰会议组织协定中“投资”的广义定义在赫沙姆·阿尔瓦拉克诉印度尼西亚案（*Hesham Talaat M. Al-Warraq v The Republic of Indonesia*）[1] 中被解释为直接和间接投资。该案的基本案情是 2011 年沙特国籍的赫沙姆·阿尔瓦拉克（Hesham Al-Warraq）对印度尼西亚提起仲裁，涉及一家印度尼西亚银行破产引发的纠纷。案件调查中虽然发现了有管辖权和违反条约的行为，但没有追回损失。仲裁庭认为，现代国际投资条约中对“资本”和“投资”的定义很广泛，是指“所有资产”，正如该本案中《伊斯兰合作组织投资协议》第 1 条 5 款的情况一样。因此，这个定义可以被扩展到更广泛的经济交易中。

《伊斯兰合作组织投资协议》的目标和宗旨是促进和保护投资，赋予投资者广泛的权利。因此，伊斯兰会议组织协定包含典型的投资保护条款，包括保护资金和安全、激励措施、人员流动自由、最惠国保护权利、防止征用、自由转让和处置资本、对侵犯权利的赔偿及国民待遇。从投资保护的角度来看，《伊斯兰合作组织投资协议》中最有趣的条款是第 8 条第 1 款，其中包含最惠国条款（“最惠国条款”），即“在投资实物资产因任何国际机构的性质引发的敌对行动、因内乱或一般性质的暴力行为而可能遭受损害的赔偿方面，投资者应获得不低于东道国对其本国投资者或其

[1] Award on Respondent's Preliminary Objections to Jurisdiction and Admissibility of the Claims dated 21 June 2012, Final Award dated 15 December 2014.

他人所给予的待遇”。在赫沙姆·阿尔瓦拉克诉印度尼西亚案[1]中，当要求仲裁庭审议《伊斯兰合作组织投资协议》的最惠国待遇条款时，仲裁庭首先指出，这些条款已适用于解决争端的事项及实质性条约保障。仲裁庭认为，最惠国待遇条款适用于从该国已签订的其他投资条约（包括双边投资条约）进口其他条款，只要投资者试图依赖的《伊斯兰合作组织投资协议》和双边投资条约处理相同的问题。由于《伊斯兰合作组织投资协议》的宗旨是促进和保护投资，因此与投资双边协定的宗旨相一致，仲裁庭做出了有利于原告的裁决，并在适用最惠国待遇条款时接受了从英国—印度尼西亚双边投资条约进口的公平待遇条款。因此，一个沙特投资者能够凭借《伊斯兰合作组织投资协议》，适用印尼和英国之间的投资协定。

伊斯兰合作组织的默认立场是，对可能发生的争议，应按照《伊斯兰合作组织投资协议》第 17 条规定的规则和程序，通过调解或仲裁解决。当事人约定调解的，协议应当载明争端的描述、争端各方的要求以及他们选择的调解人的名字。有关各方可要求秘书长选择调解人。总秘书处应将一份和解协定副本送交调解员，以便他履行职责。赫沙姆·阿尔瓦拉克诉印度尼西亚案[2]中认定，投资者应被授予提起仲裁的权利，无须事前获得东道国的同意。《伊斯兰合作组织投资协议》第 17 条规定十分简单，该仲裁只是临时的，仅对仲裁庭的组成及仲裁裁决的效力做出了规定，对于仲裁庭应遵守的程序规则没有做出明确的规定。在实践中，临时仲裁庭可以根据当事人约定的程序规则或当事人选定的其他机构的仲裁规则进行仲裁程序。在赫沙姆·阿尔瓦拉克诉印度尼西亚案[3]中，临时仲裁庭就是根据联合国国际贸易法委员会的仲裁规则进行仲裁的。根据《伊斯兰合作组织投

---

[1] Award on Respondent's Preliminary Objections to Jurisdiction and Admissibility of the Claims dated 21 June 2012, Final Award dated 15 December 2014.

[2] 同[1]。

[3] 同[1]。

资协议》第 17 条第 2 款第（d）项规定，临时仲裁庭作出的裁决具有终局性，与司法判决的效力相同，《伊斯兰合作组织投资协议》的成员国有义务在本国领域内执行仲裁庭的裁决，就如同执行本国国内法院的最终判决一样。

当然《伊斯兰合作组织投资协议》并不禁止外国投资者在东道国法院提起诉讼，或与东道国政府达成其他投资争议解决方式。《伊斯兰合作组织投资协议》第 16 条首先规定了投资者诉诸国家法院的权利，允许最终选择诉讼或仲裁。[1] 第 17 条中的临时仲裁庭的设置，是“在设立解决协定项下产生的争端的机构之前”。

2.《阿拉伯投资统一协定》

1980 年 11 月 26 日在第十一届阿拉伯首脑会议期间，在约旦安曼签署了《阿拉伯投资统一协定》，于 1981 年 9 月 7 日生效。阿拉伯投资法院规约草案于 1988 年 2 月 22 日生效。区域内投资可以刺激经济增长，降低区域对外部冲击的脆弱性；就部门和合作伙伴而言，这也是一个多样化的因素。根据阿拉伯投资和出口信用担保公司的数据，2006—2011 年，流入阿拉伯国家的外国直接投资中有 25% 是区域内的。为实现新的投资增长，阿拉伯国家联盟成员的一个途径是各国应采取积极姿态，刺激区域内投资。基于此，2013 年 1 月，对《阿拉伯投资统一协定》进行了修正。该修正案旨在促进经济合作和促进阿拉伯国家之间投资关系的协调性。该修正案强化现有的投资保护和处理标准（例如，在 ××× 案件中获得相当于市场价值的赔偿的权利征收和无偿划拨资金），同时引入新的资金（如获得公

[1] Article 16: The host state undertakes to allow the investor the right to resort to its national judicial system to complain against a measure adopted by its authorities against him, or to contest the extent of its conformity with the provisions of the regulations and laws in force in its territory, or to complain against the non-adoption by the host state of a certain measure which is in the interest of the investor, and which the state should have adopted, irrespective of whether the complaint is related, or otherwise, to the implementation of the provisions of the Agreement to the relationship between the investor and the host state.

平待遇的权利和最惠国条款）。

相对于《伊斯兰合作组织投资协议》,《阿拉伯投资统一协定》更为低调，似乎没有引起很多关注。尽管如此，这个被忽视的条约有一个特点：这是有史以来第一个为解决投资者与国家之间的争端建立永久性论坛的投资协议。阿拉伯投资法庭（Arab Investment Court）成立于1983年，自2003年以来一直在运作。投资者—国家仲裁的批评者呼吁建立一个永久性的投资法庭，但他们往往忽略了这样一个事实，即这种管辖权已经存在了相当一段时间。阿拉伯投资法庭不受欢迎的主要原因是《阿拉伯投资统一协定》中对“投资者”的定义过于狭窄。事实上，在最初的修订中,《阿拉伯投资统一协定》第1条将阿拉伯投资者定义为“作为缔约国国民的自然人或法人，但该法人的任何部分不直接或间接为非阿拉伯国家的任何人所有”。2013年修正案稍微放宽了这一要求，目前只需要阿拉伯国民拥有51%的所有权，就可以获得该条约的保护。该修正案现已在少数成员国之间生效，但在东道国或母国一方或双方尚未批准该修正案的地方，仍以旧语言为准。然而，无论哪种定义适用，对于通过当地注册实体在该地区开展业务的众多跨国投资者来说，都存在一个明显的障碍。然而，很可能有一种方法可以绕过这一迄今被忽视的繁重要求。《阿拉伯投资统一协定》第30条（修订后的第25条）规定，“如果在建立阿拉伯投资的阿拉伯国际协定中，或在阿拉伯联盟范围内或阿拉伯联盟成员之间有关投资的任何协定中规定，应将某一问题或争端提交国际仲裁或国际法院，有关各方可以认定该问题或争端属于国际法院的管辖范围。”这实际上意味着，投资者可以通过众多阿拉伯内部双边投资协定中的一个，而不是依赖于“阿拉伯投资条约”(Arab Investment Treaty)，进入阿拉伯投资法庭。事实上,《阿拉伯投资法院规约》第21条承认了这种可能性，该条强调阿拉伯法院有权审议阿拉伯内部投资协定所产生的案件。一项关于阿拉伯内部投资协定的调查显示，至少有34个这些协定预先提供了国家同意这些协定下的争端由阿拉伯投资法庭解决。值得注意的是，另外三项条约允许投资者事先获得国家的同意，可以诉诸《阿拉伯投资条约》的选择性仲裁条款，却没有明确允许诉诸阿拉伯投资法院。

《阿拉伯投资统一协定》对阿拉伯投资者的利益保护的主要改进在于以下四个方面：①投资保护；②投资待遇；③投资便利和担保；④争端解决机制。前两个方面体现在，2013 年《阿拉伯投资统一协定》的修正案规定了投资保护和待遇标准。这些标准应当在与国内法冲突的情况下普遍适用并且这些标准应当构成保护和待遇的最低标准。因此，东道国不能在《阿拉伯投资统一协定》规定的基础上，通过本国立法限制对投资者的保护。相比之下，东道国除《阿拉伯投资统一协定》所给予的特权外，还可给予阿拉伯投资者任何其他特权。投资便利方面则体现在构建更一致和高预测性的投资框架。在制度层面，加强了阿拉伯联盟的作用，经济及社会理事会将通过传播投资相关信息和特定机构的设立，促进《阿拉伯投资统一协定》各项目标的实现。缔约国还应设立一站式服务机构，促进《阿拉伯投资统一协定》的执行。在执行层面，促进阿拉伯投资者及其家人自由入境、居住和离开。如果有专业技术的要求时，要求优先考虑本国人员。投资担保方面则体现在对阿拉伯投资的保护，尤其是非商业风险的担保。

在投资争端解决机制方面，《阿拉伯投资统一协定》规定如有争议，各方可诉诸国内法院或阿拉伯投资法院。双方还可以商定任何其他替代性争端解决机制，即调解、和解，但也可以仲裁。在后一种情况下，它们可同意将其争端提交任何仲裁机构，如解决国际争端国际中心（International Centre for Settlement of International Disputes，ICSID）、国际商会（International Chamber of Commerce，ICC）。如果各方对其替代性解决争端机制的规则没有达成一致意见，则将按照贸易法委员会规则（UNCITRAL Rules）进行管理。

12个双边投资条约[1]允许投资者根据《阿拉伯投资统一协定》第六章通过阿拉伯投资法庭解决争端，其他2个条约[2]采用了类似的规定，但使用了“争端解决条款”的表述而不是具体提到第六章，另外12个条约[3]没有明确提到阿拉伯投资法院，但要求投资者参考《阿拉伯投资统一协定》争端解决的规定。在上述每一种情况下，措辞都仅限于《阿拉伯投资统一协定》的特定部分，因此法院可能会优先考虑《阿拉伯投资统一协定》中的措辞，而不是《阿拉伯投资统一协定》中不属于争端解决条款的任何部分。在这种情况下，《阿拉伯投资统一协定》的原文本和订正文本之间的区别又变得重要起来。原条约第29条属于上述第6章，它回溯到第1条对投资者的限制性定义，这意味着法院将不得不努力解决什么样的定义凌驾于其他定义之上的问题。然而，修订后的《阿拉伯投资统一协定》在其争端解决章节中没有提及第1条，这意味着根据双边投资条约对投资者的定义可能会占上风。

2013年《阿拉伯投资协定》修正案的进一步批准，以及该地区投资者国际争端解决方案的意识不断增强，可能会导致阿拉伯投资法庭在未来的受欢迎程度上升。

---

[1] 12个双边投资条约：《阿尔及利亚与阿曼双边投资条约》《阿尔及利亚与利比亚双边投资条约》《阿尔及利亚与叙利亚双边投资条约》《巴林与苏丹双边投资条约》《巴林与叙利亚双边投资条约》《埃及与叙利亚双边投资条约》《约旦与叙利亚双边投资条约》《科威特与叙利亚双边投资条约》《摩洛哥与苏丹双边投资条约》《摩洛哥与叙利亚双边投资条约》《苏丹与突尼斯双边投资条约》《苏丹与阿联酋双边投资条约》。

[2] 其他2个条约：《约旦和卡塔尔双边投资条约》《利比亚和摩洛哥双边投资条约》。

[3] 另外12个条约：《阿尔及利亚和科威特双边投资条约》《阿尔及利亚和阿联酋双边投资条约》《巴林和约旦双边投资条约》《巴林和黎巴嫩双边投资条约》《科威特和埃及双边投资条约》《科威特和黎巴嫩双边投资条约》《科威特和摩洛哥双边投资条约》《科威特和约旦双边投资条约》《科威特和突尼斯双边投资条约》《黎巴嫩和摩洛哥双边投资条约》《黎巴嫩和苏丹双边投资条约》《黎巴嫩和也门双边投资条约》。

## 二、中国与中东地区的双边投资条约

双边投资条约是指资本输出国与资本输入国之间签订的，以促进、鼓励、保护或保证国际私人投资为目的，并约定双方权利与义务关系的书面协议。这是各国间保护外国私人投资行之有效的手段，被视为有关国家投资环境的重要标志之一。双边投资协定是国际投资法的重要组成部分，在保护外国投资方面发挥着重要的作用：第一，双边投资协定为东道国创设了良好的投资环境。约定必须信守已成为各国普遍接受的国际法原则，因而双边投资协定在国际上对缔约国具有强有力的法律拘束力。若当事国一方不遵守条约义务，就会产生国家责任。所以，较之国内法对外国投资者及其投资所提供的保护，双边投资协定要强有力得多。第二，双边投资协定因其缔约国只有两方，较之谋求多国间利益平衡的多边投资条约，它易于在平等互利的基础上顾及双方国家的利益而达成一致。所以双边投资协定已被许多国家广泛采用，成为保护投资的最为重要的国际法制度。双边投资条约主要有三种类型：友好通商航海条约、投资保证协定、促进与保护投资协定。其中，促进与保护投资协定是从 20 世纪 50 年代末开始，在各发达国家争相效仿和大幅推行的一种保护国际投资的条约类型。迄今为止，已有 133 个不同国家签署了将近 600 项双边性促进与保护投资协定。在《能源宪章条约》所涵盖的能源贸易、能源投资等主要领域，中国已经与能源宪章组织成员国建立了一定的国际法律关系。中国与 50 个《能源宪章条约》签署方签订有双边投资协定，与欧盟正在进行双边投资协定谈判，与 2 个签署国（阿富汗、列支敦士登）未签订双边投资协定。[1]中国与中东地区国家 / 地区签订的双边投资协定的签署情况见表 2–2。

---

[1] 中国签订的双边投资协定的国家详见：http://tfs.mofcom.gov.cn/article/Nocategory/201111/20111107819474. shtml.

表 2-2　中国与中东地区国家 / 地区签订的双边投资协定的签署情况

| 国家 / 地区 | 与中国签订的双边投资协定的签署情况 | |
|---|---|---|
| | 签署日期 | 生效日期 |
| 沙特 | 1996 年 2 月 29 日 | 1997 年 5 月 1 日 |
| 伊朗 | 2000 年 6 月 22 日 | 2005 年 7 月 1 日 |
| 伊拉克 | 暂无 | 暂无 |
| 科威特 | 1985 年 11 月 23 日 | 1986 年 12 月 24 日 |
| 阿联酋 | 1993 年 7 月 1 日 | 1994 年 9 月 28 日 |
| 阿曼 | 1995 年 3 月 18 日 | 1995 年 8 月 1 日 |
| 卡塔尔 | 1999 年 4 月 9 日 | 2000 年 4 月 1 日 |
| 巴林 | 1999 年 6 月 17 日 | 2000 年 4 月 27 日 |
| 土耳其 | 1990 年 11 月 13 日 | 1994 年 8 月 19 日 |
| 以色列 | 1995 年 4 月 10 日 | 2009 年 1 月 13 日 |
| 巴勒斯坦 | 暂无 | 暂无 |
| 叙利亚 | 1996 年 12 月 9 日 | 2001 年 11 月 1 日 |
| 黎巴嫩 | 1996 年 6 月 13 日 | 1997 年 7 月 10 日 |
| 也门 | 1998 年 2 月 16 日 | 2002 年 4 月 10 日 |
| 埃及 | 1994 年 4 月 21 日 | 1996 年 4 月 1 日 |
| 利比亚 | 2010 年 8 月 4 日 | 暂无 |
| 突尼斯 | 2004 年 6 月 21 日 | 2006 年 7 月 1 日 |
| 阿尔及利亚 | 1996 年 10 月 17 日 | 2003 年 1 月 28 日 |
| 摩洛哥 | 1995 年 3 月 27 日 | 1999 年 11 月 27 日 |
| 塞浦路斯 | 2001 年 1 月 17 日 | 2002 年 4 月 29 日 |
| 格鲁吉亚 | 1993 年 6 月 3 日 | 1995 年 3 月 1 日 |
| 亚美尼亚 | 1992 年 7 月 4 日 | 1995 年 3 月 18 日 |
| 阿塞拜疆 | 1994 年 3 月 8 日 | 1995 年 4 月 1 日 |

数据来源：根据我国商务部条法司“我国对外签订双边投资协定一览表 Bilateral Investment Treaty”数据整理。

## （一）中国与埃及关于鼓励促进与相互保护投资协定

《中华人民共和国政府和阿拉伯埃及共和国政府关于鼓励和相互保护投资协定中国和埃及签订的双边投资保护协定》规定，对于涉及国有化或征收补偿额的争议，可以选择在东道国法院进行诉讼或通过仲裁方式解决，而其他投资争议则必须通过东道国国内法院解决。在选择通过仲裁方式解决涉及征收补偿额的争议时，只能通过专设仲裁庭的方式进行仲裁。[1]

## （二）中华人民共和国和沙特阿拉伯王国关于相互鼓励和保护投资协定（1996）

中国与沙特签订了双边投资保护条约中规定：只有涉及征收补偿额的争议才能通过诉讼或仲裁的方式解决，这就可能造成其他类型的投资争议将不得不在投资东道国法院通过诉讼方式解决。对于中国投资者来说，在阿拉伯国家法院通过诉讼方式解决投资争议不是明智之举。对于涉及征收补偿额的争议可以选择通过仲裁的方式解决，除中国—沙特和中国—巴林双边投资保护条约规定可以选择根据《华盛顿公约》在解决投资争端国际中心进行仲裁外，中国同其他 7 个阿拉伯国家签署的双边投资保护条约都规定通过专设仲裁庭进行仲裁。中国和这 7 个国家都是《华盛顿公约》的成员，它们之间的双边投资保护条约完全可以规定通过解决投资争端国际中心进行仲裁，而无须采用专设仲裁庭的方式。考虑到专设仲裁庭的临时性质，当事方不得不指定仲裁员、制定或选择仲裁规则、选择仲裁地和仲裁语言等，这必然会造成仲裁程序的延误。此外，通过临时仲裁庭进行仲裁也不利于日后仲裁裁决的执行。

---

[1] 《中华人民共和国政府和阿拉伯埃及共和国政府关于鼓励和相互保护投资协定中国和埃及签订的双边投资保护协定》第 9 条第 3 款：如涉及征收补偿款额的争议，在诉诸本条第 1 款的程序后六个月内仍未能解决，可应任何一方的要求，将争议提交专设仲裁庭。

## 三、中东国家新能源投资的国内法律体系

### （一）宪法

19 世纪欧洲的政治思想变革给阿拉伯国家法律领域带来巨大的影响，随着第一次世界大战前后新国家的建立，大多数中东国家开始宪政改革。19 世纪 70 年代后，中东地区国家的法律现代化改革以西化、世俗化为中心，宪法中主要表现为经济制度、公民基本权利等方面的变革。

埃及的宪法作为基本法，对环境权、私人所有权等基本权利做出了概括性的规定。2014 年 1 月 18 日，埃及最高选举委员会在位于首都开罗东部纳赛尔城的国家信息服务局召开新闻发布会，宣布通过新宪法，即《阿拉伯埃及共和国永久宪法》（以下简称《埃及宪法》）。2019 年出台了《埃及宪法修正案》，但该修正案仅就总统的年龄与任期进行了修改。在《埃及宪法》中，环境权作为一项基本人权被纳入宪法文本中，这就意味着侵犯公民环境权的案件将成为宪法法院管辖的范围。此外，《埃及宪法》对私人所有权的保护予以明确规定，禁止征收和不合理的征用。[1]

沙特没有制定过宪法，1992 年“皇家法令”通过了《沙特阿拉伯治国基本法》（以下简称《沙特基本法》），虽然《沙特基本法》没有明文规定这是沙特的宪法，但是《沙特基本法》包括了国家政体、国家权力、经济原则及公民的权利义务内容，实际上起到了宪法的作用。[2]《沙特基本法》中把环境保护作为国家政策，规定国家应当保护和改善环境，防止环境污

[1] 《埃及宪法》第 14 条规定，除依法律明文规定和公司法的判决，私人所有权应受保护且不得予以没收；私人所有权，除为普遍的福祉且依法给予合理补偿，亦不得征用；其继承权亦予以保障。第 35 条规定，除因基于公共利益，且依法给予补偿，国有化制度不予允许。第 36 条规定，普遍性的征收资金为法所禁；私人的征收资金除依司法的判决，亦不允许。

[2] 林松业．从“三大法案”到“国民对话”——兼论冷战时代沙特阿拉伯的政治变革［J］．西亚非洲，2010(12):52.

染。[1]对个人财产的保护，《沙特基本法》明确了财产权是基本的个人权利，不得剥夺和征用个人财产。[2]

## （二）外国投资法律

在本节中，主要从两个方面对外国投资法律体系进行介绍，主要包含埃及和沙特两个典型国家针对投资而出台的相关法律和政策。首先，外国投资法律方面，埃及的投资法律主要包含了 2017 年颁布的《投资法》及其实施条例、2002 年颁布的《经济特区法》及其实施细则；沙特的投资法律主要由 2000 年颁布的《外商投资法》及《外商投资法实施条例》和最高经济委员会、投资总局颁布的相关法令组成。其次，与外国投资相配套的法律方面，埃及主要有 2018 年颁布《埃及公共合同法》和 1981 年颁布的《公司法》；沙特的法律主要包含了 2016 年颁布的新《合同法》和 2005 年颁布的《劳动法》。

1. 埃及

埃及投资领域法律的颁布，始于 1974 年颁布的《关于阿拉伯与外国投资和自由区》的第 43 号法令，这部法令加快了埃及改革开放的步伐，该法共有五章七十五条内容，主要包含外国投资与自由管理总局设置等内容。1977 年 5 月 16 日，埃及人民政府对《关于阿拉伯与外国投资和自由区》的第五条至第八条内容进行了修订，目的是扩大开放，消除外国投资者在埃及投资的困难。1989 年埃及政府适应新的投资形势，颁布第 230 号法令《投资法》，放宽了对外贸的限制，鼓励发展私企，为外商投资创建良好环境，同时增加了保证投资人的条款。至 1997 年，埃及政府颁布了第 8 号法

[1] 参照《沙特基本法》第 33 条。

[2] 参照《沙特基本法》第 17 条：财产权、资金和劳工是国家经济和社会结构的基本要素。享有资产、资金及使用劳工是维持社会正常运转的基本个人权利。第 18 条：国家保障私有财产神圣不受侵犯。除因国家利益需要，且给予相应补偿，不得剥夺个人私有财产。第 19 条：国家不得征收个人财产，经法院依法判决的除外。

令《投资保障与鼓励法》，取代第230号法令《投资法》。该法令设置了投资与自由区管理总局，主要职能是确定新的投资项目并促成投资计划等。三年后，埃及政府对《投资保障与鼓励法》进行了修订，允许投资者在增加投资或者固定资产的情况下，免除其扩建项目的税收。2002年，由于埃及面临能源、安全等重大问题，这些问题造成外汇储备减少、贸易赤字，埃及政府继续制定新的投资法吸引外资，随即颁布了《经济特区法》，建立以工业、农业和其他服务活动为主的出口导向性的经济特区。

2017年5月，埃及议会通过新《投资法》，待塞西总统签署生效后，9天内将制定实施条例，新《投资法》（第72号法令）在实施条例完成审批后施行，替代1997年第8号法令《投资保障和鼓励法》，与现行法律并行使用。新《投资法》的首要目标是开创一个良好环境来保障投资安全、稳定。埃及为了建立起强大的国家经济体系，有效而积极地应对全球化时代的经济变化和挑战，制定了明确的经济战略；在该战略框架内，无论是穆巴拉克总统个人的倾向，还是埃及高层领导者们的集体决策，都坚持为投资者敞开大门，将吸引投资作为经济计划的首要任务。

新《投资法》分为5章94条，分别为第1章总则，第2章投资保障和鼓励，第3章投资制度，第4章投资事务机构的设置以及第5章投资争议解决，而《实施条例》更是制定出了142条（与之前《投资保障和鼓励法实施条例》92条相比，条目之多前所未有）。新《投资法》中，70%内容主要在于简化行政管理，优化审批程序，缩短审批时间，更便于服务外国投资者。通过与之前的投资法的比较，新《投资法》在能源投资领域相关规定的主要亮点集中在以下三个方面：第一，加大对投资者的鼓励和保护力度。《投资法》从国民待遇、优惠保障、居住权保障，以及利润转移保障和用工保障等方面来刺激外商投资。[1] 同时，埃及政府建立了分级的激

[1] 埃及新《投资法》第6条和第8条。

励方式，对优先发展的投资项目进行一般性鼓励、特别鼓励和额外鼓励，符合《埃及 2030 年愿景》的项目成为优先发展投资产业，其中包括能源的 9 个项目以及城市化发展领域的 11 个项目。[1]①一般性鼓励。第 10 条规定，公司或机构自登记注册 5 年内免除与业务有关的信贷、抵押合同的印花税和认证费，同时免除因办理土地登记合同而支出的费用。②特别鼓励。第 11 条规定，符合依赖新能源和可再生能源的项目以及发电和配电项目在 B 类区域进行投资的，将获得投资成本 30% 折扣的财政支持。③额外鼓励。第 13 条规定，对主动负担社会责任的企业给予额外优惠，企业员工技术培训的部分费用和投资者承担的公共设施连接到项目的全部或部分费用可由国家承担。第二，为简化和便利投资程序，在其总局及其分支机构成立投资者服务中心，有关部门代表在中心工作期间受投资和自由贸易区总局监督并遵守总局理事会为调配中心工作而制定的原则和规范。[2]同时，为提高投资申请的效率，要求投资者服务中心将提供证书、执照和许可的必要文件的时间限制在 2 日内，超过 2 日则视同投资者已经提供文件，不得再向投资者要求提供附加文件。此外，为了更加简化投资者获取相应许可证书，投资和自由贸易区总局批准成立的认证办公室可单独出具一个认证证书，该证书在相应主管机关未在有效期限内提出异议的情况下具有与该主管机关所颁发证书同等的效力。[3]当然新《投资法》给予投资者最大便利化的同时也规定了以往投资法律未涉及的“投资者的社会责任”[4]。最后，简化投资争议处理程序。新法通过设立申诉委员会、处理投资纠纷部际委员会、处理投资合同纠纷部际委员会等一系列投资争议解决机构的设

---

❶ 埃及新《投资法》第 2 章投资保障和激励第二节投资激励政策。

❷ 埃及新《投资法》第 21 条。

❸ 埃及新《投资法》第 21 条。

❹ 埃及新《投资法》第 15 条主要规定投资者在环境保护、医疗、文化、教育等社会领域、科研等方面应当做出贡献。

置，从程序上简化根据新法以及新法实施条例而产生的争端，降低投资者的争议解决成本。[1] 同年 10 月，埃及政府颁布了《投资法实施条例》，对投资者的具体社会责任、投资便利和激励的具体措施、投资服务中心的组建和程序等方面予以了更加细致的规定。

2. 沙特

沙特现行的外商投资法律体系由 2000 年颁布的《外商投资法》及《外商投资法实施条例》和最高经济委员会、投资总局颁布的相关法令组成。1999 年成立的最高经济委员会是沙特负责研究、制定、执行、管理经贸和金融决策的沙特政府最高官方机构，而 2000 年根据该委员会决议成立的沙特投资总局，是直接负责协调沙特政府各部门处理沙特境内外商投资事务的官方机构。其宗旨是改善沙特国内投资环境，提高对外资的吸引力，为境内外投资者提供全方位的服务，尤其鼓励在能源、运输及知识产业领域的投资。

沙特《外商投资法》中包含以下六个方面鼓励外商投资的规定：

（1）对处理投资申请的时间有明确限制。投资总局须在收到投资申请相关文件后 30 天内对投资申请做出决定。如在规定期限内未做出决定，视为给投资者颁发其申请的许可证。这是为了防止更为复杂或者过为漫长的处理时间，提高效率，更好地保障相关投资者的合法权益。

（2）外国投资者可在不同的活动中获得一个以上的许可证。

（3）一些领域允许外商独资。

（4）外国投资者可以将其出售股权所得、结算盈余或者公司利润所得汇出国外，或者以其他合法方式处置。外国投资者还可以汇出必要的款项，用于履行同项目有关的合同义务。

（5）外国投资者可享受国民待遇。获得许可的外商投资项目，按照相

[1] 埃及新《投资法》第 83 至 89 条。

关法律、法规，享受与本国项目相同的优惠、鼓励和保障，例如，可以获得同等优惠的贷款，在获取公共设备服务的价格方面享受同等待遇。但需要说明的是，沙特政府相关部门往往通过独立的规章制度对本国企业和国民给予更多保护，外资企业不易享受到实际意义上的同等待遇。

（6）总投资管理局向投资者提供必要的信息和统计数字。

最高经济委员会制定并周期性修订的“负面清单”，规定禁止或限制外资进入的领域。负面清单目前完全禁止外商投资勘探、钻井、生产石油和天然气、道路运输、麦加和麦地那房地产投资、出版、电视和广播和招聘服务，禁止外国投资全资经营城市之间轨道交通、电信、保险和银行业务。最高经济委员会定期核对此清单，将逐步对外资开放部分领域。投资总局对“负面清单”之外的领域向外国投资者颁发许可证，投资者向投资总局提交在沙特政府有关部门取得的必要证书，投资总局服务中心向投资者提供帮助。除了投资总局，还有其他多个在其权限内有广泛自由裁量权足以影响政策和审批实践的政府实体将会或可能会参与到监督某一特定领域的外国投资中。这些部门主要包括商务与投资部（该部门负责企业的设立和登记事项），能源、工业和矿产资源部，资本市场管理局（证券监管部门），沙特货币署（中央银行）、教育部、卫生部、通信和信息技术部。每个监管机构在其管辖领域内都有广泛的裁量权，可以批准或拒绝交易（包括涉及外商投资的交易）。

但由于沙特《外商投资法》的法律条文共 18 条，篇幅较小，规定较为笼统，外国投资者可能会遇到该法中未加说明的限制。比如，除负面清单完全禁止或部分禁止的领域，其他领域原则上允许外商 100% 独资。但一些其他法律、法规、政策中也可能出现特定限制，这些限制可以表现为行业特定许可要求，最低资本要求，或是明确禁止或限制外商参与特定经济活动的法令等。2022 年 4 月，沙特投资部正在研究起草一部新的《外商投资法》，加强对外国投资者权益的保护，使得外国投资者的地位将在包括获得某些经济活动或特区活动许可等方面受到与本国投资者平等对待。沙特投资部正在努力推动吸引投资和保护直接投资的程序，优化投资环境，维护投资者的合法权利，提高外国投资者对本地投资市场的信心。外国投资者将享有不受任何歧视的中立待遇，他们将享有管理、出售和处置其财产、项目的自由，并能够自由订立商业合同，收购、清算或出售任何公司，保护知识产权、机密商业信息和个人数据，体验简化的申请流程，方便其通过法院或仲裁方式获得司法救济，并获得官方必要支持和协助。

### （三）外国投资的配套法律

1. 埃及

2018 年《埃及公共合同法》的实施标志着 1998 年招投标法的废止，该法管理涉及国家的商业交易。该法律的出台是确保与国家进行安全、公平的商业交易。法律首先对合同的签订及执行进行了规定，确保合同在履行过程中的效力。该法还旨在鼓励相关实体不断创新合作形式，并提出新的解决方案。同时设立了新的机构来监督此类招标和投标，并处理向他们提出的任何投诉。尤其值得注意的是，新的公共合同法对政府出售和租赁动产及不动产进行了新的规定，以加强控制并提高国家的经济效率，避免政府不合理的支出。法案的出台在对当局产生影响的同时，对投资者也提出了更严格的要求。为保障公众安全与健康，凡涉及公共部门或私营部门的建设项目，应当遵守以下规定：2008 年第 119 号令《统一建筑法》；2009 年《统一建筑法》第 144 号执行条例；住房、公用事业、城市社区部发布的规范建筑物和施工过程的内部规章。任何从事和建筑、公共工程、土地复垦、安装、疏浚、海洋工程等有关工程活动的人，无论是自然人还是法人，也无论遵循何种法律制度，都应申请注册以获得埃及建筑和建筑承包商联合会的会员资格。一方面，愿意参与埃及基础设施项目和政府项目的建筑公司受《埃及公共合同法》的约束，即公共当局应通过一般做法、招标或直接协议将特定项目的完成分配给建筑公司；否则，该公司将无法参与上述工作。另一方面，对于旨在从事私营部门投资的公司而言，在埃及开展建筑工程无须进行招标。一旦业主指定承包商为其建造建筑物，合同将对当事人具有约束力，特别是，法律规定的建筑合同没有统一的模板。

1981 年埃及颁布了第 159 号令《股份公司、合股公司和有限责任公司法》，并颁布了《公司法执行条例》；1998 年颁布第 25 号部长令，对《股份公司、合股公司和有限责任公司法》第 2 条和第 12 条进行了修改。埃及的《公司法》仅管辖其所规定的公司，而依据《投资法》设立的公司由《投资法》进行调整。《公司法》共包括七个部分 20 余条。第一部分规定了该法所管辖的公司，包括股份公司、合股公司和有限责任公司 3 种类型，并对设立公司作出详细规定；第二部分为 3 种公司的日常管理；第五部分规定了公司的监督和检查制度。《合同法》对股份公司和合股公司的发起人数作出了规定：股份公司发起者不应少于 3 人，合股公司的合伙人不应少于 2 人；有限责任公司的合伙人不得少于 2 人和多于 50 人。公司的初步合同和章程要经过批准并公证后生效。此外，《公司法》对公司的名称、公司股票的公开发售、公司的实物入股和成立大会作出了详细规定。同时，《公司法》对外国公司雇用当地员工的比例有强制性要求，规定外资公司雇用的员工中埃及人的比例不得低于 90%，埃及雇员工资不得少于工资总额的 90%，埃及管理人员和专业技术人员不得少于该类雇用员工总数的 75%，他们的工资不得少于该类员工工资总额的 70%。但埃及新《投资法》对从事特定领域的企业放宽了本地用工要求，即在任何自由区设立的公司都可以雇用外国雇员，其人数不超过公司雇员总数的 25%。外国雇员的工作许可问题也在埃及《劳动法》中进行明确规定，同时对劳动的招聘和解雇进行了明确要求。

2. 沙特

沙特关于外商投资间接相关的主要法律包括 2016 年颁布的新的《公司法》和《劳动法》。沙特允许外资以合资或独资方式在沙特设立公司、工厂或开设办事处（无经营权限）。沙特对外国公司实施平等保护，外国公司与本国公司一样，受《公司法》的约束。新《公司法》是沙特政府为保持经济可持续发展而出台的几个重点经济法律法规之一，目的是为投资者提供更好的投资环境，鼓励中小企业的企业家来沙特投资，通过简化程序、降低公司成本等一系列优惠政策和激励措施，支持企业发展壮大，增强沙特在国际市场上的竞争优势。新《公司法》代表了沙特公司法的重要革新和现代化建设，使其更加顺应全球公司法和公司治理的趋势和发展。新《公司法》主要在以下三个方面做出了修改。

（1）公司形式。

新《公司法》认可五种公司形式：普通合伙，有限合伙，合资公司，股份公司，有限责任公司。新《公司法》规定，工商部仍为沙特公司的主要监管机构，新《公司法》亦授权资本市场管理局监管在沙特金融市场上市的股份公司。

（2）股东数量。

在新《公司法》与旧《公司法》框架最重要的差别中，新《公司法》取消了有限责任公司至少两名股东的要求，现在一名股东即可成立有限责任公司。但是一名股东的有限责任公司将受到一些限制，例如，一名自然人不可成立一家以上的一名股东的有限责任公司，并且一人有限责任公司不得成立或拥有另外一家一人有限责任公司。虽然法律没有明确规定，但是法人实体或许可在沙特成立一家或一家以上的一人有限责任公司，尽管这仍需视工商部就这方面管理的灵活性而定。股份公司现在要求至少需两名股东，现行法律中至少五名股东，最低人数有所减少。但是，政府、司法机构、国有独资企业及资本超过 500 万沙特里亚尔的公司，可在新《公司法》下成立仅有一名股东的股份公司。

能够成立一名股东的有限责任公司是一项比较受欢迎的发展，特别是对于因之前至少两名股东的要求而长期在附加文书材料和繁冗行政手续中挣扎的外国投资者来说，是好消息。对股份公司资本和股东规则的放宽使公司能够去寻求股份公司的优势（包括更高的透明度、更完善的公司治理结构、公开市场的进入等），而不是去担忧行政和财政负担。有限责任公司有限责任状态的提升也是一项积极的发展。[1]

（3）资本。

有限责任公司仍无最低资本要求。成立股份公司的最低资本由200万沙特里亚尔减少至50万沙特里亚尔。但是在实际操作中，监管所有外商投资的沙特投资总局对外商投资要求可能会高于公司法最低资本的注资要求或其他资本要求，具体要求视拟议经营活动的性质而定。

沙特资本市场局于2007年颁布了《并购规则》，并于2012年做了有关修订，该规则对于公司兼并和收购的具体要求和程序作了详细规定。此外，《资本市场法》《竞争法》和《公司法》的有关条款也对兼并和收购作了相关规定。涉及的政府管理机构有资本管理局、沙特投资部、沙特商业投资部以及沙特竞争监管局。沙特法律不允许外国公司分公司在沙特收购另一家公司的股份，成为另一家公司的股东，原因是沙特法律认为外国公司分公司是其母公司法律人格的延伸，其自身没有独立的法律人格，没有对外投资和收购资格。沙特法律不允许敌意收购。如果被收购方不同意转让其股份，任何人也不得强迫其转让。沙特市场中典型的并购方式为股权收购和资产收购两种。收购需要合法生效的收购协议。在股权收购中需由全体股东签署同意将公司股权转让与第三方的书面决议，并在经投资部核准，公证机关公证后，通过官方公报刊发。在资产收购中，收购方可选择

[1] 邓苏宁．沙特外商投资法立法译介［J］．上海法学研究集刊，2021（10）：98-102.

收购全部资产或部分资产，以达到规避债务的目的。由于沙特法律除了对不动产和汽车等交通工具的注册变更有具体规定外，并未就资产转移的程序作出一般性规定，在资产收购尤其是当涉及租赁资产时。在沙特的所有并购行为都必须最终由沙特竞争监管局批准，其中涉及上市公司的并购必须聘请注册会计师和法律顾问参与，并接受资本管理局审核。

### （四）环境保护和劳工权益保护的法律和政策

1. 埃及

1994年埃及《环境法》（第4号法令）规定所有投资项目在建立前必须向环境部取得环境影响评估报告，所有在埃及设立的工业项目都要对自身可能对环境造成的危害进行评估。该评估要由埃及权威部门做出，是企业获得经营许可所不可或缺的文件。2005年10月26日，埃及政府以1741号总理决定对原《环境法》（替换原《环境保护法》）中对环境标准的要求进行了大规模修订，重新制订了环境考核的指标体系和评价内容，规定更加严格的污染物排放标准和污染物处理方法及污染源的管理方式。2009年3月1日，埃及政府以2009年第9号国家令对原《环境法》（第4号法令）进行了修订，新增沿海区环境保护定义及综合管理措施、臭氧层保护措施、设立总理级尼罗河水域保护委员会等内容。埃及《环境法》及其修订针对不同类型的环境污染进行了明确认定，对投资者环评程序以及当局环境污染监测以及审查程序进行确认，同时规定了不同类型环境违法的罚则，并赋予了任何公民与非政府组织环境监督权，这意味着任何公民和组织可以向当局进行环境违法的检举，而这种权力的行使并不以产生实质性损害及具备利害关系为前提。

2003年《埃及劳动法》（第12号令）对劳动者的最低工资、工作时间及休假制度进行了规定。同时，该法规定外国雇员必须获得居住和工作许可证才能在埃及工作，并且在埃及工作的外国人必须从劳动部获得批准，许可一般为期10个月，可以延期。

2. 沙特

2005年颁布的《劳动法》当中，具体内容包括：不管企业的规模是大是小，所雇用的劳务人员数量是多是少，雇用沙特人的比重都应当占据所有雇用员工的75%，但现阶段的比例仍然没有达到这样的要求；雇用员工总数超出25名的企业，在工作性质准许的情况下，雇用残障劳务人员的比例应当不少于所有员工总数4%；雇用工人所享受的带薪年假，从原本的半个月增加到21天，针对连续工作五年以上的工人则可以享受30天的带薪年假，针对教育行业的劳务人员还能够享受带薪参加相关教育资格考试的待遇。[1]另外，解雇费则必须计算到员工的基本工资当中，且能够享受公司特定比例的生产利润或是销售利润，这种做法是为了让劳动者与企业之间的关系形成平衡的状态，同时也为了大力支持沙特人投身于民营企业当中，从事相关工作。

外国投资者在沙特境内雇用当地人或非沙特籍的劳务人员，均必须要按照《劳动法》的相关规定来执行。外籍劳务人员在沙特境内务工，则必须要注意下面几点内容：首先，不应当以工作为目的来招聘外籍雇员，而那些早已获得沙特劳工部正式批准的招聘除外；其次，非沙特籍人员不能够从事任何工作，除了那些已经得到沙特劳工部颁发的正规工作许可证除外。想要获取劳动许可证则应当具备下面这些条件：其一，利用正规途径进入沙特境内的，准许在沙特境内从事工作；其二，拥有本国需求的一定专业技术或相关学历，本国公民不具备的，或是当前人数无法达到规定的，或是本国所急需的相关工种；其三，与雇主签订正规而合法的合同并受雇主所提供的相关担保。在向沙特派遣劳务人员的时候，要对沙特的法律条款尤其是《劳动法》进行仔细而认真的解读，强化对派遣劳务人员在法律、风险意识方面的培训及教育。

---

[1] 参照沙特《劳动法》第115条。

# 第三章　中东新能源投资风险及其预防

根据 2020 年英国经济学家情报社国家风险服务的数据，相较于其他地区，中东大部分国家政治稳定性较差，因而投资环境也相对恶劣。动荡的政治环境容易给国际投资者尤其是能源领域投资者带来诸多风险，譬如在动乱与战争中遭受开发与生产的中断致使工期延长，甚至被迫中止投资。即便在局势相对稳定的诸如沙特或是埃及等国，政府行政效率低下、管理水平落后、贪污腐败现象严重等问题也长期困扰着投资者。另外，一些中东国家法制不完备、工程的程序与规章无统一标准，存在工程项目公司成立风险、合同文本风险、劳务用工风险、工程量变更索赔风险等法律风险。在卡塔尔等国，法律规定海外投资者必须与本土资本组成合资企业，且前者的持股比例限制在 49% 以下。[1] 此外，沙特、阿尔及利亚等国家，外籍劳工的签证与用工手续繁复冗杂，极大地限制了投资者母国劳工的顺利输出，然而大量使用本地劳务将给投资增加劳动法律风险，尤其在休假、工作时长及工伤认定等方面，更是让项目管理难度骤增。

[1] 张楚楚．以实正名：中国与中东国家的基础设施合作［J］．西亚非洲，2021（4）：54-73，157-158.

# 一、中国企业遭受投资审查风险及其预防

## （一）中东各国投资审查制度变动频繁

对外国投资的安全审查制度历史悠久，其中最为人所熟知的是美国、加拿大、欧盟等国家和地区对于外商投资的安全审查。美国在历史上均对外国投资者敞开大门，给外国投资者提供和本国国民相同的待遇，早在1983年美国总统里根曾说："美国相信对美国的国际直接投资应当由私有市场力量所决定，应当受到非歧视待遇和国民待遇。美国相信国际投资体系提供了最好和最为有效的机制以促进全球经济发展。政府在投资领域的干预会阻碍经济增长。美国一直都欢迎外国对美国的直接投资，我们提供外国投资者以本国法律法规之下的公平、平等和非歧视待遇。我们只对为维护本国安全和相关利益并与国际义务相符的必要方面加以例外。"[1] 而后由于源自日本和欧洲国家对美投资量的增加，引起美国社会对于外国投资者投资军工产业等国家重点行业的恐慌，美国各阶层开始讨论是否全盘接收外国投资者的投资。总统将对外国投资者的审查权、决定权和相关责任委派给了外资委员会，该行为也首次确立了对外国投资对国家安全审查制度。美国2007年颁布的《外国投资和国家安全法》扩大了原有的国家安全的定义，将其描述为对于国家安全的含义应被解释为与国土安全有关的问题，而且应当包括对关键基础设施的影响。这一举措无疑是扩大了对于投资行业的管辖范围，且在"由外国政府控制"的认定标准方面过于宽泛，任何有国家补贴、国家涉及公司股份等原因均会受到严格审查。

在加拿大，对投资者的安全审查受到《投资加拿大法》《投资加拿大条例》《投资国家安全审查条例》的共同制约。三者皆出于鼓励投资、促

[1] Statement by President Ronald Reagan on International Investment Policy, Sep. 9, 1983.

进经济增长与就业机会的目的，以明确的条款对外商在重要领域与关键行业的投资进行审查，尤其对并购行为提出了严格的程序要求。外国投资者在收购加拿大企业时，应在收购行为开始的 30 日内通知加拿大政府，针对一些特定行业与企业的收购甚至应在收购行为发生前获得特殊批准。若一项新设投资或者并购被合理地认为不适合由外商进行或是对加拿大国家安全造成威胁，相关部门的行政长官可依职权对该项投资进行审查，并在征询加拿大公共安全和应急准备部部长后可采取措施认定该项投资损害国家安全，进而停止该项交易，增加交易条件或命令投资者撤销对收购企业的控制的决定等。中国企业曾遭受过此类审查。中国五矿集团公司曾针对加拿大矿业巨头诺兰达公司发起并购，并购过程中引起了部分加拿大国民的反对，该项并购也引起了加拿大政府的注意，最终加政府以国家安全为由对此次并购进行严格的审查，并采取了多重限制措施，中国五矿集团被迫放弃了该次并购。无独有偶，中海油也曾在加拿大遭受安全审查。在中海油收购尼克森的项目中，时任加拿大总理史蒂芬·哈珀出于交易规模巨大以及中海油的国有企业背景等理由，曾要求有关部门就该项目进行严苛的审查，以确保加拿大是否能够从该项目中获得净收益。加拿大的国家安全审查同样也针对美国军火供应商阿莱恩特技术系统公司。该供应商曾试图于 2008 年收购加拿大 MDA 公司太空技术部门，该项目被叫停的理由在于其将对加拿大检测北极地区边境的能力造成重大损害。[1]

欧盟理事会于 2019 年公布《欧盟外商直接投资审查条例》[2]，已由 16 个欧盟成员国建立了相应的投资审查机制，与美国和加拿大不同，欧盟理事会并非为所有欧盟成员国建立了统一的投资安全审查制度，而是为各国

---

[1] 黄志瑾．中国国有投资者境外投资法律问题研究［D］．上海：华东政法大学，2013.

[2] 该条例列举了 5 项关键的有关审查标准参考考量因素，关键基础设施，包括能源、交通、通信、数据存储、空间或金融基础设施及敏感设施；关键技术，包括人工智能、机器人技术、半导体、可能构成军民两用的技术、网络安全等；关键投入要素供应的安全性；获取敏感信息或控制敏感信息的能力的途径；以及投资者是否受非欧盟国家政府控制（包括重要资金支持）。

建立该制度提供参考思路和理论框架[1]，以这些角度为切入点的安全审查对中国企业造成困扰。

### （二）风险预防：关注制度变化寻求当地合作

对于中东地区来说，大量的自然资源吸引了大量的投资者，然而中东国家对外来投资者的资格审查、安全审查机制并不尽相同，有些国家对于外来投资者的安全审查制度并未完全建立。以下将逐个国家进行分析。

根据UNCTAD出具的2021年世界投资报告，在沙特的外国直接投资（FDI）在疫情的影响下仍然保持正向增长，阿联酋、美国、法国、新加坡、日本、科威特和马来西亚是沙特的主要投资者。结束对化石燃料的依赖作为“2030愿景目标”的一部分，沙特近年来一直在推进增加外国直接投资，计划到2030年实现每年1000亿美元的外国直接投资。世界银行营商环境报告中指出，沙特在190个经济体中排行第62位，比往期提升30位。2018—2020年沙特FDI流入量见表3-1。

表3-1　2018—2020年沙特FDI流入量

| 外国直接投资 | 2018年 | 2019年 | 2020年 |
|---|---|---|---|
| FDI流入量/百万美元 | 4247 | 4563 | 5486 |

数据来源：UNCTAD，《2021年世界投资报告》。

根据沙特2000年《投资法》第5条的规定，依照本法取得许可的外商投资，可以采用以下两种方式进行：由本国和外国投资者拥有的公司；外国投资者全资拥有的公司，该公司在法律上的地位根据其他法规和指令认定。

根据沙特《投资法》第2条规定：在不违反法律和投资协议的前提下，投资总局应当为在沙特境内投资的所有投资者颁发许可证，该许可证

[1] 石岩．欧盟外资监管改革：动因、阻力及困局［J］．欧洲研究，2018，36（1）：114-134，8.

分为临时和永久两种。投资者需向投资总局提交：①经过沙特领事馆和外国人事务局认证的申请人的商业登记；②经过沙特领事馆和外国人事务局认证的申请人近一个会计年度的财务报表副本；③申请单位主管的护照。

在提交上述材料后，投资者可获得投资许可证，股东需向商务部申请批准公司章程草案并提交投资许可证。公司章程草案被批准后，股东及其代理人必须在公证处签署该章程，再向商务部提交任命各董事会成员股东出具的经认证的董事会决议、公司章程、投资许可副本、申请商业登记证。而后向人力资源和社会发展部和社会保险总组织制定文件，获得市政许可证后即可在沙特合法开设公司并招聘员工。尽管前期投资者可以通过商务部网站提交公司章程并申请企业名称注册，但其审批过程需要一周以上的时间，从开始申请到正式开办公司，投资者需要平均3~5个月的时间完成全部流程，根据世界银行2019年公布的创业便利度排行，在沙特投资开创公司的难易程度在190个国家和地区中排名第141。此外尽管沙特总体上对于外国投资持欢迎态度，但仍然存在一些禁入行业：①石油勘探、钻井和生产；②为军事部门提供后勤资源；③安全和调查业务；④在圣城麦加和麦地那投资房产；⑤与宗教有关的旅游行业；⑥印刷和出版行业（有例外）；⑦某些国际分类的代理业务；⑧助产、护士、物理治疗等医疗行业；⑨渔业；⑩疾控中心、血库和检疫服务中心。

沙特政府将外国投资者排除在上述几个行业之外，还通过一些法律和条例禁止外国投资者参与一些医疗保健行业。在能源行业，禁止外国投资者投资上游碳氢化合物产业，但允许投资下游能源产业，包括炼油和石化行业。埃克森美孚、荷兰的壳牌、中石化都是沙特国有石油公司阿拉伯国家石油公司的合作伙伴。

埃及投资部长萨哈尔·纳赛尔在颁布2017年第73号投资法时表示："在埃及的外国直接投资（在茉莉花革命后）显著回升，私人投资总额增长 47%，FDI 增长 15%。的确，大部分投资用于石油和天然气行业，但现行投资法提供了吸引多元化部门的动力，特别是创造就业机会和提高生产力的部门……”投资者在投资埃及时应当注意，任何设立在埃及以国际贸易为主要生产内容的有限责任公司和股份公司，其外国投资者的持股比例均不得超过 49%。对于新能源行业的设立，依据《投资法》第 20 条的规定：对于设立旨在参与国家发展的战略性项目，或以私营与国家、国营企业、公共事业企业合营的方式，设立从事公共设施、地下基础设施、新能源、再生能源、公路、交通、港口建设的投资项目而组建的公司，内阁可颁布决定，对于这类项目的设立、运营和管理，其中包括建设许可、划拨必要的不动产等，进行一次性审批。该批准文件无须经过任何其他程序而自行生效。有关投资者设立公司的必须手续和程序，参考投资法中对于投资服务中心职权范围的规定部分。埃及经济时代的开启源于 1970 年，被称为 Infitah（阿拉伯语中意为“开放、打开”）。“从这时起埃及的劳动力生产效率大幅提高，但仍然以公共部门为主导，埃及经济结构并未能成功转型，在阿拉伯之春前达到巅峰，在阿拉伯之春后跌落。”[1]（见图 3-1）

[1] 参见：OECD. Investment Policy Reviews: Egypt 2020[EB/OL].(2021-5-6)[2022-11-3]. available at https://www.oecd-ilibrary.org/sites/9f9c589a-en/ 1/3/3/index.html?itemId=/content/publication/9f9c589a-en&_csp_=1a0017284fd213909b8930994bc6bae6&itemIGO=oecd&itemContentType=book.

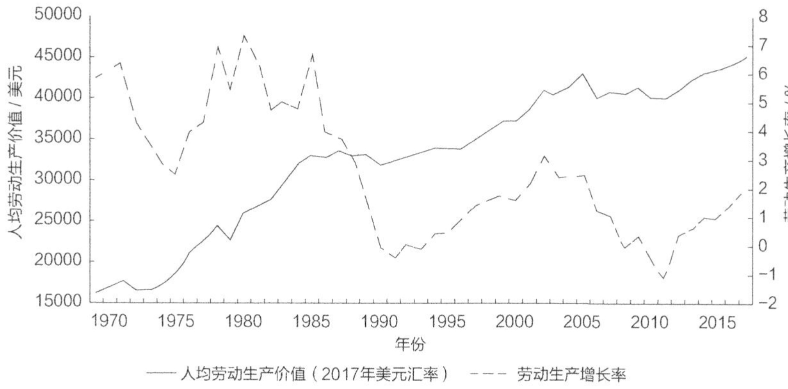


**图 3–1　自 Infitah 时代以来埃及劳动生产率的演变**

数据来源：经合组织根据世界大型企业联合会整体经济数据库的数据计算得出。

因此，埃及政府为促进埃及人口就业，提高了外国投资者的准入门槛，直至 2017 年新《投资法》中不再区分国内外投资者的相关利益，但仍然存在外国投资者禁入的行业，主要集中在建筑业和海运业，这些行业仅允许外资以建立合资企业的形式进行，外资持股比例不得超过 49%。埃及作为第一个签署 OECD 宣言的非洲国家，标志着埃及的经济发展进入新的阶段。2020 年 7 月 OECD 发布了《埃及投资政策概述》，强调埃及政府在实施正向的改革行动以改革营商环境、吸引大量外国投资中的积极作用。

一国政治局势动荡带来的诸如投资法律、劳工法律等变化，是外国投资者无法提前预见亦不能有效规避的，除了购买海外投资保险外，投资者无能为力。因此投资母国建立完备的海外投资保险制度来弥补企业损失、保障投资者利益、鼓励海外投资显得尤为重要。此外，投资者也可以积极寻求商业保险、担保、银行等金融机构，以及一些专业从事国际投资风险管理机构推出的有关业务以保障自身利益，目前市场上出现的此类产品包括贸易、投资、工程承包及劳务输出等信用风险、财产保险、人身安全保险等，此外还有银行的保理业务和福费廷业务等。投资者应通过相关机构及时获取重要信息，积极通过中国驻埃及大使馆经商参处随时了解埃及投资环境等变化，或通过在埃及的中国商会等组织发布的投资指南确立保护自己权益的合法方法。2020 年 FDI 流入量全球排名前 20 位大经济体见图 3–2。

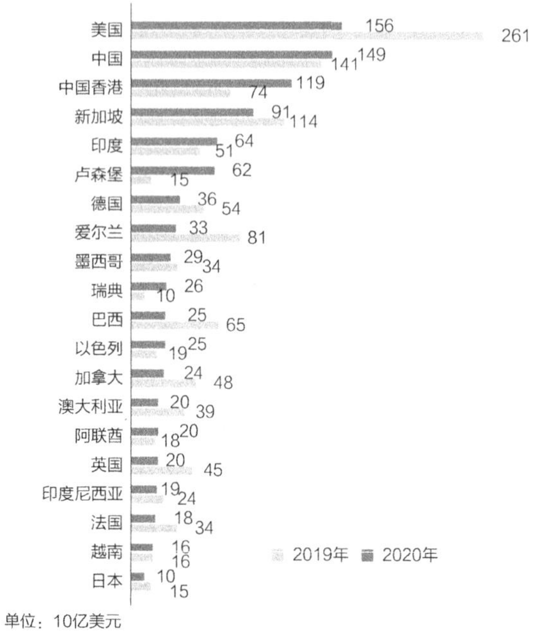


**图 3–2　2020 年 FDI 流入量全球排名前 20 大经济体**

数据来源：UNCTAD，FDI/MNE database (www.unctad.org/fdistatistics).

阿联酋的外国直接投资受到 2018 年第 19 号有关外国直接投资的联邦法律规定，根据 UNCTAD 的报告，2020 年流入阿联酋的外国直接投资价值增加了 20.1 亿美元，增长率为 11.24%，在全球外国直接投资流入排行中位列第 15 名（见图 3–2），在西亚、中东及北非地区排名第一。2018 颁布的外国直接投资联邦法律改变了过去外国投资者仅能持有在阿公司 49% 股份的规定，新法律允许外国投资者在个别行业 100% 持有股份，还颁布了提供其他投资资产保护、财务转让便利、根据投资者利益修改合伙企业、合并、收购和其所有权转让的可能性的法律。

虽然外国投资数量持续增长，但阿联酋的监管和法律框架有利于国内投资者而非国际投资者。阿联酋允许投资者 100% 控股的行业包括：可再生能源、空间、农业、制造业、运输和物流业、酒店和食品服务业、信息和通信服务业、专业和科学技术活动、行政和支付服务业、教育行业、医疗保健行业、艺术和娱乐业、建筑行业。阿联酋内阁指出，允许各酋长国根据自身需求，对以上行业的外国投资者单独规定所有权比例限制。对于源自不同国家的外国投资者待遇也不尽相同，2015 年的商业公司法允许海湾阿拉伯国家合作委员会六个成员国的投资者在阿联酋拥有完全所有权。外国公司在自由贸易区以外的分支机构需要由一名阿联酋籍人 100% 持有代理权，但该公司已根据阿联酋联邦法律或各酋长国政府的协议设立办事处除外，或因经济部的特殊法令获得许可权后可不受该规定限制，例如苹果公司和特斯拉公司在阿联酋的分店并未完全遵守该规定限制。

对于想要投资中东国家的投资者来说，由于各个中东国家对于投资者准入门槛的规定不尽相同，在投资前应当充分了解其具体规定，包括所有权限制情况、对于外国投资者可以投资的行业等要求，还要合理规划因投资东道国政策变动和国家政治态度转变所带来的政策改变对自身造成的威胁，投资者可积极利用保险、担保、银行等金融保险机构和其他专业风险管理机构的相关业务保障自身利益。由于中东国家尚未建立完全的安全审查机制，而国际上如美国、加拿大、欧盟等国家已经建立完善外国投资者的安全审查制度，投资者应及时获取投资东道国立法更新情况，通过中国商务部和第三方机构公布的数据与信息及时把握东道国投资局势和政策的变化，以便于最大限度保护海外投资利益。由于中东国家的特点和历史习惯，外国投资者在海外注册公司时，由于股东、管理层变更所导致的审查周期较长，初到海外，工作签证等许可证的办理周期也较长，可能影响公司正常业务按时开展。对此海外投资者应提前寻找第三方机构委托代办，或在东道国与相对接的公司签署免责协议，避免因手续办理周期过长带来不必要的麻烦。

## 二、环境法律风险及其预防

国际原油价格近十年来不断调整，自2014年暴跌以来缓慢回升，但总体价格仍低于2014年之前。原油低价并不利于新能源行业发展，由此造成的环境污染问题也在国际社会引起重视，中东国家近年来紧跟国际趋势，不断加强和规范有关环境保护的法律规定。随着全球气候的不断恶化，世界正处于环境危机之中，根据气候变化脆弱性指数显示，非洲城市将成为全球气候恶化的牺牲品，这也是该区域环境立法严苛的根本原因。

中东国家的环境立法层次分明、内容多样，以环境法典和部门法规为核心，大量的成文法增加了中国投资者的查找困难；同时，作为中东阿拉伯国家，对传统法中的生态环境保护原则必须有清醒的认识；此外，经历2011年“阿拉伯之春”后，中东各国修改或颁布新宪法，作为“第三代人权”内容之一的环境权被写入其中，以体现对公民基本权利和生态环境的重视与保障。然而，上述问题既是中东阿拉伯国家的环境立法特色，又是我国投资者不太了解的环境法律规制问题，由此极易引发投资中的环境法律风险。

### （一）中东各国的环境保护法治趋于严苛

中东国家在“阿拉伯之春”后修改或颁布了新宪法，其中规定了广泛的公民权利，而环境权成为其中重要的内容被规定其中。同时，中东国家埃及等都建立有宪法法院制度，例如，2014年埃及宪法就规定了独立的司法机构——宪法法院，虽然不审理普通院审判的案件，只负责决定法规是否符合宪法，但普通院审判的案件所依据法律如果违法，则有权撤销违宪的法律。倘若在埃及的普通司法机构中有受理侵犯公民环境权案件，将有可能因法律适用问题或相关规定违宪，而遭到宪法法院的废止，由此凸显出对公民宪法基本权利保障的重视。然而，我国投资者于宪法法院及其审查法律、维护公民基本权利的诉讼活动较为陌生，尤其在经历了严重社会动荡的中东地区，公民环境权等宪法赋予的权利将成为当大众最关切内容之一，极易引发不利于中国企业的权利救济诉讼。

目前，中国在中东投资的企业能够遵守东道国环境保护法律制度积极开展环境影响评价工作，最大限度防止项目建设和运营过程中违反宪法。面对企业涉及的潜在环境问题，有关部门首先考虑的是影响负荷。基于宪法规定的公民环境权以及信息公开，在中东国家投资的自然人或公共部门，都能够在开始施工前向行政主管许可机关提交企业或项目的环境影响评价研究报告，主动公示相关信息。基于中东各国严格环境影响评价和报告制度，在实践中所有大型投资项目都能够开工之前向环保部门或机构申请取得环境影响评价报告，得到批准后再开展项目建设。国企及其员工在中东各国生产活动中更加能够遵守各项法律规定的环保标准，其环境违法风险也相对较低。

### （二）中东各国的环境立法庞杂

中东国家在近代多受大陆法系成文立法的影响，在具体部门法律领域，颁布有种类繁多、针对性较强的环境法律法规，同时受阿拉伯语语言的限制，在查找时较为困难。分类多、内容细的环境部门法律法规给中国企业在中东投资带来了法律查明和风险防范的困难。例如，联合国粮农组织提供的阿尔及利亚概况，内容包括阿尔及利亚在农业和农村发展、种植植物、环境、渔业、食品与营养、林业、土地和土壤、牲畜、海洋、水资源、野生物种和生态系统等方面的国家政策、国内立法及国际协议。其中，在环境政策上，出台包括《2016—2030 年国家生物多样性战略和行动计划》[1] 在内的 13 项；在农业和乡村发展环境的法规上，颁布包括《农业

[1] Stratégie et Plan d'Actions Nationaux pour la Biodiversité 2016–2030.

和农村发展法》[1]在内的60余部；在应对气候变化上，加入了《京都议定书》等国际环境协定并颁布4部对应法律；在环境保护上，颁布包括《国家沿海环境管理与机构组织》[2]在内的120余部法律法规：在野生动物与生态保护上，颁布相关法规50余部；此外，还在渔业、森林、土地与土壤、水资源上各颁布近百部法律法规。[3]同样的情况还出现在突尼斯，该国也颁布数百部有关生态环境的法律法规与多项政策，签署了涉及环保的《突尼斯－中国海上运输协议》[4]，还有其他法律法规共计45项。[5]在成文法的立法形式下，相关法律较为庞杂，为中国企业了解中东国家的环境保护相关规定增加了难度，由此极易忽略某些特殊性规定，进而引发环境违法或侵权风险。

埃及《环境法》于1994年颁布，经过2015年修正，总体分为针对土地环境、空气环境和水资源的污染进行规定。第2章整体规定了在总统府内建立环境事务管理局，可在埃及各省份设立分支机构，尤其是工业地区，管理所有投资项目的环境破坏情况和监管污染物的排放。该部门可以根据实际情况的需要，提出有关环境保护的法律提案和命令草案，制定国家计划，参与有关环境保护项目的决策。第3章规定建立环境保护的专项资金，用于环境保护中各项任务的切实需要，任何违反环境保护法而造成的罚款、商定或裁定的赔偿款都会流向该基金。《环境法》还规定若想转移生产所制造的危险物质的废料，则必须根据《环境法执行条例》规定的

[1] Décret exécutifn 20-128 du 28 Ramadhan 1441 correspondant au 21 mai 2020 fixant les attributions du ministre de l'agriculture et du développement rural, 2020.

[2] Décret exécutifn 20-157 du 16 Chaoual 1441 correspondant au 8 juin 2020 fixant les modalités de fonctionnement du compte d'affectation spécialen 302-065 intitulé《Fonds national de l'environnement et du littoral, 2020.

[3] 相关数据详见：联合国粮食和农业组织编写“FAOLEX 数据库·阿尔及利亚”。

[4] Convention entre le gouvernement de la République tunisienne et le gouvernement de la République populaire de Chine dans le domaine du transport maritime, 16 April 2002.

[5] 相关数据详见：联合国粮食和农业组织．“FAOLEX 数据库·突尼斯”。

许可证和路程进行，在没得到许可证的前提下不得建造任何处理危险物质的设施。第41条规定，任何从事原油勘探、钻探、开采和生产、提炼、加工领域的公司应遵守《环境法》及其执行条例中规定的程序和标准，还要遵守国际通用的石油工业的标准和程序。❶能源产业的投资者除遵守埃及《环境法》以外，还要遵守相关的国际条约，例如1969年在布鲁塞尔签署的《国际油污损害民事责任公约》。埃及还在1982年签署第42号法专门规定保护尼罗河及两岸的环境保护，埃及对于环境保护的要求在投资法中也有规定，《投资法》第15条第1款中规定投资者的社会责任："为实现长远的全面发展目标，投资者应提取年利润的一定比例，在投资项目之外，通过参与下属领域的所有或部分活动，为建立社会发展机制做出贡献：（1）采取必要措施，保护和改善环境；（2）在医疗、社会或文化福利领域或其他任意社会发展领域提供服务或实施发展计划；（3）与一所大学或科研机构合作，支持旨在发展和改善生产的职业教育，资助科研和启蒙活动；（4）培训和科研。"投资者在埃及开展投资前应充分了解相关内容。

沙特在2001年签署了第一部《环境法》，在2021年新环境法开始生效，新法相比旧法扩大了管辖范围，对于破坏环境行为的管理并加剧了惩罚后果。主要变化为以下几点：①新法提高了对违法行为的处罚金额；②扩大了禁止生产者进行的行为和生产者义务的范围；③加强了对影响环境的活动的监管，加强对该类生产行为和活动的许可证、执照要求的约束；④根据防止空气污染计划，对不能准备减少空气污染的企业进行淘汰；⑤加强与内政部的合作，加强监测环境和遵守环境法的情况；⑥在企业进行贷款时前置资助项目的潜在环境问题。

新《环境法》第6~11条规定了有关水资源的保护，第12~20条规定了植被覆盖的土地的保护，第21~22条规定有关海洋和沿海环境的保

---

❶ 埃及1994年第4号《环境法》第41条："所有在勘探、钻探、开采和生产原油、提炼和加工领域开展活动的组织，都应遵守有关规定。"

护，第 23~28 条规定了野生动物的保护，第 29~32 条规定了特别保护区的保护，第 33~34 条规定了环境突发事件和自然灾害事件的保护办法，第 34~44 条规定了针对违法后果的处罚方式。根据违反情况严重程度，可能处以 10 万、50 万、2000 万或 3000 万里亚尔的罚款。[1]

阿联酋有关环境保护的规定适用 1999 年第 24 号《联邦立法》，还有其他与环境保护相关的立法，例如 1999 年关于水生资源保护的第 23 号法，2006 年有关放射性材料的第 20 号法，2002 年有关濒危动物和植物保护的第 11 号法等，阿联酋内各酋长国也各自有独立的立法保护。投资者设立公司对所在地的环境保护受到联邦环境公署、联邦气候变化与环境部、环境与水利部、农业和渔业部等多个部门共同管理，公司应在得到相关的许可证后才可以开展生产作业。

### （三）风险预防：严格履行企业环境责任

中东国家有关保护环境的法律正在逐步发展，对此，能源行业投资者在投资时应根据东道国不同的法律要求，注意各国法律文本中对于空气污染、水资源污染的规定，避免违反环境保护法律导致投资合同违约。通过国内外各种渠道及时获取东道国有关立法的动向，关注东道国法律更新的趋势和针对国际问题的态度转变，避免因消息滞后导致的风险。同时，投资者可以通过聘请专门的环境监督和检查专员以查明投资目标国家与新能源投资有关的法律法规，从而防范因目标国家法律繁杂、翻译难度大而带来的环境违法风险。同时，企业负责人的环境安全与保障意识也有提升，在建筑、采矿等具有一定潜在环境风险的项目中，能够提前做好环保举措，并注重对当地员工工作环境的改善与安全维护，以此降低在当地的负

[1] 沙特的 1 里亚尔约合人民币 1.7721 元。

面影响。[1]相应的，进一步积极履行企业社会责任，尤其是促进绿色与可持续发展，通过对接地方政府组织和环保 NGO，进而开展有关公益活动，主动参与回馈社会的公益活动，并适当邀请媒体，从正面予以宣传，以树立中国企业良好形象。[2]

## 三、属地化用工风险及其预防

对于投资者而言，投资母国的劳动力输出是伴生性难题，由于不同国家对于外籍务工人员的准入门槛要求不同，对在投资东道国法律劳动制度的不了解导致无法大量输出投资母国的劳动力，尤其是不了解有关当地工作签证、务工许可证、外国人居住证、在境外缴纳保险和税收等问题就更为棘手，所以，投资者不免选择在投资东道国选择当地员工，但是，应注意属地化用工所带来的法律风险。

### （一）中东各国属地化用工的比例和保险缴纳

埃及作为中东地区的人口大国之一，根据 2019 年官方统计，埃及人口超过 1 亿，是非洲地区人口第三大国，庞大的人口基数暗示着大量的劳动力。因此，任何想在埃及投资的公司都难免雇用当地员工。根据埃及《投资法》第 8 条规定："当本地员工不具备必要技能时，投资项目有权根据本法实施条例阐述的原则和条件，在项目用工总额的 10% 之内，使用外国工人，最多不应超过项目员工总额的 20%。最高投资委员会确定的部分具有特殊战略重要性的投资项目，在充分重视本国员工培训的情况下，可不受

[1] 朱正远."一带一路"倡议下中国企业对外投资的环境风险与防范［J］.河海大学学报（哲学社会科学版），2021，23（6）：94-101，112.

[2] 商务部国际贸易经济合作研究院、中国驻突尼斯大使馆经济商务参赞处.对外投资合作国别（地区）指南：突尼斯（2019 年版）［Z］.72-73.

上述比例限制。投资项目的外籍员工有权将全部或部分财务所得汇出国外。”由于2011年以来埃及和西亚北非地区局势持续动荡，在国外工作的大量埃及劳工纷纷回国，国内就业竞争激烈，就业形式愈加严峻，鉴于此种情况，埃及人力资源部不断收紧外籍公民在埃及就业的相关政策，严格限制外籍劳工进入埃及国内。由此可见，在埃及的投资者难免遇到属地化用工的问题，雇用当地员工应注意的最重要的问题是为当地员工缴纳社保问题。

在1936年埃及就曾颁布《雇主工伤事故责任制度》，而后在1950年推广职业病保险，在工人由于工作原因获得特殊疾病的保障。埃及而后制定《社会救助法案》，由国家拨款向孤儿、老年人等有特殊需要人群提供救助。埃及纳赛尔政府根据六项原则，建立了与计划经济体制相适应、以国家保障为特征的社会保障体制。这一体制以物价补贴为主，以社会保险与社会救助为辅，对公民实行广泛的社会福利。此后，埃及逐步废除了原有的社会保险模式，建立起国家社会保险制度。[1]“埃及不仅颁布了专门的《社会保障和养老金法》，在其《投资法》和《劳动法》中也做了规定，而且上升至埃及《宪法》的层面。埃及《宪法》明确规定：国家有义务为国民建立健全社会保障体制，所有民众都有权利享受社会保障制度提供给自己的体面生活。无论股份公司还是有限责任公司都需要为其雇员支付社会保险费。[2]埃及于2019年颁布新《社会保障和养老金法》，专门规定了埃及各行业人员缴纳社保的种类和具体比例。埃及社会保险制度共包括：①老年、残疾和死亡保险；②工伤保险；③疾病保险；④失业保险。针对不同的劳动主体和用工主体，各项保险的缴纳比例和金额也有所不同。根据《社会保障和养老金法》第164~168条的规定，对于投资者来说，在不影响刑法典或其他相关法律的适用的条件下，未能按时为所雇用员工足额缴纳各项

---

[1] 李超民．埃及社会保障制度［M］．上海：上海人民出版社，2011:23.

[2] 洪永红，高明东．在埃及投资务必重视缴纳社保费用［J］．中国投资（中英文），2022（Z3）：98-99.

保险的用人单位，可能面临 2000~50000 埃及镑的罚款；造成员工受伤或残疾等其他严重后果的，可能面临 100 万埃及镑的罚款或对主管人员有期徒刑的惩罚。

沙特根据 2019 年的统计共有人口 3427 万人，虽然人口基数不及埃及的一半，但针对外国劳工的规定大同小异。沙特 2005 年颁布的《劳工法》第三章对于非沙特籍人员的就业进行了规定，除特定不允许外籍人员从事的行业外，在雇主为外籍员工办理必要的手续并缴纳必要费用（包括居留证和工作许可证的费用、签证和续签的费用等）后，允许外籍员工在沙特阿拉伯工作。第 43 条规定：在不影响特许协议和其他有关培训、资格、教育和奖学金的协议中规定的条件和规则的情况下，每个雇用 50 名或更多雇员的雇主每年必须培训至少 16% 的沙特工人。部长可以在他指定的一些机构中提高这个百分比。沙特根据“VISION 2030”计划于 2011 年推出“Nitaqat”评价体系，根据公司中沙特雇员的数量决定四个颜色评价等级为“铂金级”“绿色”“黄色”“红色”，其中“绿色”又分为低、中、高三个等级。超过一半的沙特人口年龄在 35 岁以下，大量毕业生加入找工作的行列，“沙特化”政策是为增加沙特籍人员就业比例的一种解决方案。沙特政府以 13 周为一个周期对公司进行审查，根据沙特籍员工的比例进行评定颜色。沙特将企业规模划分为五个等级：微小型（0 ~ 9 名雇员），小型（10 ~ 49 名雇员），中型（50 ~ 499 名雇员），大型（500 ~ 2999 名雇员），超大型（3000 名雇员以上）。其中，为鼓励和保护小型企业的发展，“微小型”企业不在政府的考核范围之内。沙特政府要求用人单位向沙特社会保险事务局（GOSI）报送企业规模和雇用沙特公民数量，由内政部核定企业“沙特化”等级（见表 3-2）。

**表 3-2　沙特企业规模评级**

| 企业等级 | 红色 / % | 黄色 / % | 绿色 / % | 铂金级 / % |
|---|---|---|---|---|
| 小型企业 | 0 ~ 4 | 5 ~ 9 | 10 ~ 26 | 27 以上 |

续表

| 企业等级 | 红色 / % | 黄色 / % | 绿色 / % | 铂金级 / % |
|---|---|---|---|---|
| 中型企业 | 0 ~ 4 | 5 ~ 16 | 17 ~ 3 | 34 以上 |
| 大型企业 | 0 ~ 9 | 10 ~ 23 | 24 ~ 34 | 35 以上 |
| 超大型企业 | 0 ~ 9 | 10 ~ 24 | 25 ~ 36 | 37 以上 |

数据来源：沙特人力资源和社会发展部 Nitaqat 项目，https://www.hrsd.gov.sa/en/.

针对不同行业的不同公司各等级比例也有所不同，只有达到绿色以上级别的企业，可享有多项优惠政策，其中包括：雇员国籍和专业不受限制；在营业执照等企业证照到期以后，享有长达 1 年的更新期限；在税务登记证到期后，享有长达 6 个月的更新期限；可以每 2 个月向沙特政府递交新的签证申请；可以更加方便地变更雇员签证上的专业类型。

因此，在沙特投资企业需要雇用一定比例的沙特员工，为当地员工及时缴纳社保一样重要。沙特社保主要覆盖两个方面：①工伤保险；②非工伤原因造成的残疾、养老保险和死亡保险。沙特的《社会保障制度法》第 4 条和第 5 条规定了社会保障法的适用范围；第 9~14 条规定了社保缴纳的管理办法和行政机构；第 62 条规定了各种未及时足额为雇员缴纳社会保险的雇主将受到的罚款，连续五年或五年以上违反社会保障制度法的违法行为可能面临更严重的刑事责任。

由于中国暂未与任何中东国家签署社保互认条约，中国雇员在境外的社保缴纳问题也值得注意，由于各个国家的社保种类和比例各不相同，投资者应注意各个国家不同的法律规范以免陷入纠纷。

## （二）中东各国其他受法律保护的外籍劳工权利

投资者还需注意各国劳动法规定的法定的工作时长和法定假期问题。

埃及劳动法中规定工作满一年的员工应有权利享受 21 天的带薪年假，当员工为同一个雇主工作满 10 年后，带薪年假应延长至一个月。年满 50

岁的员工在此基础上还应多享受一个月的带薪年假。雇主可以根据工作需要要求员工在法定节假日期间加班，但必须支付双倍工资。员工每天工作时间不得超过 8 小时，每周不得超过 48 小时。

沙特《劳动法》第 98 条规定员工每天工作时间不得超过 8 小时，每周不得超过 48 小时，但在斋月期间每天不应超过 6 小时，每周不应超过 36 小时。《劳动法》第 101 条规定不得让雇员不休息、不礼拜、不吃饭连续作业 5 小时以上，每次休息、礼拜、吃饭的时间不得低于半小时，即使雇员加班，也不得每天留在工作地点超过 11 个小时，第 104 条规定每周五应为休息日。雇主在向上级劳动行政管理机构申请后，可以将周五的休息调整至其他时间，但应给雇员留出完成礼拜的时间。

与此对应的是在阿联酋 2022 年 2 月新生效的《劳动法》中有关每周五固定公休日的规定有所变化，不再强制要求必须在周五休息，改为可以是一周中的任何一天。新《劳动法》还新增了有关定期劳动合同的规定，要求任何用工者必须与员工签订有固定期限的劳动合同，且员工有权利在合同到期前继续签订劳动合同。新《劳动法》还改变了过去可以将未休的年假逐年累积的行为，现在在阿联酋任何劳动者未在当年休满的年假不再累计而是作废。

各国的劳动法中还规定了有关用工时的妇女儿童权益保障问题，例如，埃及《劳动法》第 88 条至第 97 条规定了妇女用工的标准，除晚 7 点至早 7 点之间需要工作的岗位不得雇用妇女，不利于妇女健康或有损社会道德的岗位不得雇用妇女以外，在录用同等条件的员工时，女性员工不得受到歧视。这一点也符合埃及《宪法》第 11 条在所有政治、经济、社会和文化权利方面男女平等的规定。为同一雇主工作满 10 个月的妇女有权享有带薪的 90 天产假。埃及《劳动法》第 99 条规定，任何行业都不允许雇用 14 岁以下的童工，未满 16 岁的童工应佩戴相应的证书。

沙特《劳动法》第 149~160 条对妇女用工做了规定，未经劳工部批准，女性不得在夜间工作；女性员工有权在产前四周至产后六周内休假；如果女性员工在该用人单位已经工作一年及一年以上，在其产假期间应支付一半的工资；若该女性员工在该用人单位已经工作三年以上，在其产假期间应支付全额工资。任何人都不可以雇用15岁以下的未成年人，部分相对轻松的工种最低用工年龄可以放宽到13岁。沙特在2018年通过了《关于异性薪酬平等法》，要求不得对同一行业同一服务等级的雇员，根据其性别差异而进行工资歧视或重要性歧视，也不可以对竞争同一岗位的求职人员有不同的学历、专业、技能、经验和专业能力要求。

阿联酋新《劳动法》第30条重新规定了产假和陪产假，怀孕的女性员工有权利享受60天的产假，其中45天全薪，15天半薪，任何用工单位不得以女性劳动者怀孕为由解雇员工。

属地化用工的另一风险是，尽管各国都对外国投资者适量雇用当地员工做出不同的要求，但由于各国教育水平参差不齐，专业技术岗位难以招到能力与用工需求相适应的当地员工，这对于沙特这种有严格“沙特化”政策的国家更是难上加难。高技术人才的匮乏与当地的员工雇用比例不可兼得，导致大量雇用技术人员开销过大。高端技术人才在中东地区的稀缺性，导致雇用他们的成本大幅增加。投资者可在前期使用国内的高技术人才，在用工期间适当注重当地员工的技术培养和职业培训，以一带多，培养出高技术人才，并与其签订相应的劳动合同，规定进行技术培训的前提是培训后为公司工作，然而对初级技术人员的培训也会增加时间成本，投资者在投资前应做好斟酌。

### （三）风险预防：灵活处理属地与外籍用工问题

投资者在应对这些风险时，应注意各国劳动法、投资法、公司法、社会保障法中对于员工福利待遇和社会保障制度的规定，劳动法中对于工作时长、妇女保护、童工雇用和法定节假日的保护大同小异。对待属地化用工比例问题，要遵守各国劳动法、公司法、外商投资法等法律文本中对外籍员工雇用比例的规定，尤其是沙特这种要求严格的国家，本地化员工的雇用比例影响着公司其他业务方面的便利程度。投资者要了解东道国的风俗习惯，针对各国不同的劳动市场实际情况制定不同的方案，投资者应定期对公司内员工比例和待遇是否合法进行自我审查，避免因违反相关法律造成损失。

## 四、仲裁本地化风险及其预防

### （一）中东各国仲裁法修改展现本地化特征

除上文中所介绍的埃及、沙特等中东国家的投资争端解决方式外，投资者还应注意在中东国家仲裁本地化带来的复杂的问题。中东地区是世界上最大的天然气储量所在地，因此是各国能源产业投资者所青睐的地方，中东地区的能源投资所带来的争端和冲突解决方式也因国而异。然而大多数在中东地区的投资者更青睐通过国际仲裁机构来解决争端，这也是中东国家近年来立法所努力的方向，通过建立国内的仲裁机制，个别国家有对国际仲裁的结果进行合宪性审查的趋势，从而增强中东国家内仲裁的吸引力，希望外国投资者在本地完成仲裁。然而由于选择在本地进行仲裁，因各国家仲裁人员水平能力参差不齐，各国仲裁法国际化世俗化程度不同，个别国家的腐败和贿赂情况严重，政府官员间互相包庇导致可能产生不利于投资者的仲裁结果。

阿联酋自 2018 年以来进行了大量的立法改革，例如，颁布《联邦仲裁法》，该法在 2018 年 6 月生效，取代了阿联酋《民事诉讼法典》中有关仲裁部分的规定。该法以 UNCATD 出台的《国际商事仲裁示范法》为范本制定，推动了阿拉伯联合酋长国商事仲裁制度的现代化进程，新法下的阿联酋仲裁在诸多方面已经与当前国际上的主流标准同轨。该法适用于仲裁地在阿联酋的所有仲裁案件，《联邦仲裁法》带来的一个重要变化是对临时措施做了明确规定。此前的《民事诉讼法典》没有对仲裁庭下令采取临时措施以支持仲裁程序的进行做出规定。这就意味着，除非当事人选择的仲裁规则规定了临时措施，否则就由当地法院决定这一问题。现在《联邦仲裁法》明确规定仲裁庭和法院可以在适当情况下采取临时措施和保全措施，以支持仲裁程序的进行。

卡塔尔在 2017 年也颁布了新的《仲裁法》，同样适用于所有在卡塔尔进行的仲裁。明确了有关临时措施的立场。新的《仲裁法》授权仲裁庭发布保全财产和证据的临时命令，它还要求卡塔尔法院执行临时措施，除非临时措施违反卡塔尔法律或公共政策。

虽然沙特没有独立的仲裁法院，在沙特进行仲裁需根据仲裁法和民商事诉讼法在上诉法院进行，但沙特在 2012 年更新了仲裁法的部分条款，为 2016 年成立沙特商事仲裁中心铺平了道路，这也是沙特政府希望通过国内仲裁机构解决投资争端的信号，但许多仲裁员在裁决过程中还是存在偏袒沙特一方的行为。

对地方保护主义相对较强的阿拉伯国家来说，投资者应当咨询当地律师，在争端出现前进行争端解决的最优方法和法律选择，由于无论是西方民商事法律体系还是传统法中有关合同订立的原则都是高度重视双方当事人意思自治，在订立合同之初可以委托当地律师根据各国不同的法律体系和适用情况提前约定争端解决方式。

### （二）排除特许协议的可仲裁性限制能源投资者选择

特许权协议是民事合同还是行政协议，其纠纷是否可以仲裁，这个问题始终是跨国投资尤其是跨国能源投资者关注的热点，在中东地区一直饱受争议。在达米埃塔国际港务公司（DIPCO）诉埃及政府特许协议案[1]中，埃及最高上诉法院最终推翻开罗上诉法院判决，撤销国际商会（ICC）仲裁庭作出的4.9亿美元仲裁裁决，由此可见特许协议的可仲裁性在埃及也处于被排除的状态。

埃及最高上诉法院认为，特许权协议的“特殊性质”决定了协议是一个“行政协议”，而不是一个私法合同。在得出这一结论时，法院有两点依据。首先，合同的一方当事人是一个行政机关，在签订合同时是以公共机关的身份行事。其次，特许权协议与公共事业的运营有关，即达米埃塔港集装箱码头。因此，由于特许权协议是行政协议，关于协议附录是否按照埃及法律适度宽松的问题属于埃及国家法院的专属管辖范围，不属于仲裁庭的管辖范围。此外，最高上诉法院认为ICC仲裁庭在对行政法问题作出认定时，违反了埃及的公共政策原则，因为这是对国家法院专属管辖权的隐性挑战。因此，裁决中的这一结论超出了仲裁庭的权限。最高上诉法院还认为，埃及国家行政机关（DPA）终止特许权协议“不构成合同的一部分”，因为它的性质是“行政决定”。只有埃及国务委员会法院有权审查和推翻行政决定。因此，仲裁庭既无权审查协议是否被适当修改，也无权审查DPA终止特许权合同的决定是否非法。因此，最高上诉法院认为，仲裁庭裁决没有尊重埃及法院的专属管辖权因而违反了埃及的公共政策，并命令将其撤销。

本案判决反映出埃及法院并没有如其宣称的支持仲裁，特别是涉及埃及国家机关的情况下，仲裁裁决极有可能基于公共政策而被不予执行。从商业层面上，本案应引起正在考虑与埃及政府签订或已经签订特许权协议的包括中国投资者的国际投资者的关注，本案判决基本说明特许权协议在埃及可能无法约定以仲裁作为解决争端的机制，原有的类似约定也可能无效。因此，

---

[1] Mohamed Abdulmohsen Al-Kharafi & Sons Co. V. Libya available at https://www.italaw.com/cases/2185.

中国投资者在与埃及政府签订合同时，应注意仲裁条款效力问题。

中国法律未明确规定 PPP 协议是否属于可仲裁范围，但中国企业作为投资协议一方在与政府签订合同中约定仲裁条款的情形很常见，最典型的就是 PPP 协议，中国经济贸易仲裁委员会也受理过政府作为当事方的 PPP 协议纠纷。为满足“一带一路”倡议的新发展需求，中国国际贸易仲裁委员会（以下简称中国贸仲委）建立了第一家以多元方式处理公私合作模式（PPP）争议的仲裁中心（以下简称“中国贸仲委”）。该中心的成立表明将来中国贸仲委将会以处理此类型问题作为其工作重点。然而，在当下埃及的仲裁本地化趋势中，当中国投资者与埃政府签订相关投资合同后，依据争端解决条款在中国获得仲裁裁决，而埃及排除了政府合同可仲裁性，中国投资者可能面临裁决被拒绝承认，甚至裁决无效的消极后果。[1] 此外，现行法令对技术办公室审查的效力规定不甚明确：①法令未明确技术办公室决定应被视为行政决定或司法命令；②未规定对技术办公室的决定不服应向哪个主管当局提出质疑。因此，当中国投资者对仲裁裁决执行的审查结果有异议时，没有相应申诉途径。

### （三）重新起用“用尽当地救济”原则将能源仲裁拉回国内司法体系

在国际经济法领域，“用尽当地救济”原则作为国际投资仲裁的一项重要的程序性要求由来已久。该原则要求，在没有穷尽东道国的一切救济手段之前，无法针对东道国政府的行为向国际投资争端解决机构提起仲裁和诉讼。随着新自由主义在国际投资领域的盛行，各国逐渐接纳以促进投资自由和便利为核心的制度模式，因此，许多国家将该条款从其签署的双边及多边投资协定中删除。

---

[1] 托马斯 · R. 斯奈德，珍 · 拉赫曼，库斯布 · 沙赫达普利，朱伟东 . 中东的能源仲裁［J］. 中东研究，2021（2）：208-223，339-340.

将用尽东道国救济作为前置程序的本意，一方面在于避免东道国承担国际诉讼和国际仲裁高昂的诉讼费用及免于承担败诉风险，另一方面也为了给投资者一个即时止损的国内法保障。近年来国家“回归”的趋势在国际社会尤其是发展中国家逐渐蔓延，“用尽当地救济”原则在国际投资争端解决中心的使用频度逐步上升，有数据显示，多个仲裁庭曾以投资者未穷尽东道国国内救济途径为由，驳回投资者的索赔申请[1]（此类案件在下文将被称为“当地救济案件”）。尽管有学者就争端解决中心的这一裁决提出了质疑，认为该中心重新起用“用尽当地救济”的原则是不符合经济发展趋势的，但这些质疑并未打消国际仲裁庭在多起案件中使用此类条款作为驳回投资者请求的主要依据。就ICSID而言，仲裁庭在“当地救济案件”中做出的裁决结果被认定为将争端解决的场域推回东道国国内，对国际仲裁庭权力的扩大起到了较明显的遏制作用，同时也很好地解决了国内救济机制被架空的问题，从而保障了东道国的管治权。鉴于此，作为中东国家中遭受国际投资者发起仲裁最多的埃及开始重新起用“用尽当地救济”原则，试图将国际投资仲裁拉回国内，以免于承担其有可能因违反国际投资协定而不得不支付巨额赔偿。

从实际结果来看，埃及的此种努力得到了不错的回报，其因国际仲裁败诉而必须支付给投资者超负荷赔偿的尴尬局面得以缓解。在Helnan诉埃及政府案中[2]，申请人赫尔南因和埃及旅游和酒店组织（Egyptian Organization for Tourism and Hotels，EGOTH）的合同纠纷败诉导致的埃及法院下达的终止合同履行的判决，将埃及政府与EGOTH诉至国际投资争端解决中心（ICSID）。其认定导致埃及法院下达判决的直接原因在于埃及政府与EGOTH合谋，先将酒店的评级下调，从而致使酒店履约能力受损，

---

[1] 张荣芳，刘昕洁.埃及投资争端解决机制改革的法律风险防范［J］.东北农业大学学报(社会科学版)，2020，18（3）：25-33.

[2] Helnan International Hotels A/Sv Arab Republic of Egypt（ICSID Case No. ARB /05 /19）.

最终达到埃及政府将酒店国有化的目的。案件开庭后，ICSID 以赫尔南未“用尽当地救济”为由，驳回了投资者提出的索赔请求。仲裁庭强调，赫尔南虽然履行了在埃及法院起诉的程序，但其在诉讼过程中并未采取一切必要手段争取公正判决，同时在对一审判决不服的情况下，并未提起上诉，因此不符合“用尽”的条件。此外，ICSID 仲裁庭在对“拒绝司法”情形的判定上，态度也十分严苛。以比利时投资者诉埃及案为例，投资者认为其就埃及政府涉嫌违反比利时—卢森堡经济联盟与埃及的双边投资条约（Bilateral Investment Treaty，BIT）中保障苏伊士运河适航的义务为由向埃及法院提起诉讼，而法院将案件的审理期限延长达 10 年，后又将其索赔请求无故驳回的情形，应当视为投资者已经被完全剥夺了救济的权利，达到了“拒绝司法”的标准，投资者是在用尽了当地救济后将纠纷诉至国际仲裁庭。然而，仲裁庭并不这样认为，其在驳回申请的裁决书中指出，埃及法院将审理期间延长的原因归于该案具有相当的复杂性，而并非出于埃及法院的“不公正”。如果投资者认为埃及法院的行为存在不正当性，应当举出实质性证据。同时，就埃及国内法程序而言，投资者显然未进入上诉程序，因此并不否认“拒绝司法”。

基于此，埃及政府将“用尽当地救济”原则作为免除其国家主权遭受国际投资争端解决机制遏制的有效手段，通过对该条款的援引确保其在接受跨国投资过程中的国家利益。值得注意的是，生效中的中国与埃及 BIT 并未纳入“用尽当地救济”条款，然而从埃及在国际仲裁中的表现及国内立法的趋势来看，利用中埃双边投资条约升级的机会，将该条款纳入也未尝不可能，当中国投资者在埃及遭受国际投资纠纷时，将其诉诸国际投资争端解决机制的途径将被大大缩减。

### （四）风险预防：善用区域内国际仲裁庭解决纠纷

针对上述提及的中东国家区域内建立国际仲裁机构的情况，投资者在东道国展开投资时应当做到充分的背景调查和资源检索，充分了解当地的仲裁庭纠纷解决机制，在订立相关投资合同时合理咨询当地律师顾问，在纠纷解决条款中订立明确清晰的仲裁机构。

从国家的角度出发，国内商会和相关投资团体应当及时更新有关当地的争端解决机制信息，从而更好地为其成员提供建议。中国政府应当及时更新与中东各国的双边投资协定，顺应时代的变更，根据各国投资争端解决方式的最新变化和国际仲裁机构的设立，及时在双边投资协议中明确各争端解决机制的效力，为有需求的中国投资者提供可靠的参考和制度保障。

投资者在与东道国签订一系列与投资有关的协议时，应当在协议中规定仲裁条款或单独订立有关仲裁的补充协议。协议中应当注明双方约定的仲裁机构，对此笔者更推荐选择迪拜国际仲裁中心和开罗国际仲裁中心两个区域仲裁机构。迪拜国际仲裁中心本质上是迪拜国际金融中心和伦敦国际仲裁院之间的合资企业，在适用法律出现冲突时适用英国法律。迪拜国际仲裁中心作为中东地区最大的仲裁中心，于 1994 年由迪拜工商会作为商业调节与仲裁中心设立。迪拜作为连接东西方的中心，在地理位置因素上就占尽优势。作为整个中东地区的商业中心，迪拜汇聚了各个行业专业人士，应对当下商业环境中各环节遇到的各种终端解决。开罗国际仲裁中心是在亚非法律协商组织的主持下于 1979 年成立的一个独立的非营利性国际组织，该中心分别于 1998 年、2000 年、2002 年和 2007 年修订了仲裁规则以保持与现代国际社会制度相匹配的仲裁制度，随着制度的不断更新和中国投资数量的不断增加，中国投资者在开罗国际仲裁中心更有机会获得较为公平的仲裁结果。由于两个投资中心都属于中东国家的区域性国际仲裁机构，中东各东道国对于将争端诉诸以上仲裁中心的阻力较小，在相同的准入条件下能够兼顾效率和获得公平仲裁结果的可能性，更适合中国投资者用于解决争端。

## 五、中东新能源投资的其他法律风险及其预防

在中东地区投资的法律制度风险不胜枚举，其他法律风险包括征收国有化、特定行业的政府许可证、对派出人员的工作资格要求、进出口政策、税收政策、合同履行难易程度、索赔是否易于执行、法律执行的难易程度、知识产权保护力度等问题都有不同规定，由于对法律制度了解得不详尽易造成风险。

### （一）知识产权风险与东道国腐败风险

在东道国政府许可方面，投资者应先充分了解东道国的招投标法及相关行业的准入要求，由于外国投资的主体是否能持有、交易不动产，各国也有不尽相同的规定，由于各个国家对于不同行业的投资者主体要求不同，投资者应当充分了解后避免事后补救和执行困难。

在知识产权保护方面，埃及、阿联酋、阿尔及利亚、叙利亚、苏丹、约旦、突尼斯、科威特、沙特、摩洛哥等国家均是《巴黎公约》成员国，互相承认在其他国家申请的知识产权保护。卡塔尔、阿联酋和沙特的知识产权法比较接近，以联邦法为主，阿联酋通过经济发展部、警察和海关共同负责管理有关侵犯知识产权的犯罪，但联邦法在各酋长国的执行情况不一致导致侵权事件常有发生。而埃及和约旦的知识产权保护法规更为完善，埃及政府中的八个部委分别负责有关商标供应和内部贸易、有关专利权的教育和研究、印刷品版权、农业植物、计算机程序版权、通信和信息技术等相关知识产权问题。通过内政部在国内打击侵犯知识产权犯罪，海关在边境进行侵犯知识产权产品审查等举措保护知识产权。沙特于 2017 年成立知识产权保护局，按照国际准则支持、发展、赞助和保护知识产权，近年来着手建立知识产权法院，提高国内对保护知识产权的重视意识。投资者更应关注该国有关知识产权法的保护内容，以书面形式积极主动地向各投资东道国负责知识产权保

护的机构提出控诉，避免自己的合法权益进一步遭到侵害。

投资者还应注意个别国家的腐败制度和贿赂犯罪可能影响工程承包、合同订立等全部过程，导致投资进程减缓甚至停摆。中东国家腐败可分为大型腐败和相对较小的腐败，大型腐败是指政府官员对大量公共资源的盗窃或滥用。而相对较小的腐败指较低级别的行政官员发生的个别交易，通过索要贿赂、挪用公共资金或给予好处以换取个人利益。根据国际透明组织[1]2021年提供的CPI数据，埃及远低于其他北非阿拉伯国家的分数，其中埃及清廉指数为33分，阿尔及利亚33分，摩洛哥39分，突尼斯44分，沙特53分。[2]中东和北非地区的CPI指数连续四年平均39分。2012年近一半的埃及企业认为政府的腐败问题是制约公司发展的最大障碍（见图3-4），持续的政府与民间冲突，新冠肺炎疫情影响下的政府停摆和不作为导致腐败和侵犯人权的行为进一步加强。

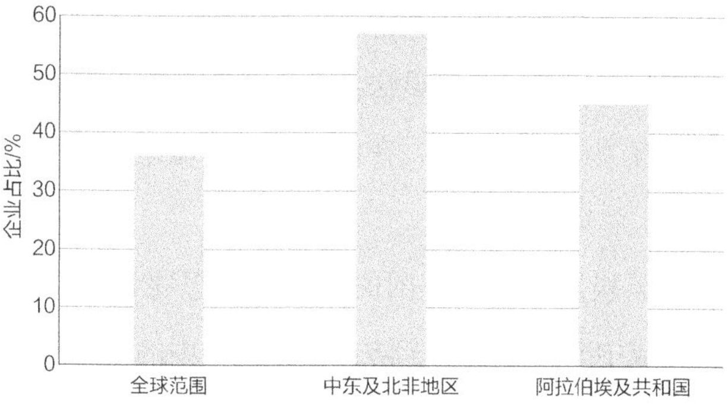


**图3-4　认为腐败是公司发展最大障碍的埃及企业比例**

数据来源：世界银行企业调查，https://www.enterprisesurveys.org.

埃及在刑法典中规定了反贿赂的内容，还单独颁布《非法收益法》等打击公职人员腐败的法律。埃及最主要的反腐败机构是行政管理局，该机

---

[1] Transparency International 的 Corruption Perception Index 清廉指数用来衡量国家腐败情况，清廉指数以商人为对象的问卷调查作基础，按世界各国本土贪污情况的普遍性进行排名，从0（极度腐败）–100（高度清廉）进行评价。

[2] 数据来源：https://www.transparency.org/en/cpi/2021.

构对国家行政机关、国有企业、公共协会和机关、从事公共工作的私营公司及国家以任何形式提供资金的组织具有管辖权，2017 年 10 月，国家议会批准了行政管理局法修正案，授予该机构充分的资金和行政权力。中央审计局也在埃及政府中充当反腐败机构，在国有企业驻派监察员以报告腐败行为。投资者在埃及投资时应及时掌握埃及法律制度的规定，可委托当地了解法律制度和公司成立程序的第三方机构对投资手续的合法性进行审查，避免由程序不正当带来风险。

沙特有较全面的法律框架解决腐败问题，但在实际执法时并不能完全公正公平。沙特依靠《打击贿赂法》和《公务员法》规范腐败问题，被判腐败犯罪的公职人员面临 10 年监禁或最高 100 万里亚尔的罚款。由于沙特的腐败法律只监管了贿赂犯罪和滥用职权以公谋私的行为，并未包括个人之间的贿赂，导致投资者在投资贸易过程中难以合理根据法律文本避免潜在的腐败行为，尤其是在公共采购环节，由于该环节是腐败的高发阶段，因此除《打击贿赂法》和《公务员法》外，投资者还应了解沙特《政府招标和采购法》中有关程序的规定，在沙特委托当地律师对程序合法性进行审查。

阿尔及利亚、埃及和沙特等国的法律允许想要参与政府招投标项目的公司寻求代理或中介服务，为了防止中介过程中的贿赂行为，要求从事中介行为的服务提供商满足两项条件：第一，中介机构必须正式注册；第二，中介机构必须向审计局、中央银行等金融管理结构提供其活动产生的收益明细。有关第二项要求，埃及 1982 年关于规范商业代理活动和商业中介机构特定活动的第 120 号法律中第 14 条规定了这一点："政府各部和机关、地方政府单位、公共机构和公共部门的公司和单位在签订合同时，应在标书中列入一项规定，说明在授予合同时应向商业代理或商业中介支付的佣金或经纪费的数额，及收到这笔款项的人，并要求将这笔款项存入在埃及境内经营的、受中央银行监督的银行，并以各方商定的货币为账户。"

### （二）风险预防：收集并熟悉当地立法现状

为避免以上所涉及的种种法律风险，投资者应通过以下途径合理规避风险：

（1）在投资前充分了解投资东道国的法律制度，中东各国不同的历史背景导致各国司法体制有不同的侧重点，投资者应充分了解国情，结合商务部和中国驻各国大使馆公开的数据和信息了解目标国家的各项法律规定。

（2）投资者在国内应就目标国家投资事宜咨询有涉外法律经验的律师或第三方机构，包括研究机构和智库等，通过咨询国内有从事类似业务经验的律师和学者等，获取从投资母国方向提出的建议和策略。

（3）投资者在投资东道国委托当地律师，中东国家受到阿拉伯语的限制，非母语者在了解和深入研究时困难极大，通过对以阿拉伯语为母语的律师进行咨询可以更准确地了解东道国法律更新变化的情况，从而更好地保护自身权益。

（4）投资者应定期更新有关投资东道国的国情、政治状况、自然环境、外交局势和法律修正的情况，通过对近年以来东道国内以上情况的总结可以判断投资东道国对于外国投资的态度转变和政策变化。

（5）投资者在充分收集信息、分析东道国制度后，在投资前应建立对应的自我审查机制，针对投资东道国现存的和有可能遇到的法律风险进行自我审查，避免因违反法律使利益受损。

由于我国尚未制定法律层面的境外投资立法，投资者应当注意我国不同行政部门的境外投资法规，包括境外投资宏观政策、境外投资外汇管理制度、税收制度、金融管理制度、境外投资国有资产监督管理制度、境外投资保险制度和监管制度等。例如，2017 年 12 月 6 日，国家发展改革委、商务部、中国人民银行、外交部、全国工商联等五部门联合发布了《民营企业境外投资经营行为规范》，该规范从五个方面对民营企业境外投资经营活动进行引导和规范。一系列文件对于我国民营企业在境外投资活动具有指导和规范作用。2017 年 12 月 26 日，国家发展改革委第 11 号令发布《企业境外投资管理办法》，该办法分为总境外投资指导和服务、境外投资项目核准和备案、境外投资监管、法律责任、附则，于 2018 年 3 月 1 日起施行，该办法为加强并优化境外投资具有宏观指导作用。

# 第四章　中东新能源投资争端解决机制研究

中东地区作为全球能源储量重地，得到世界各国投资者的青睐，最近几十年来，能源出口与能源开发成为推动该地区经济发展的主要因素之一，随之而来大量的资本跨境流动也将可能出现更多的跨境投资争端。国际投资争端的解决方式包括投资东道国国内的救济模式和国际救济机制，本章将针对中东地区的国际投资争端解决从以上两种模式分别进行介绍。

## 一、中东国家国际投资争端的国内救济机制

投资者与国家间投资争端的特殊性，主要基于争议主体地位的不平等，一方是主权国家而另一方是私人（包括个人和法人）。这种差异体现在长久以来，在国际法层面将国家视为国际法的主体，而个人不能被视作国际法的主体，当下解决国际投资争端的 ISDS 机制（Investor-State Dispute Settlement）是为个人赋予国际法上的地位（主要在国际经济法领域）、为保护投资者权益而产生的。然而传统的国际投资争议解决方式及当今对 ISDS 机制提出的争论焦点依旧为是否需要强调国家地位，例如，学者们关于在自由主义背景下卡尔沃主义的消失与复苏的争议。国际投资争端解决中强调国家地位的体现之一是对适用国际投资争议解决机制的情形进行限制，例如需用尽当地救济。解决中东国家国际投资解决的国内救济机制主

要分为诉讼和仲裁两个部分。

### （一）中东国家新能源投资争端解决的诉讼机制

通过诉讼解决投资争端一般指在中东国家内，将投资争端视为普通的民商事案件进行诉讼，这涉及当地法院的管辖权问题和法律适用问题。由于中东国家法院的审判能力参差不齐，多数不会作为投资者解决投资争端的第一选择。

埃及的投资争端解决机制受到以下法律规定：埃及《民法典》《司法机关法》《民事和商事诉讼法》《仲裁法》，以及埃及签订的国际公约与多边投资协定。埃及总统塞西于2016年组建埃及投资最高委员会统领投资事宜，提高投资领域的工作效率。2017年颁布《投资法》，在同年10月发布了《投资法》实施条例，新《投资法》在效力上取代了原有《投资保障和鼓励法》。除此之外，埃及还设立投资总局（GAFI）管理外资投资事项，GAFI成为投资者申领投资许可的管理机构，也是解决投资争端的管理机构。GAFI设立投资者争议解决中心为投资者提供调解员并展开调解程序，这是为了能够通过GAFI的介入最大限度地保证投资当事人的权利不受侵犯，避免因诉讼复杂、冗长的程序带来不必要的耽搁。在GAFI的网站写明在制定调解中心的调解规则时，充分考虑了国际实践和比较立法的最新发展，以及联合国国际贸易法委员会（UNCITRAL）的建议。“埃及司法系统具有权威地位，但因法院效率低下，外国投资者多选择仲裁与庭外和解的方式。因此埃及的《仲裁法》与《投资法》成为其投资争端解决法律体系中最重要的法律渊源。”[1]

通过诉讼途径解决投资争端指通过向埃及国内有管辖权的法院提起民商事诉讼，然而由于诉讼一方当事人是涉外主体，该诉讼涉及国家管辖

---

[1] 张荣芳，刘昕洁.埃及投资争端解决机制改革的法律风险防范［J］.东北农业大学学报(社会科学版)，2020，18（3）：25-33.

权问题，关于国际管辖权，埃及法院根据以下标准对涉及外国因素的国际商事纠纷行使管辖权：被告是埃及人的案件，除非争议涉及位于外国的不动产；尽管被告是外国国民，但在埃及有住所或有居住权利的案件，除非争议涉及位于外国的不动产；涉及位于埃及的财产（动产或不动产）的案件，即使被告是在埃及没有住所或居住权的外国人；与在埃及产生、履行或要求履行的义务有关的案件；与在埃及宣布的破产或无力偿债有关的案件；被告自愿服从埃及法院管辖的案件（完全适用当事人意思自治原则）；与在埃及法院提起的案件密切相关的索赔、反索赔、辩护、附带问题和其他问题；涉及将在埃及执行临时措施的案件。

上述原则代表了埃及法院在国际层面上确立管辖权的不同标准。应注意关于国际合同中适用法律的选择和专属管辖权条款的效力的问题，埃及法律和大多数国家的法律体系一样，在不违背埃及法律强制性原则的情况下，坚持当事人自治的原则。因此，合同当事人可以自由协议适用的法律和专属管辖权，只要他们的协议不违反公共政策考虑或基本的强制性规范，他们的协议通常会得到法院的支持。

沙特的投资争端解决体系受到多部法律的规定：2000 年《外商投资法》、2000 年《外商投资执行条例》、说明投资总署地位的法律、《仲裁法》《商事法庭法》及签订的国际公约和双边投资协定，还有其他规定了沙特司法制度和各级法院管辖权限的法律。

一般来说，由外国投资者和沙特私人实体签订的投资协议所产生的争端将由沙特的司法机构进行裁决或仲裁，除非该协议或沙特合资企业或有限责任公司的公司章程另有规定。然而，沙特政府或政府机构与外国投资者之间的投资协议受沙特法律约束，由此产生的争议将由沙特法院审理。参与政府招标的外国投资者应该意识到合同争端受沙特法律保护。如果双方发生争议，将由沙特主管司法机构进行裁决。沙特投资争端解决的主体包括，传统法院、申诉委员会、准司法委员会。

沙特于2021年为控制敏感行业的外国投资而设立了部长级委员会，主要任务是制定一份被禁止在沙特投资的个人和公司名单，与有关当局合作更新该名单。

投资者之间的争端通常由商业争端解决委员会解决。该委员会由三名法官组成，向该委员会提起诉讼是一个漫长而耗时的过程。出于这个原因，外国投资者应在投资协议中加入仲裁条款，在出现争端时能够寻求其他仲裁机构更快速地解决问题。外国投资者与沙特政府及其机构之间的纠纷属于申诉委员会的管辖范围，该委员会根据特别条例建立，向申诉委员会提出申诉后，若不满意其裁定结果并没有进一步上诉的救助方式。沙特《外商投资法》第13条规定："在不影响沙特阿拉伯王国加入协议的情况下，政府与外国投资者就其依照本法获得许可的投资发生的争议，应尽可能友好解决。未能解决的，将根据有关法律解决争议。外国投资者与其沙特合作伙伴就其依照本法获得许可的投资发生的争议应尽可能友好解决。未能解决的，将根据有关法律解决争议。"

沙特《投资总局章程》中规定，根据法规在首都利雅得设立一个名为"沙特阿拉伯投资总局"的机构，指定该机构提供国家在发展和增加本地和外商投资领域的政策、针对国家经济状况制订计划、跟踪和评估外商投资。对于上述法条的适用不应违反沙特所加入的国际协议，包括《华盛顿公约》、在阿拉伯联盟和伊斯兰会议组织主持下缔结的投资公约及双边投资条约。尽管沙特国内其他法律不会限制沙特的公共或私人机构同意进行国际仲裁的权力，但部长会议在1963年发布了一项决定，限制了政府机构与外国投资者解决争端的能力。根据该决定，政府不得作出具有使其受制于外国法院或司法机构的协议。

通过诉讼途径解决投资争端严重依赖投资东道国的法律制度和司法工作人员能力，这对于部分中东国家并不公平，拥有大量自然资源，亟须投资的国家并不代表着同样拥有优质的司法资源和完善的司法体制。对于当地民商事法律的不甚了解也为通过诉讼途径解决争端增加了难度，因此，还需了解通过仲裁解决争端。

### （二）中东国家新能源投资争端解决的仲裁机制

仲裁是指将投资争端案件提交到投资东道国的仲裁机构进行仲裁，双方适用的是各投资东道国的仲裁法律。近年来随着外国投资者数量的增多，更多的投资争端通过仲裁方式解决，中东国家也纷纷加强仲裁方面的立法工作，建立健全商事仲裁机制，投资者应当注意在投资合同中有关仲裁条款的订立。

除诉诸法院进行诉讼外，仲裁已经成为解决商业纠纷和投资纠纷的重要方法，埃及政府曾在 2015 年第 17 号法令提出的旧《投资法》修正案中规定了投资者的投资争端解决机制：通过与投资者事先约定的方式或根据《仲裁法》通过仲裁解决投资争端，所以埃及《仲裁法》也是解决投资争端的规范文件。《仲裁法》是指 1994 年第 27 号关于民事和商业仲裁的仲裁法，适用于在埃及进行的国内和国际仲裁及当事方选择受该部法律约束的仲裁。仲裁作为一种解决争端的私力救济手段，在埃及法典时代到来前就已经存在，受到传统法律的制约。1883 年奥斯曼法令颁布了埃及第一部《民事诉讼法》，其中涉及了有关仲裁的规定，这是埃及的第一次涉及仲裁法相关内容。自 2011 年“阿拉伯之春”波及埃及后，埃及经济严重受挫，恢复经济的相关政策就包括不断修改《仲裁法》和《投资法》，整顿埃及国内的投资市场环境。埃及《仲裁法》以联合国国际贸易法委员会示范法为蓝本，在此基础上结合埃及国情和经济状况制定。埃及法院对于仲裁结果的承认和执行态度较为良好，能够接受并支持仲裁程序。在《仲裁法》中第 6 条规定了埃及仲裁制度的管辖范围：“当仲裁当事人同意将其之间的法律关系适用于标准合同、国际公约或任何其他文件的规定时，则必须适用该文件的规定，包括其中规定的与仲裁有关的规定。”无论当事人是签署独立的仲裁协议还是在签署的原始合同中明确了仲裁条款，均适用埃及的仲裁制度。《仲裁法》第 9 条第 1 款规定："本法所指的仲裁事项由埃及司法机关复审的权限在于对争议具有原始管辖权的法院。但是，在国际商事仲裁的情况下，无论是在埃及还是在国外进行，除非当事人同意埃及另一上诉法院的管辖权，否则管辖权属于开罗上诉法院。"该条款中提及了由第三方国际商事仲裁机构的仲裁结果的诉讼管辖归属，从侧面印证了埃及政府同时承认国内仲裁机构和国际仲裁机构作出的仲裁结果，需要明确的是，仲裁法庭有管辖权并不意味着具有排他性，当事人仍可以选择通过仲裁或通过诉讼的方式解决争端。《仲裁法》第 13 条明确规定，如果法院诉讼程序是针对受到仲裁协议约束的事项提起的，法院应当宣布无管辖权并驳回起诉，前提是诉讼当事人在诉讼程序进入实体程序前针对管辖权提出这一申请。"可见，将争议提交至任何仲裁机构的前提均是争端当事方一致同意，因此，埃及法律修改本质上并未剥夺投资者选择诉诸 ICSID 或其他国际争端解决机构的权利，只是通过修改国内法以消除外国投资者对 ICSID 等国际仲裁机构的依赖心理。"[1] 埃及仲裁制度中高度重视当事人意思自治原则，在多个条文中均规定了只要当事人协商达成一致，可以突破一些常规约束，例如，有关仲裁法律依据的来源、法律规则的选择等。有关仲裁法庭和仲裁流程部分与国际上大多数国家的仲裁形式出入不大，对于埃及国内仲裁结果的承认与执行制度依然根据埃及《民事诉讼法》进行规范。想要在埃及进行仲裁的前提是有相关的仲裁协议或在合同文本中有仲裁条款，埃及总理于 2020 年发布第 2592 号新法令，对埃及政府与外国投资者之间的仲裁协议做出了更严格的要求，法令将根据 2019 年第 1062 号法律中设立的最高委员会更名为最高仲裁和国际争端委员会，对于其是否有能力、充足的时间和足够的技术经验审查所有埃及政府参与的国际合同

---

[1] 张荣芳，刘昕洁．埃及投资争端解决机制改革的法律风险防范［J］．东北农业大学学报（社会科学版），2020，18（3）：25-33.

提出了质疑，新法令并未提及该委员会的决定对投资者的合同是否有约束力，但这一举动可能会阻碍投资者签订合同。

埃及现存仲裁机构包括：埃及国际贸易仲裁中心（ECITA）、根据2017年第72号《投资法》第91条成立的埃及仲裁与调停中心（The Egyptian Arbitration and Mediation Centre）、开罗国际商业仲裁区域中心（CRCICA）、沙姆沙伊赫国际仲裁中心（SHIAC）、Kheir博士法律与仲裁中心（AKLAC）、根据2019年第335号总统令设立的埃及资源仲裁与解决非银行金融纠纷的仲裁中心。然而由于埃及2008年第8310号部长令规范，双方当事人应当适用阿拉伯语准备仲裁材料进行登记，这对于其他国家的投资者来说增加了适用国内仲裁制度解决投资争端问题的困难性。

在阿联酋，金融自由区日益繁荣，它们也是确保阿联酋成为仲裁友好区域不可分割的手段。阿联酋设立了许多金融自由区，在这些区域内，阿联酋的民事和商事法律被排除适用（但阿联酋的刑法仍继续适用）。金融自由区被授权就所有民事和商事事项制定符合各自特色的法律和监管框架。

迪拜国际金融中心（DIFC）是金融自由区一个很好的范例。它有自己的、以普通法为基础的法律体系。在迪拜国际金融中心的法律出现漏洞时，或在法律出现冲突时，就适用英国法律。迪拜国际金融中心主要的仲裁机构是迪拜国际金融中心—伦敦国际仲裁院（DIFC-LCIA）。迪拜国际金融中心—伦敦国际仲裁院本质上是“迪拜国际金融中心和伦敦国际仲裁院之间的合资企业”。阿布扎比全球市场（ADGM）是另一个金融自由区。它也有自己的普通法律体系以及独立的法院系统。阿布扎比全球市场将英国普通法和某些英国成文法纳入自己的法律体系中。国际商会仲裁院也在阿布扎比设立的一个代表办公室。

阿联酋自由区最佳的显著发展还包括在2018年10月设立了阿布扎比全球市场仲裁中心。最先进的庭审室配备有先进的设备，这样即使是最大的、最复杂的仲裁也可在这里进行。在2016年，迪拜国际金融中心—伦敦国际仲裁院发布了更新后的仲裁规则，它们与伦敦国际仲裁院的仲裁规则保持紧密一致。迪拜国际金融中心—伦敦国际仲裁院的默认仲裁地是在迪拜国际金融中心。迪拜国际金融中心和阿布扎比全球市场仲裁中心以对仲裁友好而闻名。

沙特也对它的仲裁机构进行了完善。沙特商事仲裁中心（SCCA）在2016年正式成立后的两年内就已取得了重要成就。它受理案件的标的额已超过3.75亿沙特里亚尔，案件的当事人来自法国、英国、美国和德国。虽然沙特商事仲裁中心还在早期阶段，但考虑到它获得的来自国家的支持以及沙特能源行业的支配地位，该中心在将来受理的涉及中东地区的能源仲裁案件很可能会大幅增加。

## 二、中东国家国际投资争端的国际救济机制

如上所述，将争议提交至任何仲裁机构的前提均是争端当事方一致同意，因此埃及法律修改本质上并未剥夺投资者选择诉诸ICSID或其他国际争端解决机构的权利，只是通过修改国内法条以消除外国投资者对ICSID等国际仲裁机构的依赖心理。这表明在中东地区的主要国家，国际投资仲裁依旧是解决投资争端的主要方式之一。

根据联合国贸易和发展会议（UNCTAD）公开的数据，截至2021年埃及共有52起发生在投资者和国家之间的争端案件（ISDS），其中46件埃及作为被告东道国，6件作为投资母国。46个案件中，处于审理状态的有8件，终止程序的有2件，已经因和解或因另行提起仲裁或诉讼而结案的有35件，其中有利于投资者的有5件，有利于东道国的有14件，无明确倾向的有16件，完全没有偏向于任何一方的决定（已发现责任，但未给予损害赔偿）1件，终止程序的1件。详情见图4–1。

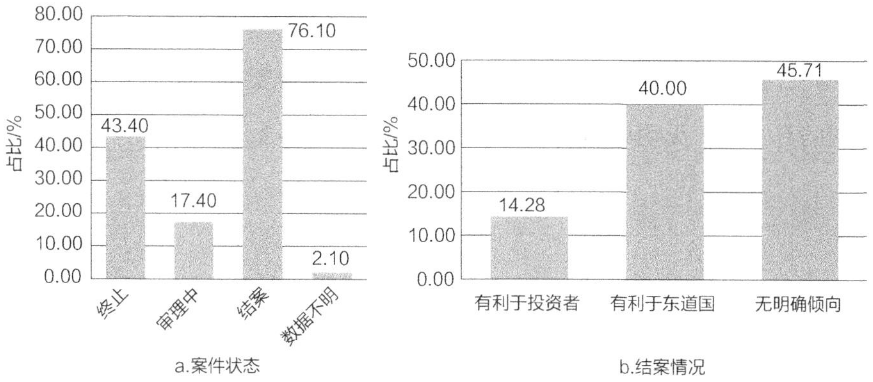


**图 4–1　埃及争端案件构成情况**

从图 4–2 可知，在埃及发生的 46 个案件中，根据已公开的数据，其中涉及房地产行业 1 件（2.1%），航空运输行业 4 件（8.6%），基础建设 3 件（6.5%），旅游业 5 件（10.8%），农业 1 件（2.1%），特许经营权纠纷 3 件（6.5%），污水处理纠纷 3 件（6.5%），新媒体行业 1 件（2.1%），新能源行业 5 件（10.8%），制造业 1 件（2.1%），自然资源开发纠纷 9 件（19.5%），未公开 5 件（10.8%）。

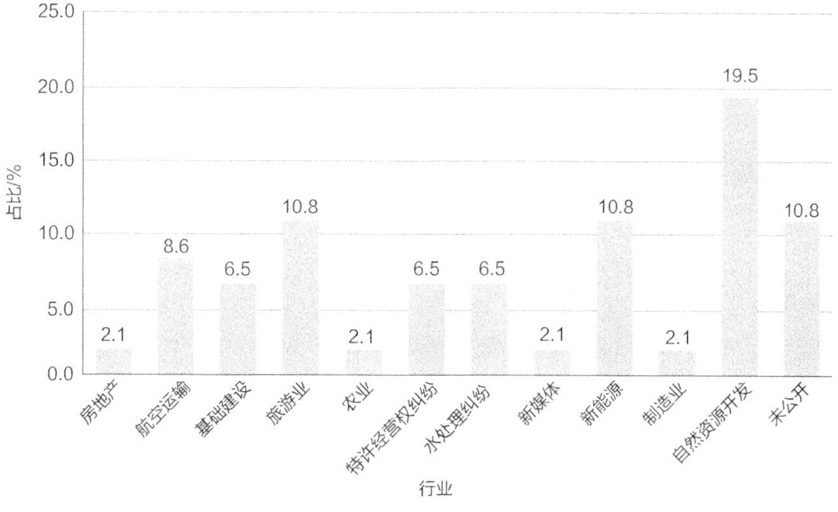


**图 4–2　埃及被诉各行业占比**

截至 2021 年，沙特共有 13 起 ISDS 案件，其中 9 件沙特作为被告东道国，4 件作为投资母国。9 个案件中，终止程序的有 1 件，处于审理状态的有 3 件；已经因和解或因另行提起仲裁或诉讼而结案的有 4 件；有利于东道国的有 2 件，无明确倾向的有 2 件，详情见图 4–3。

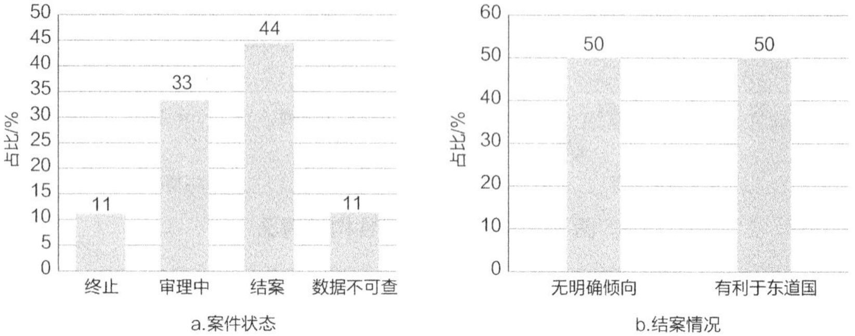


**图 4–3　沙特争端案例构成情况**

截至 2021 年，阿联酋共有 19 件 ISDS 案件，其中 6 件阿联酋作为被告东道国，13 件作为投资母国。6 个案件中终止程序的有 2 件，处于审理状态的有 1 件，结案的有 2 件，其中有利于东道国的有 1 件，无明确倾向的有 1 件，详情见图 4–4。

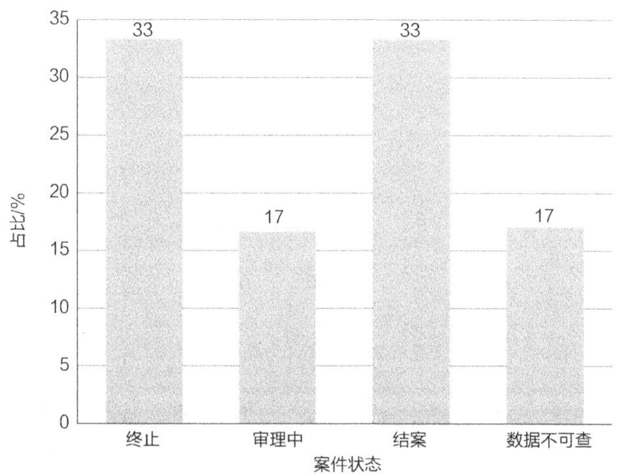


**图 4–4　阿联酋作为被告国的案件构成情况**

截至 2021 年，科威特共有 16 件 ISDS 案件，其中 7 件科威特作为被告东道国，9 件作为投资母国。7 个案件中，终止程序的有 2 件，处于审理状态态的有 1 件，结案的有 4 件，其中有利于东道国的有 3 件，无明确倾向的有 3 件，详情见图 4–5。

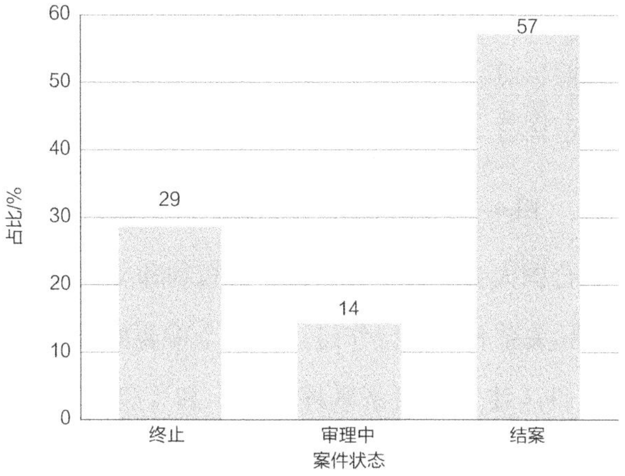


**图 4–5　科威特作为被告国的案件构成情况**

截至 2021 年，摩洛哥共有 7 件 ISDS 案件，全部是作为被告东道国。7 个案件中，处于审理状态的有 2 件，已经因和解或因另行提起仲裁或诉讼而结案的有 5 件，其中有利于东道国的有 2 件，无明确倾向的有 3 件，详情见图 4–6。

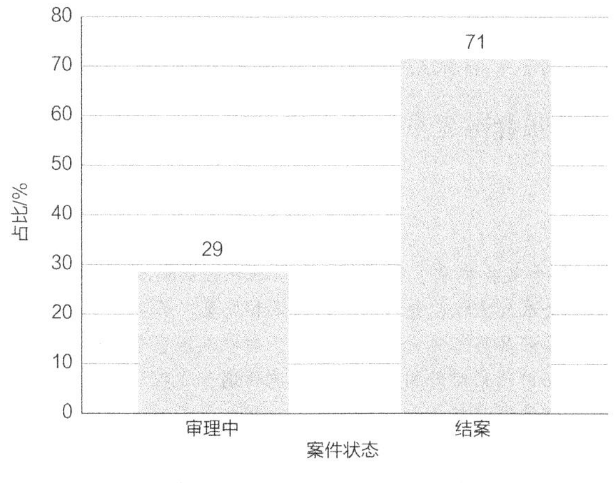


**图 4–6　摩洛哥作为被告国的案件构成情况**

中东地区部分国家案件数量统计见图 4–7。

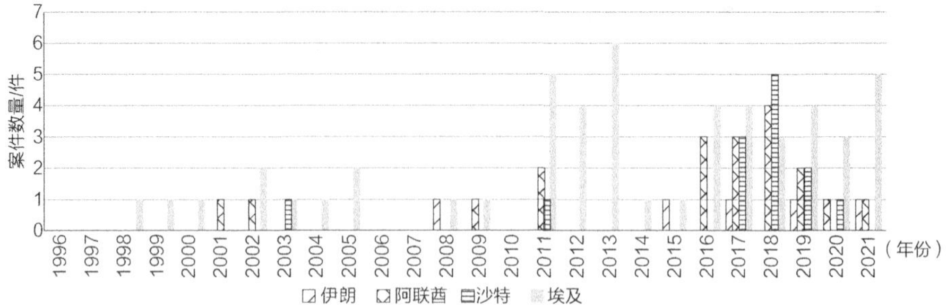


**图 4–7 中东地区部分国家案件数量统计**

1974 年，联合国大会通过了《国家经济权利和义务宪章》[1]，标志着在苏联解体之前国际关系和经济合作进入了一个重要的发展阶段。该宪章与另外两份重要文件《建立新经济秩序宣言》和《建立新经济秩序行动纲领》一并揭示了当时发展中国家在联合国争取话语权的决心，这些国家在世界经济和政治领域的话语权在 20 世纪最后几十年里得到了显著的提高。该宪章为所有国家规定了以下权利：对本国内自然资源拥有永久主权的原则；对外国投资的待遇；对海外外国人对外交保护；对跨国公司进行生产活动的监管；国有化的方式和补偿条件。

彼得 · D. 梅纳德指出："一般来说，联合国的决议或声明没有法律约束力，《国家经济权利和义务宪章》也不例外。然而，由于对联合国决议的性质存在争议，将《国家经济权利和义务宪章》定性为无约束力的原因可能有所不同。"《联合国宪章》第十条也指出，联合国可就任何问题或事

---

[1] 《国家经济权利和义务宪章》第 2 条规定：每个国家拥有并应自由行使对其所有财富自然资源和经济活动的完全永久主权，包括占有、使用和处置。第 1 条规定每个国家都有以下权利：根据其法律和法规，并按照其国家目标和优先事项，对在其国家管辖范围内的外国投资进行管理和行使权力。不得强迫任何国家对外国投资给予优惠待遇；管理和监督跨国公司在其国家管辖范围内的活动，并采取措施确保这些活动符合其法律、规则和条例，并符合其经济和社会政策。跨国公司不应干预东道国的内部事务。每个国家都应在充分考虑其主权权利的情况下，与其他国家合作，行使本段规定的权利；将外国财产收归国有、征用或转让所有权，在这种情况下，采取这种措施的国家应支付适当的补偿，同时考虑到其有关法律和条例及该国认为相关的所有情况。在赔偿问题引起争议的任何情况下，应根据国有化国家的国内法及其法庭加以解决，除非所有有关国家自由和相互商定，在国家主权平等的基础上，按照自由选择手段的原则，寻求其他和平手段。

项向联合国成员国提出建议，但该条并未明确规定联合国大会的决议具有约束力。布朗也在其文章中指出《国家经济权利和义务宪章》在实际上削弱了国际法的效力。❶

与联合国决议不同的是，双边条约和多边条约的效力能够为外国投资者提供有力保护，对条约约束双方和多方形成强大约束力。双边条约和多边条约在确保外国投资者在东道国法院得到法律保护方面的效果不能一概而论，这取决于每个国家宪法对于双边条约和多边条约的效力承认。对此各国情况并不相同，例如，虽然没有明确规定双边条约或多边条约在苏丹国内法中的确切地位，但苏丹法院认为其是国家法律渊源的一部分，在实践中和法理上都认为条约是国家之间通过特别的批准程序而签署并生效的法律文本，属于成文法。沙特政府认为每个特定的条约与其相关法律的适用冲突问题应根据其批准日期的先后选择适用。如果某个条约中的规定与某一法规相抵触，以最新的规定为准，即“从新原则”。这种现象的出现是由于大多数政府愿意将最新的立法规定适用于外国投资，以鼓励外国投资者的投资信心，但这并不总是一成不变的，对于条文适用的问题完全取决于执政政府对于投资的政策。缔结多个双边条约或多边公约有利于建立一个有效的保护外国投资的国际制度，明确国内《投资法》等与投资相关法律的适用问题能够促进外国投资者的投资信心。投资法和条约应当针对一般原则进行规定而不是详细的规定，投资协议的细节应在外国投资者和东道国之间的合同中根据双方自治原则正式确定。该条约应包含对违反协议的具体制裁措施，并对待遇标准、赔偿等问题进行规范。根据约定的双边条约，外国投资者应承担为发展中国家经济增长做出贡献的义务，发展中国家应对外国在其境内的投资提供一些保护和待遇。同时，东道国应保证投资者的公司在其境内进行

❶ BROWN C N，TEPE J B. The Charter of Economic Rights and Duties of States, A Reflection or Rejection of International Law[J].1975（9）：302.

生产活动的自主权利，投资者公司应避免干涉东道国的内部事务，不应作为投资者母国的政治外交工具。

### （一）双边条约中的新能源投资争端解决安排

中埃经贸交往历史悠久，早在两国建交前，埃及工商部和中国外贸部就有过往来。1955 年 8 月，中埃签订了第一个贸易协定。此后，先后签署《经济贸易协定》《投资保护协定》和《关于对所得避免双重征税和防偷漏税协定》等一系列合作协定。投资者提起投资争端解决依据主要包括：其一，按照投资协议或合同中约定的争端解决途径；其二，根据适用的双边或多边投资条约中的争端解决条款；其三，在前两者均不可援引和适用的情况下，依据埃及国内法寻找争端解决方案。由于埃及给予外国投资合同保护不足，双边投资条约（BITs）与多边投资条约（MITs）成为海外投资者依赖的主要投资保护手段。埃及现有双边投资保护协定（BITs）115 部，已生效 72 部，15 部已经失效。埃及与中国于 1994 年签订的双边投资协定，并于 1996 年 4 月 1 日起生效，但未在文本中标明承认 ICSID 或其他国际仲裁机构作出的仲裁决定。埃及政府更倾向于支持投资者在埃及国内依靠投资与自由区总局（The General Authority for Investment and Free Zones，GAFI）的投资争议解决中心解决投资争端，但对于未能达成和解的争端依然给予申请国际救济的机会。

例如，在埃及 2014 年签署并生效的《埃及与毛里求斯双边投资保护协定》中，第 10 条第 4 款规定："如果缔约双方不愿通过前款所述的解决程序解决投资争端，亦不愿通过投资所在地的法院解决争端，双方可通过书面形式将其提交给下列机构：开罗国际商事仲裁区域中心[1]；毛里求斯的毛里求斯国际仲裁中心（The Mauritius Interantional Arbitration Centre，MIAC）

[1] 开罗国际商事仲裁区域中心（CRCICA）于 1978 年第十九届亚非法律协商委员会的决定设立，于 1979 年 1 月与埃及政府签署协议，设立开罗中心，试用期三年。

LCIA-MIAC；根据联合国国际贸易法委员会（UNCITRAL）的仲裁规则设立的特别法庭；根据《华盛顿公约》而成立的国际投资争端解决中心（ICSID）；任何其他国家或国际仲裁机构或根据其他仲裁规则进行仲裁”。

埃及新《投资法》第5章“处理投资解纷”中并未标明可申请国际仲裁机构仲裁，也未明确承认国际仲裁机构的仲裁结果，而是分别在第83条规定设立一个或多个委员会管理投资者与政府部门间针对公司资本金或与投资法条款内容产生任何纠纷所提起的申诉，申诉委员会在听取和审查意见后的30天内做出说明理由的决定，做出的决定与投资者寻求司法途径不冲突，投资者仍可在了解申诉结果后通过司法途径解决问题。埃及政府组建名为处理投资纠纷部际委员会的机构，负责审议提交或移交投资者针对投资者与投资东道国、投资东道国有关部门、投资东道国国有公司之间争议而提出的申请和控诉。埃及内阁设立名为处理投资合同纠纷部际委员会的机构，专门处理以国家、有关部门、国有公司为一方的因投资合同而产生的纠纷。埃及新《投资法》第91条规定：在开罗设立名为埃及仲裁中心（EAMC）的独立仲裁机构，指定该机构负责调解投资者之间或投资者与国家之间、投资者与其下属的机构之间可能发生的投资纠纷。新《投资法》对于外国投资者在埃及投资引发争端的救济途径给予了选择权，可以通过司法途径或仲裁等手段解决争端。埃及新《投资法》并未明确否认国际仲裁机构的仲裁结果，而是对于发生在国内的投资争端推荐优先适用国内的救济机制。

沙特现已签署双边投资条约共有25部，已生效21部，1部失效。埃及与中国于1996年签订了双边投资协定，并于1997年1月5日起生效。

其中第7条❶和第8条❷中规定了针对投资争端的解决办法，以下条款表明沙特政府支持通过仲裁方式解决投资争端。

在沙特的投资争端国际救济机构重点是四个国际机构仲裁中心，即国际商会（ICC）、常设仲裁法院、国际投资争端解决中心和阿拉伯投资争端解决委员会。关于临时仲裁，将特别参照《投资法》、双边投资条约、投资保险计划和经济发展协定对其进行审查。

国际商会的主要职责之一是根据“仲裁条款”为避免和解决商业纠纷提供国际便利，仲裁条款规定：与本合同有关的所有争议应根据国际商会的调解和仲裁规则，由该规则指定的一名或多名仲裁员最终解决。即使合同中没有国际商会的条款，双方也可以同意将争端提交给国际商会，该条款不仅适用于非会员公司之间，也适用于世界不同地区的国家政府和个人之间。提交国际商会仲裁的争端必须是商业类争端，包括各种交易、涉及国际贸易和经济合作的交易和业务，在发展地区的公共工程协议和投资合

❶《中华人民共和国与沙特阿拉伯王国关于相互鼓励和保护投资协定》第7条：（1）缔约双方对本协定的解释或适用所产生的争端应尽可能通过外交途径协商解决。（2）如在6个月内通过协商不能解决争端，根据缔约任何一方的要求，可将争端提交仲裁庭。（3）该仲裁庭由3名仲裁员组成。缔约双方应在缔约一方收到缔约另一方要求仲裁的书面通知之日起的两个月内各委派一名仲裁员。该两名仲裁员应在其后的两个月内共同推举一名与缔约双方均有外交关系的第三国的国民为第三名仲裁员，并由缔约双方任命为首席仲裁员。（4）如果在缔约任何一方收到缔约另一方要求将争议提交仲裁的书面通知后4个月内仲裁庭尚未组成，缔约双方间又无其他约定，缔约任何一方可提请国际法院院长任命尚未委派的仲裁员。如果国际法院院长是缔约任何一方的国民，或由于其他原因不能履行此项任命，应请国际法院中非缔约任何一方国民的资深法官履行此项任命。（5）仲裁庭应自行制定其程序规则。仲裁庭应依照本协定的规定和缔约双方均承认的国际法原则作出裁决。（6）仲裁庭的裁决以多数票作出。裁决是终局的，对缔约双方具有拘束力。应缔约任何一方的请求，为以上目的设立的仲裁庭应说明作出裁决的理由。（7）缔约双方应负担各自出席仲裁庭程序的有关费用。首席仲裁员和仲裁庭的费用由缔约双方平均负担。

❷《中华人民共和国与沙特阿拉伯王国关于相互鼓励和保护投资协定》第8条：（1）缔约一方的投资者与缔约另一方之间就在缔约另一方领土内的投资产生的争议应尽量由当事方友好协商解决。（2）如争议在提交解决六个月内未能按照第一款规定的方式解决，争议将提交接受投资的缔约一方有管辖权的法院，或者因国有化和征收补偿款额产生的争议将根据1965年3月18日开放签字的《关于解决国家和他国国民间投资争端公约》提交仲裁。裁决应具有拘束力，并不得上诉或以公约规定以外的手段进行补救。（3）缔约双方不应通过外交途径商谈仲裁和法律程序的有关事宜，除非以上程序终止后缔约任何一方不能遵守仲裁庭或法院的裁决。

同等。国际商会内附属一个国际仲裁法院，该法院会指认一名或多名仲裁员，根据国际商会的仲裁规则进行仲裁，争端双方将相关文件移交后由仲裁员展开调查，最终提出不可上诉的裁决结果。

常设仲裁法院（PCA），也称海牙仲裁法院，是1990年依据第二届海牙和平会议的建议于1910年条约生效时建立的国际争端仲裁机构。部分中东国家会选择在该法院进行投资争端的仲裁。例如，苏丹曾在常设仲裁法院对苏丹塔里夫建筑公司案件进行仲裁、对埃及梅曼等人诉埃及政府案件进行仲裁等。

国际投资争端解决中心（ICSID）依《华盛顿公约》而成立。总部设在华盛顿特区，是一个绝对的国际性法人组织。世界银行在解决国际投资有关的争端方面积累了丰富的经验，因此，ICSID有能力成为解决世界上各个地区投资争端的有力机制。ICSID仅限于解决其成员国的投资争端，根据《华盛顿公约》中的第25~27条明确了ICSID的管辖权范围。截至2021年底，除利比亚、索马里和伊朗以外，以埃及、沙特、阿联酋为首的一众中东阿拉伯国家均是ICSID的缔约国，这些国家均可以通过ICSID解决投资争端，前提是不违反其国内有关法律的规定。

### （二）多边条约中的新能源投资争端解决安排

中东大部分国家属于阿拉伯联盟的成员，也是伊斯兰会议组织（OIC）成员，大多数国家还是世贸组织（WTO）的成员，由于地处非洲大陆，阿尔及利亚、埃及、突尼斯和苏丹等国家是非洲联盟（AU）成员国，在部分地区，如北非马格里布区，还存在着像马格里布联盟这样的非洲区域性组织，位于西亚的部分阿拉伯国家（阿联酋、阿曼、巴林、卡塔尔、科威特和沙特）还成立了海湾阿拉伯国家合作委员会（GCC）。“成员身份重叠现象对经济一体化的发展具有一定的积极作用，然而它的负面影响更应引起重视。这种负面影响在阻碍区域经济一体化上表现得尤为突出，特别是带来多重义务负担沉重、区域司法机构间管辖权冲突、区域经贸制度间法律适用冲突等问题。”[1]正是由于一个国家可能在不同区域组织中扮演不同的角色，导致一个国家可能在同一个问题上有不同立场的问题，也增加了外国投资者在遇到争端时选择救济途径的难度。阿拉伯联盟成员国之间签订了一系列条约，例如《阿拉伯联盟公约》（*Pact of the League of Arab States*）《阿拉伯联盟国家经济统一协定》（*Agreement on Arab Economic Unity*）《阿拉伯资本投资和自由流动协议》等，其中包含了关于国民待遇和保障的详细规定，它为阿拉伯投资建立了一个统一的法律体系，并设立了一个解决争端的机构，即阿拉伯投资法院，该法院对某些类别的争端具有管辖权。该法院应至少由五名法官和若干名后备成员组成，每个人都有不同的阿拉伯国籍，他们由理事会从专门为此目的制定的阿拉伯法律专家名单中选出，其中两名由每个缔约国从具有担任高级法律职务的具有学术教育背景和道德高尚者中提名，理事会应从法院的成员中任命法院院长。只要工作需要，法院成员应全职工作。成员的任期为三年，并可连任。2003年沙特坦米亚公司（Tanmiah）与突尼斯政府之间发生纠纷，是通过阿拉伯投资法院受理的第一个案件。其宗旨也是加强区域性的一体化进程，为区域性的经济投资制定统一的参考标准。在《阿拉伯资本在阿拉伯国家投资统一协定》中规定，除非根据为公共利益而扣押财产的程序一般法律规定，在没收、强制扣押、国有化后给予公平的补偿，投资者有权在法院质疑剥夺财产的合法性和赔偿金额，阿拉伯国家投资者的资本不应受到任何具体或一般措施的影响，无论是永久性的还是临时性的，也无论其法律形式如何，这些措施全部或部分影响投资者的任何资产、储备或收入，并导致没收、强制扣押、剥夺、国有化、清算、解散、敲诈或消除有关技术所有权或其他物质权利的秘密。强行阻止或拖延债务清偿或任何其他导致扣押、冻结

[1] 朱伟东，王婷．非洲区域经济组织成员身份重叠现象与消解路径［J］．西亚非洲，2020（1）：96-117.

或管理资产的措施，或任何其他侵犯所有权本身或损害所有者在控制和拥有投资方面的内在权力、管理投资的权利、从中获得收入或履行其权利和义务的行动。[1]第25~第36条规定了争端解决方式：因适用本协议而产生的争端应通过调解或仲裁的方式解决，或求助于阿拉伯投资法院。如果阿拉伯国家间的投资协定或与阿拉伯国家联盟范围内的投资有关的任何协定、规定，应将某一事项或争端提交国际仲裁或国际法院，有关各方可同意将其视为属于法院的管辖范围。阿拉伯投资者也可以根据东道国的管辖权规则，就属于东道国法院管辖的事项向该国的法院提起诉讼。但针对同一事实的索赔申请仅能同时在一个法院提起诉讼。

《阿拉伯资本在阿拉伯国家投资统一协定》中规定，阿拉伯资本涉及的投资争端中的任何一方都可以直接求助于阿拉伯投资委员解决争端，这一规定是确定了阿拉伯投资法院在统一协议框架下的管辖权。该协定第29条规定，确立了属人管辖原则，阿拉伯投资法院所能管辖的投资争端不仅发生在协定缔约国之间，也发生在协定缔约国与其他国家之间，也可以审理其他国际投资条约下产生的争端。若投资争端双方本不属于阿拉伯投资法院所管辖的范围，但双方同意诉诸国际法院或国际仲裁机构，双方可以将阿拉伯投资法院代替先前的法院作为争端解决方式协商的机构。

伊斯兰合作组织（OIC）于1981年在其成员国之间签署了《促进、保护及保障投资协定》，该协议第16条规定了争端解决的权利："东道国承担允许投资者有权求诸其国内司法系统的义务。投资者通过诉诸于投资东道国的司法系统，有权控告该国机关对投资者所采取的措施，有权对扣押财产的行为是否符合投资东道国境内生效的规则和法律的规定进行争辩，有权要求投资东道国不采取该国应该采取的有利于投资者的某些措施，无论该控告是否与执行本协定中有关投资者与东道国之间关系的条款有关。如

[1] 《阿拉伯资本在阿拉伯国家投资统一协定》第9条。

果投资者选择在国内法院仲裁庭起诉，他就丧失了求诸其他救济途径的权利。”第 17 条规定了争端解决的方式：在解决起因于本协定争端的机关成立之前，可能产生的争端应根据下列规则和程序通过调停[1]或仲裁[2]解决。

非洲联盟的《建立非洲经济共同体条约》第 18 条规定：建立一个共同体法院，其职能在于确保解释和适用本条约时法律的适用问题，对根据该条约提交的争端作出裁决。为此，法院应该做到：对成员国以违反本条约规定、决定和条例为由，以某一机关、当局和成员国缺乏权限或滥用权力为由提出的诉讼作出裁决；应理事会的要求，提供咨询意见。大会可授权法院根据本条约对本条第（1）项所述以外的任何争端具有管辖权，法院应独立于成员国和共同体的其他机构履行职能。

海湾合作委员会（GCC）现行有效的 TIP 包括《海合会经济协定》《欧盟—海合会合作协议》和《新加坡—海合会自由贸易协定》。《欧盟—海合会合作协议》第 21 条规定：缔约双方之间就本协定的解释可能产生的任何争端均可提交给联合理事会。如果联合理事会未能解决争端，任何一方

---

[1] 在争端各方就调停达成协议的情况之下，该协议应包括对争端的陈述，争端各方的要求和他们所选择的调停员的名字。有关各方也可以请求秘书长选择调停员。总秘书处应向调停员提交一份调停协议，以便他可以承担其义务。调停员在任务应被局限为使不同的观点更加接近，并且，提出可能导致有关各方都可能接受的解决方法的建议。在指定完成其任务的期限之内，调停员应提交报告，以便与有关各方联系。如果争端应该被提交法院，那么，该报告在法院不应具有法律权威。

[2] ①如果争端双方诉诸调停后仍不能达成协议，或如果调停员不能在规定的期限内作出报告，或如果双方不接受报告中所建议的解决方法，那么每一方都有权诉诸仲裁庭对争端作出终局裁决。②争端一方通知另一方请求仲裁，清楚地说明了争端的性质和它所任命的仲裁员的姓名，仲裁程序开始。在这种通知发出之日的 60 天之内，另一方必须将其所任命的仲裁员的姓名通知请求仲裁的一方。在最后一名仲裁员被任命之日的 60 天之内，两位仲裁员应选择首席仲裁员，首席仲裁员在投票相等时拥有决定性的一票。如果第二方不任命仲裁员，或者，如果两位仲裁员在规定的期限内不能就任命首席仲裁员的事宜达成一致，那么，任何一方都可以请求秘书长完成仲裁庭的组成。③仲裁庭应在首席仲裁员所指定的时间和地点举行其第一次会议，嗣后，仲裁庭将决定其会议的地点、时间和有关其职能的其他事项。④ 仲裁庭的裁决应是终局性的，不能争讼。裁决对双方都有拘束力，双方必须尊重和执行裁决。裁决应具有司法判决的效力。缔约国负有义务在其领土内执行裁决，如同是其国内法院终局和有强制力的判决，而不论它是否为争端一方，也不论裁决所针对的投资者是否是其国民或居民。

都可以通知另一方任命一名仲裁员；然后另一方必须在两个月内任命第二名仲裁员。为适用这一程序，共同体应被视为争端的一方，海湾合作委员会国家也应被视为争端的一方。联合理事会应任命第三名仲裁员。仲裁员的决定必须以多数票做出。争端各方必须采取必要的措施来执行仲裁员的决定。

在与新加坡签署的自由贸易协定中的第九章规定了争端解决机制，可在发生争议时由索赔方向被索赔方提出成立仲裁小组的要求，除通过协商方式达成和解的情况外，均应建立仲裁小组。

### （三）中东国家对国际仲裁裁决的承认与执行

埃及自 1959 年以来一直是《纽约公约》的缔约国，坚持承认与执行外国仲裁裁决，并根据 1959 年第 19 号外交部长令将其条款纳入埃及法律体系。埃及还签署了大量双边和多边条约，用于规范司法裁决的相互执行。埃及法院根据《纽约公约》第 3 条："各缔约国应承认仲裁裁决具有拘束力，并依援引裁决地之程序规则及下列各条所载条件执行之"的规定，有义务承认与执行外国仲裁裁决。ICSID 作为解决成员国之间投资争端的仲裁机构，埃及作为成员国也承认其仲裁裁决。然而在 2008 年底，埃及司法部在 2008 年颁布了第 8310/2008 号法令，对仲裁裁决执行增加备案审查程序，此程序适用于埃及国内外所有仲裁裁决。在司法部内设立仲裁技术办公室，在《仲裁法》规定的仲裁裁决执行管辖权和程序基础上，增加执行前置程序，要求胜诉方在申请执行前在法院注册备案执行请求，然后由司法部技术办公室和执行法官开展双重审查。这些规定可能对仲裁裁决的可执行性产生严重怀疑，有人认为这些规定与《仲裁法》相抵触，因此，在法律上无效。目前，尽管这些规定在法庭上受到质疑但仍然适用。

2021 年 6 月，埃及政府向最高宪法法院提交了《最高宪法法院法》（1979 年第 48 号）修正案草案。该法律管辖埃及最高宪法法院（SCC）的权力和管辖范围。根据在提出草案时广泛讨论的内容，新的修正案旨在将SCC的职权范围扩大到：有关国际组织发布的决定和决议的合宪性问题上；外国法院作出的涉及埃及国家的判决；针对埃及国家作出的仲裁裁决。修正案的目的是通过审查需要对国家执行的外国判决和决定的合宪性来扩大最高宪法法院的管辖范围。出于针对国家安全的考虑，该修正案将在埃及总理提交最终决定和判决权。在该修正案由埃及总统颁布之前，该修正案由SCC大会审议。该草案后来被送到众议院。2021年8月18日，埃及总统拒绝批准修正案，将国际仲裁裁决的可执行性远离SCC的管辖范围。但总统可以根据官方批准和行政命令，请求最高法院作出判决，审查国际仲裁机构的裁决决定和外国法院的裁决是否符合宪法，并以违宪为由使其在埃及无法执行。如上文所述，国际仲裁机构的裁决并不一定会被埃及政府承认与执行。

## 三、中东国家投资争端的典型案例

### （一）维纳酒店案件

在1998年维纳（Wena）酒店诉埃及政府一案中，维纳酒店是英国投资者根据英国和埃及签署的BIT而在埃及投资建立的酒店，1989年8月8日，维纳酒店与埃及酒店管理公司EHC（一家隶属于埃及旅游总局的埃及公共部门公司）根据卢克索的酒店管理签署了为期21年6个月的租赁和开发协议，该协议约定有效期内，维纳为EHC管理酒店，将由EHC建设的四星级酒店的经营效率和服务质量提高到五星级，在此期间EHC不得干涉维纳有关酒店管理和经营的事项，双方之间的争议通过仲裁解决。在签署协议后不久，维纳表示EHC并未按照协议将酒店按照一定的标准进行交付，拒绝向EHC支付协议中约定的租金。1991年3月EHC董事会召开会议决定采取行动收回对维纳管理酒店的所有权。维纳酒店认为埃及政府的这一决定属于对自己投资的项目进行了国有化征收。维纳于 1992 年对 EHC 没收酒店的行为提起诉讼并请求赔偿，1994 年 4 月 10 日，仲裁庭对 EHC 侵占尼罗河酒店而造成的损害作出了有利维纳的裁决，赔偿金额为 150 万埃及镑。维纳认为，埃及无偿没收其在埃及的投资，该行为违反了《大不列颠及北爱尔兰联合王国政府和阿拉伯埃及共和国政府关于促进和保护投资的协定》（IPPA）、埃及法律及国际法，同时埃及未能依据 IPPA 及其他国际法对其在埃及的投资提供充分保护与安全，故向 ICSID 提起仲裁。维纳酒店诉求金额不低于 6282 万美元，最终 ICSID 仲裁庭的判决结果为赔偿维纳酒店 2060 万余美元。

1.EHC 与埃及的关系

从 1983 年到 1991 年 9 月，EHC 是一家“公共部门”公司，由埃及政府全资拥有，并按照 1983 年第 97 号管理公共部门公司和组织的法律运营。1991 年 9 月，埃及颁布了《公共商业部门公司法》，将 314 家国有经济公司重组为 16 家（后减为 12 家）国有控股公司，由部长监管公共部门。然而，在尼罗河和卢克索酒店被没收时，EHC 仍旧受 1983 年第 97 号管理公共部门公司和组织法律管辖。

正如大臣苏丹在证言中所说，根据 1983 年第 97 号管理公共部门公司和组织法律，EHC 唯一的股东是埃及。EHC 的股东大会由埃及旅游部长主持，其他几位政府官员也会出席。旅游部长还负责任命至少一半的 EHC 董事会成员，甚至能够提名 EHC 主席。事实上，1989 年 5 月，在苏丹部长的提名下，埃及任命了 EHC 主席兼首席执行官卡马尔・坎迪尔。1989 年第 539 号总理令，根据穆尼尔的声明，EHC 的董事也由旅游和民航部任命。

这些文件还反映出，EHC 和旅游部认为 EHC 的资金是“公共资金”，这是因为 EHC 是国有公司。事实上，在 1991 年 2 月 26 日由苏丹部长主持的会议上，他表示：“该部并不希望与投资者之间发生任何误解；但同时，它不能接受在任何有关政府权力方面出现过线行为。”同样，在1991年4月1日阿提图·西里·阿蒂图向卢克索警方提交的声明中，这位EHC卢克索地区的法务部经理解释说，EHC作为一家国有公司，被迫通过其认为符合公共利益的方式来保护公共资金。

2. 双方争议的焦点

本案焦点有三：埃及是否违背公平公正待遇及完全保护与安全；埃及的行为是否构成征收；维纳的请求是否超过诉讼时效。

仲裁庭同意维纳的观点，即埃及违反了关于促进和保护投资的协定（Agreement with the Arab Republic of Egypt on the Promotion and Protection of Investments，IPPA）第2条第2款的规定，对维纳的投资应给予“公平和公正待遇”及提供“充分保障”的义务。尽管不清楚与EHC有关的政府官员以外的埃及官员是否直接参与了1991年4月1日的没收行动，但有大量证据表明，埃及知道EHC没收酒店的意图，并且没有采取任何措施去阻止EHC行动。此外，当扣押事件发生时，警方和旅游部都没有立即采取行动让酒店重新回到维纳的控制下。最后，埃及从未对EHC或其高级官员实施任何实质性制裁，这表明埃及对EHC的行动其实是表示认可的。

IPPA第2条第2款规定，缔约一方国民或公司的投资应始终受到公平公正的待遇，并在缔约另一方领土内享有充分的保护和安全。缔约一方应确保缔约另一方国民或公司在其领土内投资的管理、维持、使用、享受或处置不受任何不合理或歧视性措施的损害。缔约一方应遵守其对缔约另一方国民或公司的投资可能承担的任何义务。

在解释扎伊尔与美国之间的双边投资条约的类似条款时，另一个ICSID专家组近日认为，“东道国承担的义务是警惕的义务，因为东道国应采取一切必要措施，确保投资者的投资能受到充分保障，而不应允许援引本国立法来减损任何此类义务。”当然，正如另一个ICSID专家组所指出的那样，东道国承诺提供给外国投资的这种保护并不是“保证其不会遭受损害的绝对义务”，因为任何违反该承诺的行为都会自动代表东道国产生严格责任。东道国不是保险人或担保人。它没有，也很难被要求承担所有伤害外国人的绝对责任。然而，毫无疑问，埃及违反了给予维纳投资“公平公正待遇”和提供“充分保障”的义务。

仲裁庭还同意维纳的一个观点，即埃及的行为构成征收，并且征收时没有提供“及时、充分和有效的补偿”，这违反了 IPPA 第 5 条。该条在相关部分规定：缔约任何一方的国民或公司在缔约另一方领土内的投资，不得国有化、征收或采取等同于国有化或征收（以下简称“征收”）的措施，除非是该缔约方内部需要，并且被征收方没有得到及时、充分和有效的补偿。此类补偿应等于征用前或政府正式宣布征用将在未来生效之前被征用投资的市场价值，以较早者为准。补偿应及时发放，可有效变现，并可自由转让。受影响的国民或公司应根据征收缔约方的法律，有权由该方的司法机关或其他独立机构迅速审查征收是否符合该方国内法律，并有权根据本款规定的原则对其投资进行估价。

正如伊恩·布朗利教授所评论的那样，“这一主题的术语绝不是固定的”，然而国际法已经确立了构成征用的基本原则。例如，正如 ICSID 仲裁庭在 Amco Asia 公司和印度尼西亚案中所指出的，国际法普遍认为，征收案件不仅存在于一国接管私有财产时，而且还存在于征收国将所有权转让给另一法人或自然人时。仲裁庭还指出，只有国家撤销对被征用物所有人的法院保护，并默许事实上的占有人继续占有被没收的物品，征用才存在。

众所周知的是，征用不限于有形财产权。正如 SPP 诉埃及一案中专家所解释的那样，合同权利有权得到国际法保护的这一主张具有相当大的权威性，因此，拥有这些权利必然会涉及赔偿义务。同样，伊朗—美国第二分庭的伊里布纳尔在 Tippets 案中指出，根据国际法，在不影响财产所有权归属的情况下，一国也可能通过干涉使用或享受某种财产利益而使得出现剥夺或夺取财产的情况。

在此案中，仲裁庭不难认定上述行为构成征收：无论埃及是否对此授权或有实际扣押酒店，埃及都剥夺了维纳对酒店的“基本所有权”，允许EHC强行没收旅馆并非法占有接近一年，此外归还的还是被剥夺了大部分家具和固定装置的酒店。

埃及表示，这种剥夺只是“暂时的”，因此不构成征用。

仲裁庭则不同意埃及的这种说法。撇开各种其他不当行为不谈，允许一个实体（埃及可以对其施加有效控制）在将近一年内非法拥有酒店，这不仅仅是“使用该财产或放弃其利益”的短暂干预。

因此，仲裁庭最终判定埃及违反了IPPA第5条规定的义务，没有向维纳提供“及时、充分和有效的赔偿”来弥补它因卢克索和尼罗河酒店被没收而遭受的损失。

埃及在其案情抗辩状中辩称，根据埃及《民法典》第172（i）条，维纳的索赔要求是有时效限制的。该条规定：因违法行为而要求赔偿的案件，应按规定受损失的当事人得知有损害发生和对损害负责的人之日起3年内结案，在任何情况下该案件应在违法行为发生之日起的15年内结案。埃及还认为，即使与上述情况相反，如果仲裁庭拒绝适用第172（i）条，它显然仍可自行决定在向ICSID提交索赔人要求索赔方面是否存在不合理的延迟。

最后，埃及还称，如果不适用埃及法律，那将是合理的……考虑到IPPA缔约方双方（即本案中为英国）共有的时效原则，根据1980年《英国时效法》，违约或侵权行为的时效为6年。

具有讽刺意味的是，正如维纳所指出的，被申请人之前并未在其管辖权异议中提出这一“时效限制”主张。而被申请人声称，认为维纳提出仲裁请求为时过早这一观点早已作为其抗辩状的一部分被写入。仲裁庭意见：不应该禁止索赔。撇开这种明显的不一致不谈，仲裁庭认为没有任何法律或公平的理由能阻止维纳申诉。

首先，与被告声称的“原告严重损害了被告在诉讼中进行自我辩护的能力”相反，鉴于当事各方提供的大量证据及证人提供的大量证词，仲裁庭支持维纳的观点。另一个公平的原则是“休止”的概念——如果被告有理由认为争议早已被当事人放弃解决或在很久以前已经平息，就不应对争议在之后的重新提起感到惊讶。然而，仲裁庭发现，维纳在起诉索赔方面积极进取，而埃及则早已注意到争议的持续性存在。

其次，正如维纳所指出，国内时效法规不一定会对在国际仲裁庭上提出的指控违反国际条约的索赔具有约束力。在艾伦·克赖格（Alan Craig）诉伊朗伊斯兰共和国能源部一案中，尽管伊朗法律适用伊朗时效法，但伊朗—美国第三分庭却拒绝适用。仲裁庭指出：尽管国际仲裁庭在确定不合理拖延对索赔的影响时可能会考虑到国内时效法规的相关规定，但这对向国际仲裁庭提出的索赔是不具有约束力的。

综上所述，仲裁庭一致同意，认定埃及违反了其对维纳的义务，未能对维纳在埃及的投资提供公平公正的待遇及充分的保障，违反了 IPPA 第 2 条第 2 款；认定埃及的行为违反了 IPPA 第 5 条，构成了没有提供及时、充分和有效补偿的征用；埃及向维纳支付共计 2060 万美元的损害赔偿、利息、律师费和开支。该款项将由埃及在裁决之日起 30 天内支付。此后，它将累积添加每季度复利 9%，直至支付。

### （二）新能源投资争端案例

在 2012 年梅曼等人诉埃及政府案中，梅曼等人持有 EMG 公司股权，EMG 公司成立于 2000 年，主要业务是以色列从埃及进口天然气，建设并运营一条从埃及 Al Arish 到以色列亚实基伦（Ashkelon）的天然气管道。EMG 于 2005 年与埃及通用石油公司（EGPC）、埃及天然气控股公司（EGAS）签署了一般销售合同和购买协议。该管道于2007年12月完成建设，2008年1月交付使用。EMG表示，在开始交付天然气前，埃及政府强迫EMG公司重新协商销售合同内容，取消了EMG的免税地位，还试图终止履行该购买合同。索赔人称根据“美国—埃及双边投资协定”和“德国—埃及双边投资协定”给予索赔人的保护条款进行索赔，埃及政府未能保护EMG的天然气管道免受“阿拉伯之春”发生期间的袭击，向埃及政府索赔。该案由常设仲裁法院（PCA）根据贸易法委员会的仲裁规则进行仲裁。EMG还同时在其他仲裁机构提起仲裁，分别针对EGPC公司、EGAS公司和其下游客户IEC客户。EMG针对IEC在日内瓦的国际商会（ICC）提起仲裁，为确保EMG公司的合法权利得到保护，根据三方协议在ICC还提起了针对IEC、EGPC和EGAS的仲裁。EGPC和EGAS对于ICC的管辖权提出异议后，EMG又在开罗的CRCICA提起仲裁。与此同时，波兰以色列双国籍国民优素福·迈曼（Yosef Maiman）和他声称所投资的梅尔哈夫（Merhav）集团下的三家公司根据联合国贸易法委员会（UNCITRAL）的规则和埃及与波兰之间的投资条约提起仲裁，向埃及政府申请11亿美元的索赔。PCA法院根据仲裁规则第41条第二款规定：“法庭可在诉讼的任何阶段主动考虑该争端或任何附属索赔是否属于中心的管辖范围和自己的权限。在诉讼的任何阶段，法庭可主动考虑争端或提交给它的任何附属索赔是否属于中心的管辖范围和它自己的权限。”先后审查了争议双方身份、法律适用、对于适用投资条约的来源等问题，驳回被申请人对于管辖权提出的异议，选择该案件由EMG公司的美国股东和德国股东根据其国家间的双边条约向ICSID提起仲裁。[1]美国安宝（以色列公司）（Ampal-American Israel Corp.）等其他投资法人与2012年向ICSID提交了仲裁申请，指出埃及违反《埃及—美国条约》第111（1）条、《埃及—

[1] ICSID案例编号ARB/12/11。

德国条约》第 4（2）条和国际法，在没有支付充分和有效的赔偿、没有公共目的或适当法律程序的情况下征用索赔人的投资。基于以上事实，索赔人要求索赔 8.826 亿美元及利息。仲裁庭根据双方提出的申请和答辩意见，将问题的焦点总结为三点：安宝（Ampal）是否受《埃及—美国条约》保护的一缔约方的公司，即该法庭是否对该案件具有管辖权；埃及的拒绝赔款理由是否成立；安宝是否因 EMG 而利益受损。

最终仲裁庭认定：Ampal 作为注册在美国的公司，属于《埃及—美国条约》的管辖范围，波兰以色列双国籍的国民麦曼虽然没有美国国籍，但他是安宝公司的股东并对公司有一定控制权，安宝公司是 EMG 的公司进而麦曼利用安宝的身份提出仲裁有效。认定埃及政府提出的答辩事项不成立，构成违反公平和公正待遇标准非法征用，依法向索赔人赔偿。而后在 2017 年 2 月，该案件再次仲裁，最终依麦曼申请获得埃及政府不少于 6.35 亿美元的赔偿款及利息。

在 2014 年西班牙 Unión Fenosa Gas，S.A（UFG）天然气公司诉埃及案件中，UFG 于 1998 年在西班牙成立，是西班牙电力公司 Unión Fenosa S.A 公司的天然气子公司。UFG 公司在埃及投资了位于埃及东北部的米埃塔（Damietta）天然气液化厂，2000 年 8 月 1 日埃及通用石油公司（EGPC）与 UFG 签订了买卖合同，该合同先后受到埃及石油部长、埃及部长级会议和埃及总理的批准。合同中约定，UFG 公司拥有与 EGPC 公司和埃及国有企业 EGAS 公司签订合同的权利，在达米埃塔工厂获得至少 25 年的天然气供应。米埃塔工厂的收益多少完全取决于能够从埃及政府获得多少天然气供应，因此，埃及方面也在合同中承诺道："卖方应始终保持备用资源的充足，保证买方能够将液化天然气使用效率保持在 95% 以上。""卖方是确保充分供应液化天然气的唯一义务方""卖方明确，根据本协议向买方供应天然气是保证买方成功开发项目的关键因素，卖方声明并保证将足时足量的供应天然气。"该买卖合同中还规定道："由于天然气价格变化和市场供求变化而导致的需要将天然气转给其他用户的情况，不属于不可抗力范围内。”“除不可抗力外，EGPC 有义务促使埃及当局承诺不干涉任何 UFG 根据本协议获得的权利，并不得进行和颁布任何可能直接或间接影响买方权利的行为和法律，即使是在天然气短缺的情况下。”此条规定也受到了石油部长的认可。根据以上规定赋予的权利，UFG 公司投资大约 13 亿美元建造米埃塔工厂及采购相关设施，在预算范围内按时完成项目，当时是世界上最大的单列式液化设施。虽然埃及政府不是双方协议的缔约方，但法庭认为，鉴于 EGPC 和 EGAS 为液化天然气项目供应天然气的重要性，埃及当局“不干涉、不影响”的承诺对埃及政府有约束力。

2004 年 11 月米埃塔工厂开始运营，2005 年埃及前总统穆巴拉克为该工厂举行落成典礼，然而在 2006 年 11 月、2007 年 12 月、2008 年 7 月和 2011 年 1 月其先后四次 EGAS 要求 UFG 以更高的价格购买液化天然气。从 2006 年 10 月至 2012 年，在 UFG 已经接受 EGAS 的涨价请求后，仅收到了合同约定的 61%~84% 天然气供应量。UFG 在 2011 年甚至表示愿意在接下来的 33 个月内接受低于合同约定的天然气交付量，以换得 EGAS 在未来按照合同约定足时足量的交付。自 2012 年起，埃及决定将天然气转卖给国内电力部门和其他公司，多次减少甚至暂停向 UFG 交付。未解决双方分歧，UFG 与 EGAS 在 2013 年 10 月签署了临时协议，要求立即恢复天然气供应，可逐步增加供应量直至 2018 年初达到合同约定的每月交付量。鉴于埃及 EGAS 的违约行为，UFG 于 2014 年启动了仲裁程序解决争端。

根据埃及与西班牙签署的投资协定第 11 条，“当一个缔约方在遵守其义务方面出现争议时，如果双方都是《华盛顿公约》的签署方，冲突应根据投资者的选择提交给 ICSID 解决。”由于埃及政府违反了投资协议中的“负有向被投资人给予公平公正的待遇的义务”“无理由或歧视的措施妨碍 UFG 公司的运营”“有义务向 UFG 公司提供不低于其本国国民或第三国投资者的待遇”等条款，索赔人向埃及政府索赔 32.195 亿美元的补偿，仲裁庭最终裁定埃及政府给予20.131亿美元的赔偿款，额外赔付利息和1000万美元的诉讼费用等。2018年UFG向美国法院提交申请，申请承认ICSID裁决并执行：裁决所规定的金钱义务，就像ICSID裁决是几个国家中的一个具有一般管辖权的法院的最终判决一样。作出有利于原告的判决，金额为裁决中规定的金额，包括本金约20亿美元、法律费用、仲裁费用以及法庭批准的裁决前和裁决后的利息；裁决其他适当的救济。

从2014年提起仲裁到2018年出具裁决结果，双方在得到ICSID的裁决后先后在美国纽约地方法院提起诉讼，美国哥伦比亚特区地方法院提起诉讼。直到2020年6月在英国高等法院判决驳回埃及政府提出“因索赔人未遵守适当程序而导致ICSID裁决无效”的申请，承认了仲裁裁决并要求埃及政府执行。埃及近年来国际仲裁案件不断增多，其中新能源行业比例逐步提高，原因是自2011年“阿拉伯之春”以来，埃及投资争端解决机制的大幅改革，在度过了经济危机后逐渐走向平稳的埃及，开始修改仲裁法律并严格管理仲裁裁决的执行。

## 四、中东国家国际投资争端的国际救济机制重要趋势

当事双方的相对力量、处理投资争端的能力及经验对于争议解决条款来说是至关重要的，甚至这些因素能够决定争议解决条款的类型。通常情况下，能源类的争议解决条款都会明文规定某些仲裁的形式，实践中东道国一方（如政府、石油公司）与投资者所签订的仲裁协议一般不会公开。中东地区签订合同时签订范本协议的国家寥寥无几，哪怕就算制定了也基本不会向外公布出来。因而，要想了解到中东国家能源合同中仲裁协议具体有何内容是基本不可能的，但好在从某些已公开的文件中我们可以捕捉到一些信息。例如，中东地区的主要国家更倾向于把仲裁的地点选定为国际商会仲裁院（ICC），国际投资仲裁依旧是解决投资争端的主要方式之

一，能源类投资争端仅在 2017 年就占了国际商会仲裁院案件总量的 19%。根据联合国贸易和发展会议（UNCTAD）公开的数据，截至 2021 年埃及共有 52 起发生在投资者—国家之间的争端解决案件（ISDS），沙特共有 13 起 ISDS 案件，阿联酋共有 19 件 ISDS 案件，科威特共有 16 件 ISDS 案件，摩洛哥共有 7 件 ISDS 案件。仅 2018 年，在所有解决投资争端国际中心（ICSID）案件中就有 41% 的案件与能源行业有关，在这其中有 16% 的案件与中东国家有着千丝万缕的联系。近年来，国际风云变幻莫测，这对中东地区局势造成不少冲击，仲裁服务及能源行业也随之面临巨变。

## （一）涉及中东新能源开发的基础设施建设争议增加

中东涉及投资仲裁的争议尽管诉求与起因不尽相同，但主要集中在能源争议及与能源行业相关的基础设施建设，包括电厂、海上平台、液化气站、油气管道等。仲裁争议包括涉及能源基础设施项目工程的期限、成本、质量和范围等相关问题。2018 年，卡塔尔石油公司的 Barzan 天然气项目就针对现代重工集团在国际商会仲裁院提起仲裁程序，争议涉及现代重工集团安装的石油管道。[1]2014 年 Unión Fenosa Gas，S.A 天然气公司与埃及政府之间展开的 ISDS 诉讼也是与天然气资源供给有关。

随着中东国家所在地域石油开发、开采及出口逐渐增多，建设类案件走向仲裁的机率可能也会随之增加。与此同时，欧盟对进口中东油气的需求逐年上升，这些都会使该地区成为国际油气投资的热点区域。而在高油价背景下，可再生能源竞争力及产油国财政实力的提升，也有助于中东国家加快新能源电站的建设。[2] 随着该地区大力发展新能源、可再生能源

[1] 托马斯·R. 斯奈德，珍·拉赫曼，库斯布·沙赫达普利，朱伟东 . 中东的能源仲裁［J］. 中东研究，2021（2）：208-223，339-340.

[2] 托马斯·R. 斯奈德，珍·拉赫曼，库斯布·沙赫达普利，朱伟东 . 中东的能源仲裁［J］. 中东研究，2021（2）：208-223，339-340.

项目[1]，可以推测与新能源开发的基础设施类仲裁将来也可能会在该地区出现。

## （二）本地仲裁服务对中东能源行业建设的能力提升

2018年6月16日生效的阿联酋第6号联邦法律（以下简称《联邦仲裁法》）取代了阿联酋《民事诉讼法典》第203~218条的规定。该法以联合国国际贸易法委员会的《国际商事仲裁示范法》为蓝本，毫无疑问这将阿联酋仲裁制度的国际化。并且，该法能够适用于选择在阿联酋进行的任何仲裁（除非当事人另有其他约定），甚至于该法生效时已在进行的仲裁都能够适用。

2019年2月阿联酋实施了有关执行外国仲裁裁决的新条例，其有望使外国仲裁裁决在阿联酋的执行更加便利、快捷。卡塔尔也实行了相关改革。2017年卡塔尔制定了新的仲裁法，该法也是以联合国国际贸易法委员会《国际商事仲裁示范法》为模板，其与国际标准一致，并适用于所有在卡塔尔进行的仲裁。与此同时，伊拉克政府2018年宣布有意加入《纽约公约》，尽管暂时还未正式加入，但此举对于推动伊拉克成为一个仲裁友好的区域具有重要意义。

阿拉伯投资法院作为阿拉伯国家联盟（以下简称阿盟）设立的投资法院，于1980年第11届阿拉伯国家首脑会议达成的《关于同意阿拉伯资本投资保护的协定》中首次被提及，协定中明确要求设立阿拉伯投资法院作为专门投资争端的解决机构。该法院是世界上唯一运行的投资法院，兼具经济一体化与争端解决的双重功能。作为第二次世界大战后阿拉伯国家对于建立ISDS机制最重要的努力成果，阿拉伯投资法院于1985年成立，于1986年3月举办第一次法官会议，会上公布了案件办理程序的内部规则，

[1] 中东传统油气资源大国外，埃及、以色列等国在东地中海区域也拥有丰富的天然气资源，连接相关区域与欧洲的天然气管线的修建也在筹划之中。

随后于2003年受理了第一个案件，即沙特坦米亚公司与突尼斯政府之间的纠纷。

阿拉伯投资法院是阿盟顺应区域一体化全球趋势的表现，是体现阿盟增强一体化组织凝聚力的有效方式之一，通过使用同一投资法院解决阿盟国家内的投资争端，能够有效为其他阿盟成员国在进行投资时提供参考。对于有相似投资争端的投资者可以通过查找判例对自己的争端问题进行合理推断，进一步选择合理的救济方式。让当事方之间的投资争端在固定的机构得到解决，这既能保证区域内裁判的一致性，同时也给投资争端解决的结果赋予了可预测性。阿盟作为阿拉伯国家的区域性组织，其核心主旨就是最大化的维护各成员国的利益。通过各成员国在《阿拉伯投资协定》中做出的部分司法主权让渡，赋予了阿拉伯投资法院以较为公平、全面的权力审查投资东道国做出的行政行为的合法性，更全面充分有力地建立ISDS机制。

埃及2017年《投资法》是继2015年《投资法修正案》后新颁布的《投资法》，埃及政府先后在2015年《投资法修正案》和2017年《投资法》中强调了埃及投资总局（GAFI）对于投资者的投资管理和争端解决的管理地位，GAFI对于投资者申领投资许可执照到投资争端的解决提供“一站式投资服务”，“2015年修正案中还增设申诉委员会、投资争端解决委员会与备用委员会、投资合同纠纷委员会，2017年《投资法》重申委员会职能。”[1]埃及近年来的BIT范本不断变化，反映着埃及政府对于外国投资的不同态度。1983年埃及BIT范本中规定，投资者对于其与投资东道国间投资争端的解决方法具有优先选择权。[2]2013年发布的BIT范本由于受到

[1] 张荣芳，刘昕洁.埃及投资争端解决机制改革的法律风险防范［J］.东北农业大学学报(社会科学版)，2020，18（3）：25-33.

[2] Tarek Badawy, Ismail Lamie. The International Arbitration Review: Egypt[EB/OL].(2023-7-19)[2023-7-23].https://thelawreviews.co.uk/title/the-international-arbitration-review/egypt.

2011 年埃及国内革命造成经济衰退的影响，删除了向 ICSID 寻求救济的规定，但同时在范本中也缺少求助于其他国际争端解决机构的途径，这对投资者来说，毫无疑问失去了原有争端解决途径优先选择权，但并未完全否认投资者向国际投资争端解决机构寻求救济的可能性，只是为了鼓励投资者在有投资纠纷的情况下优先选择埃及国内的投资争端解决机构，在 2014 年埃及与毛里求斯签订的双边投资协议中依然规定了向 ICSID 寻求救济的可能性。

因此，在尽可能将仲裁条款本地化、投资争议解决本地化的同时，一些国家也在积极采取措施提升本地仲裁服务中东能源行业建设的能力，增强它们区域内仲裁的吸引力。

### （三）国际局势对中东能源投资争议的影响持续发酵

当下变幻莫测的国际政治环境毫无疑问会对中东地区能源仲裁未来的基础与形式的走向产生重要影响。就眼下而言，沙特、阿联酋、埃及和巴林一方自 2017 年 7 月以来就已与卡塔尔暂停政治往来，学界对此持观望态度，认为这可能直接或间接地对未来能源相关仲裁产生影响。[1]

2022 年爆发的俄乌战争必然会成为影响国际能源秩序的重要事件，在全球一体化的背景下中东的能源行业也必然会受到影响。西方领导人要求作为欧佩克主要产油大国的沙特和阿联酋提高石油的产量及对外出口量，以缓解欧洲和美国对俄罗斯石油的抵制造成的能源空缺。然而，沙特和阿联酋正努力在冲突中保持中立。这种动荡会给能源行业带来问题，并可能因此带来争议。对于伊朗而言的首要政治问题是在维也纳进行的伊朗核谈判。该谈判旨在形成协定以限制伊朗的核计划为条件，解除了全球对伊朗的经济制裁，并允许伊朗可以自由地向世界市场销售他的石油产品。美

---

[1] 托马斯·R. 斯奈德，珍·拉赫曼，库斯布·沙赫达普利，朱伟东. 中东的能源仲裁［J］. 中东研究，2021（2）：208–223，339–340.

国对伊朗进行了长达四十余年的制裁，制裁主要针对伊朗的能源、航运及金融业，范围不但有必须遵守制裁措施的人员和实体，也规定了禁止的行为，包括禁止从伊朗购买石油及相关产品，禁止与伊朗中央银行或伊朗其他金融机构进行或协助资金交易，禁止在与伊朗能源相关的行业（甚至是航运业）进行投资或交易。长远来看，美国实施的这一制裁行为已经毫无疑问地对中东地区甚至全球的能源行业都产生了很大影响。经过 11 个月的谈判，伊朗和美国的代表，包括出席谈判的其他国家代表本对谈判进程开始抱有乐观情绪。但是，猝不及防到来的俄乌冲突却又使这一结果充满了变数。因此，任何正在进行的涉伊或与之相关的实体能源仲裁必定会受到美国对伊朗新一轮制裁的影响，此外，持续处于胶着状态的俄乌冲突也侧面强调了全球能源安全中中东国家所扮演角色的重要性，并能提升其在能源领域的政策话语权，这些都使得中东国家将重新回到国际能源投资的热点区域。在此背景下，中东地区政府对国际合作和新的特许合同架构可能会更加开放，但同时也更倾向于要求投资者争议选择利用本土仲裁机构解决争议。

# 附 录

## 附录一 中国与中东国家促进和保护投资双边协定签署情况附表

| 国家 / 地区 | 双边条约签署情况 | | 是否有 ISDS 条款 | 是否允许投资仲裁 |
|---|---|---|---|---|
| | 签署日期 | 生效日期 | | |
| 沙特 | 1996 年 2 月 29 日 | 1997 年 5 月 1 日 | 是 | 是 |
| 伊朗 | 2000 年 6 月 22 日 | 2005 年 7 月 1 日 | 是 | 是 |
| 伊拉克 | 暂无 | 暂无 | 否 | 否 |
| 科威特 | 1985 年 11 月 23 日 | 1986 年 12 月 24 日 | 是 | 是 |
| 阿联酋 | 1993 年 7 月 1 日 | 1994 年 9 月 28 日 | 是 | 是 |
| 阿曼 | 1995 年 3 月 18 日 | 1995 年 8 月 1 日 | 是 | 是 |
| 卡塔尔 | 1994 年 4 月 9 日 | 2000 年 4 月 1 日 | 是 | 是 |
| 巴林 | 1999 年 6 月 17 日 | 2000 年 4 月 27 日 | 是 | 是 |
| 土耳其 | 2015 年 7 月 29 日 | 2020 年 11 月 11 日 | 是 | 是 |
| 以色列 | 1995 年 4 月 10 日 | 2009 年 1 月 13 日 | 是 | 是 |
| 巴勒斯坦 | 暂无 | 暂无 | 否 | 否 |
| 叙利亚 | 1996 年 12 月 9 日 | 2001 年 11 月 1 日 | 是 | 是 |
| 黎巴嫩 | 1996 年 6 月 13 日 | 1997 年 7 月 10 日 | 是 | 是 |
| 约旦 | 2001 年 11 月 15 日 | 暂无 | 是 | 是 |
| 也门 | 1998 年 2 月 16 日 | 2002 年 4 月 10 日 | 是 | 是 |
| 埃及 | 1994 年 4 月 21 日 | 1996 年 4 月 1 日 | 是 | 是 |
| 阿尔及利亚 | 1996 年 10 月 17 日 | 2003 年 1 月 28 日 | 是 | 是 |
| 塞浦路斯 | 2001 年 1 月 15 日 | 2002 年 4 月 29 日 | 是 | 是 |

# 附录二　中国企业赴中东新能源投资相关法律法规

## 中华人民共和国政府和阿拉伯埃及共和国政府关于鼓励和相互保护投资协定

中华人民共和国政府和阿拉伯埃及共和国政府（以下称“缔约双方”），为缔约一方的投资者在缔约另一方领土内的投资创造有利条件，认识到相互鼓励、促进和保护此种投资将有助于促进投资者投资的积极性和增进两国的繁荣，愿在平等互利原则的基础上，加强两国间的经济合作，达成协议如下：

**第一条**　定义

本协定内：

一、“投资”一词系指缔约一方投资者依照缔约另一方的法律和法规在缔约另一方领土内所投入的各种财产。特别是，但不限于：

（一）动产、不动产及其他财产权利，如抵押权、留置权或质权、用益权和类似权利；

（二）公司的股份、股票、债券和任何其他形式的参股；

（三）金钱请求权或其他根据合同与投资有关的具有经济价值的行为请求权；

（四）著作权、工业产权、专有技术和商誉；

（五）法律或法律允许通过合同赋予的经营特许权，包括勘探、耕作、提炼或开发自然资源的特许权。

二、“投资者”一词，在缔约任何一方系指：

（一）根据缔约一方法律、具有其国籍的自然人；

（二）依照缔约一方的法律设立，其住所在该缔约一方的领土内的经济实体。

三、“收益”一词系指由投资所产生的款项，特别是，但不限于利润、利息、资本利得、股息、提成费或酬金。

**第二条** 促进和保护投资

一、缔约一方应鼓励缔约另一方的投资者在其领土内投资，为此创造良好条件，并有权行使法律赋予的权利接受此种投资。

二、缔约任何一方的投资者在缔约另一方领土内的投资，应始终受到公正和公平的待遇和持久的保护和保障。缔约各方同意，在不损害其法律和法规规定的条件下，对缔约另一方的投资者在其领土内对投资的管理、维持、使用、享有或处置不得采取不合理的或歧用性的措施。缔约各方应遵守其对缔约另一方投资者的投资可能已同意的义务。

**第三条** 投资待遇

一、缔约任何一方的投资者在缔约另一方的领土内的投资和与投资有关的活动应受到公正与公平的待遇和保护。

二、本条第一款所述的待遇和保护不应低于给予第三国投资 者的投资及与投资有关的活动的待遇和保护。

三、本条第一款和第二款所述的待遇和保护，不应包括缔约另一方依照关税同盟、自由贸易区、经济联盟、避免双重征税协定和为了方便边境贸易而给予第三国投资者的投资的任何优惠待遇。

四、如果缔约一方根据其法律和法规给予缔约另一方投资者的投资或与投资有关的活动的待遇较本协定的规定更为优惠，应从优适用。

**第四条** 国有化或征收

一、缔约任何一方不应对缔约另一方的投资者在其领土内的投资采取征收、国有化或其他类似措施（以下称“征收”），除非符合下列条件：

（一）为了公共利益；

（二）依照国内法律程序；

（三）非歧视性的；

（四）给予补偿。

二、本条第一款（四）所述的补偿，应等于宣布征收前一刻被征收的投资财产的价值，并包括直至付款之日的适当利息，应是可以兑换的和自由转移的，补偿的支付不应无故迟延。

**第五条** 损失的补偿

缔约一方的投资者在缔约另一方领土内的投资，如果由于战争、全国紧急状态、暴乱、骚乱或其他类似事件而遭受损失，若缔约另一方采取补偿等有关措施，其给予该投资者的待遇不应低于给予第三国投资者的待遇。

**第六条** 转移

一、缔约任何一方应在其法律和法规的管辖下，保证缔约另一方投资者转移在其领土内的投资和收益，包括：

（一）资本和维持或扩大投资所用的追加款项；

（二）利润、股息、利息及其他合法收入；

（三）投资的全部或部分清算款项；

（四）与投资有关的贷款协议的偿还款项；

（五）本协定第一条第一款第（四）项的提成费；

（六）技术援助或技术服务费、管理费；

（七）有关承包工程的支付；

（八）在缔约一方的领土内依照其法律和法规从事与投资有关活动的缔约另一方国民的收入。

二、上述转移应依照转移之日接受投资缔约一方通行的汇率进行。

**第七条** 代位

如果缔约一方或其代表机构对其投资者在缔约另一方领土内的某项投资做了担保，并据此向投资者作了支付，缔约另一方应承认该投资者的权利或请求权转让给了缔约一方或其代表机构，并承认缔约一方或其代表机构对上述权利或请求权的代位。代位的权利或请求权不得超过原投资者的原有权利或请求权。

**第八条** 缔约双方之间的争端

一、缔约双方对本协定的解释或适用所产生的争端应尽可能通过外交途径协商解决。

二、如在六个月内通过协商不能解决争端，根据缔约任何一方的要求，可将争端提交专设仲裁庭。

三、专设仲裁庭由三名仲裁员组成。缔约双方应在缔约一方收到缔约另一方要求仲裁的书面通知之日起的两个月内各委派一名仲裁员。该两名仲裁员应在其后的两个月内共同推举一名与缔约双方均有外交关系的第三国的国民为第三名仲裁员，并由缔约双方任命为首席仲裁员。

四、如果在收到要求仲裁的书面通知后四个月内专设仲裁庭尚未组成，缔约双方间又无其他约定，缔约任何一方可以提请国际法院院长任命尚未委派的仲裁员。如果国际法院院长是缔约任何一方的国民，或由于其他原因不能履行此项任命，应请国际法院中非缔约任何一方国民的资深法官履行此项任命。

五、专设仲裁庭应自行制定其程序规则。仲裁庭应依照本协定的规定和缔约双方均承认的国际法原则作出裁决。

六、仲裁庭的裁决以多数票作出。裁决是终局的，对缔约双方具有拘束力。应缔约任何一方的请求，专设仲裁庭应说明其作出裁决的理由。

七、缔约双方应负担各自委派的仲裁员和出席仲裁程序的有关费用。首席仲裁员和专设仲裁庭的有关费用由缔约双方平均负担。

**第九条** 投资争议的解决

一、缔约一方的投资者与缔约另一方之间就在缔约另一方领土内的投资产生的任何争议应尽量由当事方友好协商解决。

二、如争议在六个月内未能协商解决，当事任何一方有权将 争议提交接受投资的缔约一方有管辖权的法院。

三、如涉及征收补偿款额的争议，在诉诸本条第一款的程序 后六个月内仍未能解决，可应任何一方的要求，将争议提交专设 仲裁庭，如有关的投资者诉诸了本条第二款所规定的程序，本款规定不应适用。

四、该仲裁庭应按下列方式逐案设立：争议双方应各任命一名仲裁员，该两名仲裁员推选一名与缔约双方均有外交关系的第三国的国民为首席仲裁员，头两名仲裁员应在争议任何一方书面通知另一方提出仲裁后的两个月内任命，首席仲裁员应在四个月内推选。如在上述规定的期限内，仲裁庭尚未组成，争议任何一方可提请解决投资争端国际中心秘书长作出必要的委任。

五、仲裁庭应自行制定其程序。但仲裁庭在制定程序时可以参照解决投资争端国际中心仲裁规则。

六、仲裁庭的裁决以多数票作出。裁决是终局的，对争议双方具有拘束力。缔约双方根据各自的法律应对强制执行上述裁决承担义务。

七、仲裁庭应根据接受投资缔约一方的法律（包括其冲突法规则）、本协定的规定以及缔约双方均接受的普遍承认的国际法原则作出裁决。

八、争议各方应负担其委派的仲裁员和出席仲裁程序的费用，首席仲裁员的费用和仲裁庭的其余费用应由争议双方平均负担。

**第十条**　本协定的适用

本协定适用于在其生效之前或之后缔约任何一方投资者依照缔约另一方的法律和法规在缔约另一方的领土内进行的投资。

**第十一条**　磋商

一、缔约双方代表为下述目的应不时进行会谈：

（一）审查本协定的执行情况；

（二）交换法律情报和投资机会；

（三）解决因投资引起的争议；

（四）提出促进投资的建议；

（五）研究与投资有关的其他事宜。

二、若缔约任何一方提出就本条第一款所列的任何事宜进行磋商，缔约另一方应及时作出反应。磋商可轮流在北京和开罗举行。

**第十二条** 生效、期限和终止

一、本协定自缔约双方完成各自国内法律程序并以书面形式相互通知之日起下一个月的第一天开始生效，有效期为十年。

二、如缔约任何一方未在本条第一款规定的有效期期满前一年书面通知缔约另一方终止本协定，本协定将继续有效。

三、本协定第一个十年有效期满后，缔约任何一方可随时终止本协定，但至少应提前一年书面通知缔约另一方。

四、第一至第十一条的规定对本协定终止之日前进行的投资应继续适用十年。

由双方政府正式授权其各自代表签署本协定，以昭信守。

本协定于一九九四年四月二十一日在北京签订。一式两份，每份都用中文、阿拉伯文和英文写成。三种文本同等作准。若解释上发生分歧，以英文本为准。

编者注：缔约双方相互通知已完成各自法律程序，本协定于一九九六年四月一日起生效。

## 中华人民共和国国家发展和改革委员会与埃及共和国石油部关于加强石油天然气领域合作的框架协议

中华人民共和国国家发展和改革委员会与埃及共和国石油部（以下简称“双方”）为增进两国人民之间的友好合作关系，促进两国在石油天然气领域的合作，按照平等互利，长期合作的原则，经友好协商，签订本框架协议。

**第一条** 本协议的宗旨是：建立中埃石油天然气领域合作框架。

**第二条** 双方愿意加强在石油天然气政策、技术、项目、贸易等方面的信息交流与磋商。

双方根据两国有关法律法规，为两国企业在石油天然气与石化领域的合作提供机会和必要的便利条件，使两国在该领域的合作进入一个新的阶段。

**第三条** 根据两国有关法律和法规，双方鼓励各自企业在两国开展石油勘探开发、炼油、石油化工、天然气生产与加工、运输与分销、行业设备生产与营销方面的合作。

**第四条** 根据国际惯例和互惠互利的原则，双方愿继续扩大在原油贸易领域的合作。如条件允许，中方有兴趣扩大从埃方购买原油的数量。

**第五条** 埃方根据相关法律法规对中国公司在埃及进行石油天然气勘探开发提供正常的便利条件。

**第六条** 双方欢迎中国和埃及石油天然气公司通过成立合资公司，开展钻井、地震勘探、石油天然气与石化行业设备制造与营销、设备出租及其他服务业务，并根据两国有关法律法规，参与在中国和埃及的公开招投标和其他市场机会。

**第七条** 双方同意定期或根据需要举行会晤，积极就石油天然气领域的政策、信息及合作项目进行交流和磋商。

**第八条** 负责执行本框架协议的主管部门分别是：中华人民共和国国家发展和改革委员会和埃及共和国石油部。

**第九条** 在解释和适用本框架协议出现争议时，双方应通过谈判与磋商解决。

**第十条** 本框架协议自签字之日起生效，有效期为五年。如任何一方未在有效期满前六个月提出终止本框架协议，则协议有效期自动 延长五年并依此法顺延。

本框架协议于二〇〇六年六月十七日在开罗签订，一式两份，每份均用中文、阿文和英文书就，三种文本同等作准。如对文本解释出现分歧，则以英文文本为准。

# 埃及投资法

## 第一章　总则

### 第一节　定义

**第一条**　在实施本法条款时，下述词语的具体含义为：

投资：使用资金建设、扩建、开发、投资、持有或管理投资项目，从而实现国家长期、全面发展。

投资商：所有依据本法条款，在阿拉伯埃及共和国从事投资的、采用任意法律体制的埃及或外国自然人或企业法人。

投资项目：在工业、农业、商业、教育、医疗、运输、旅游、住宅建设、工程建设、体育、电力、能源、自然资源、水利、通信、科技领域从事投资活动。

有关投资的部长与有关部门协商后，可根据国家经济发展计划增加其他领域。实施条例阐明从事这些活动的条件、范围和规则。

专项激励：本法第 11 条规定的激励措施。

财产：进入投资项目的所有具有实际价值的资产。包括现金、实物、无形资产。特别是包括以下方面：

（1）固定资产和流动资产、所有原始的或附加的实物权利；

（2）股票、公司成立份额、非政府债券；

（3）在项目建设或扩建时使用的知识产权或无形权利，例如：发明专利、在世界知识产权组织成员国注册的或根据现行国际公约规定的注册规则注册的商业名称、标识；

（4）依据公共设施责任的法律和类似法律规定享受的特许权或合同，以及根据法律给予的其他所有类似的权利。

最高委员会：最高投资委员会。

有关部长：有关投资的部长。

有关部：有关投资的部门。

机构：投资和自由区总局。

国内投资：投资的一种机制，投资项目根据本法规定，在自由区外设立、建设和运营。

自由区：国家地区的一部分。位于国家边界内，由其管理机构管辖，实行专门的海关、税收规定。

投资区：规定面积和边界的地理区域，用于设立某类或多种类投资项目以及配套项目，由该区域开发商负责开发、配备基础设施。

开发商：所有获准根据本法条款建设、管理、开发投资区的企业法人。

有关部门：负责颁发许可、执照、批准证书的管理部门或公共设施公司。

投资服务中心：总局或其分支机构设立的管理部门，负责运行便利和简化投资者手续的机制，发放有关说明和资料，以便投资者在本法规定的法定时间内取得投资项目必要的所有批准证书、许可、执照。

有关部门代表：在总局或其分支机构设立的投资服务中心工作的有关管理部门或公共设施公司的授权代表或常务负责人。根据本法条款，将依据法律规定的业务条件和总局颁布的投资程序指南颁发许可、执照、批准证书的权利以及有关部门划拨不动产、发放许可、执照、批准证书的所有职责移交他们，以方便投资者运作，促进和推动投资。

有关当局：视情况，可分别指部长、省长、总局局长、机构主席及其董事会、公共设施公司董事长及其董事会。

审核事务所：负责颁发批准证书、许可、执照的机构核准的事务所，负责审核投资项目的文件，提交审核证明。

### 第二节　投资的目标和原则

**第二条**　阿拉伯埃及共和国投资的目标在于提高国家经济发展水平，增加国民生产总值，提供就业机会，鼓励出口，增加竞争力，从而实现国家长远发展。国家所有有关部门都要致力于吸引和推动国内外投资。

投资应掌握以下原则：

（1）公平对待，机会均等。不受项目规模、档次影响，没有国籍歧视。

（2）国家支持新兴公司、增加就业、吸收青年和弱小投资者的小微项目和中小型项目。

（3）充分考虑各方面的社会影响，充分考虑对环境和公共卫生领域的保护。

（4）保护竞争、禁止垄断、保护消费者。

（5）遵循可控、透明的原则；坚持先进管理、不得损害公共利益。

（6）致力于保持投资政策的持续性和稳定性。

（7）为投资者服务迅速、便捷，以实现他们的合法利益。

（8）国家有权维护国家安全和公共利益。

上述投资原则，根据情况，分别适用投资者和国家。

## 第二章　投资保障和鼓励

### 第一节　投资保障措施

**第三条**　在阿拉伯埃及共和国的所有投资，均享有公平、公正、平等对待。

国家保证外国投资者享受国民待遇。作为例外，内阁可以发布决定，根据对等原则，给予外国投资者优惠待遇。

投资者财产不得欺占和歧视。

与埃及有关法律不冲突，在项目实施期间，国家允许非埃及投资者在阿拉伯埃及共和国居住。本法实施条例对此作出规定。

国家应尊重和执行签订的合同。因欺诈、伪造、贪腐而设立的投资项目，不得享受根据本法的规定给予的保护、保障、优惠和豁免。对此，根据有关司法部门的司法判决或仲裁确定。

在执行本法条款方面，所有有关投资项目的决定必须依据本法实施条例的规定，申明理由，通知当事人。

**第四条** 投资项目不得实行国有化。

只有因公共利益需要，并事先支付合理的补偿后，方可剥夺投资项目财产的所有权。补偿额应相当于决定剥夺所有权时被剥夺财产的公平价格。补偿金额应能够不受限制地自由转移。

只有当发生法律规定的情况时，根据最终司法裁决，方可对投资项目予以行政查封。同时，只有根据司法命令或裁决，方可对上述项目进行留置。

同时，只有根据司法命令或最终司法判决，方可对投资项目财产进行扣押、没收和冻结。应缴纳国家的纳税债务和社会保险费除外。与国家及公共法人和投资者签署合同的约定不冲突，上述费用可采取扣押方式全额收取。

只有在听取了总局董事会的意见，并得到内阁和最高投资委员会的批准，行政管理部门方可颁布普遍执行的决定，增加本法涉及项目在设立或运营方面的财务或程序负担，或对提供服务、办理变更等事项收取费用。

**第五条** 只有在对投资项目违规行为持续发出警告，充分听取投资项目的观点、意见，并给予相应期限以便项目纠正违规后，有关行政管理部门方可吊销投资项目许可，或暂停许可，或收回划拨给项目的不动产。

在所有情况下，在作出上述第一款的决定之前，应听取总局董事会的意见。在完备全部法律程序的情况下，总局应在七天内提出意见。

对上述决定，投资者可向本法第 83 条规定的委员会提出申诉。

本法实施条例制订实施本条规定的原则和条件。

**第六条** 与第三方权利不冲突，投资者有权设立、建设、扩建投资项目；没有任何限制地以外币向境外融资；同时，投资者有权拥有、管理、运营、处置投资项目；取得利润，汇出境外；进行项目清算，并将全部或部分清算所得汇出。

国家允许有关外国投资的现金使用可自由兑换的货币自由地、毫不迟疑地汇入项目所在地或汇出国外。同时，国家允许毫不拖延地将当地货币兑换为可自由使用的货币。

公司清算时，有关行政部门应在清算员提交附有必要文件的申请后最迟 120 天内，向总局和清算公司通告其负债。上述期限结束而未收到有关负债通告，则视同免除清算公司的债务责任。但是，上述情况与追究负责人发布不实通告，有关人员到期未能答复申请的刑事、违规责任不冲突。

所有上述内容，由本法实施条例作出规定。

**第七条** 与有关进口的法律、法规和规定不冲突，本法条款涉及的投资项目有权自行或通过第三方进口项目设立、扩建或运营所需的原料、生产必需品、机器、零部件、与经营活动相匹配的运输工具，而无须进行进口商登记。

同时，上述项目有权自行或通过他人出口自产产品而无须申领许可和进行出口商登记。

根据本条规定自行或通过第三方从事进出口的投资项目，应根据情况，每个季度向总局提交进出口数量和品种的报告。

**第八条** 当本地员工不具备必要技能时，投资项目有权根据本法实施条例阐述的原则和条件，在项目用工总额的 10% 之内，使用外国工人。最多不应超过项目员工总额的 20%。

最高投资委员会颁布决定确定的部分具有特殊战略重要性的投资项目，在充分重视本国员工培训的情况下，可不受上述比例限制。

投资项目的外籍员工有权将全部或部分财务所得汇出国外。

## 第二节　投资激励政策

一、一般性激励政策

**第九条**　本法条款涉及的全部投资项目，除依据自由区机制设立的项目之外，均享受本节所述的一般性激励政策。

**第十条**　投资项目自商业注册登记起五年内，免除公司或机构成立合同、与公司经营有关的信用便利合同、抵押合同的印花税和公证费。

同时，公司或机构为设立公司签订的土地登记合同免除上述税费。

本法条款涉及的公司和机构适用于 1986 年 186 号海关豁免法第 4 条的规定，即为设立公司而进口的必要机器、设备、仪器，按照货值 2% 的统一税率缴纳海关关税；同样，公共设施工程公司进口设立和完善公司所需的必要机器、设备和仪器，适用上述统一税率。

与 1963 年 66 号海关法规定的临时放行规定不冲突，本法条款涉及的工业投资项目短期用于商品加工，随后复出口的进口模具以及类似生产必需品，进口时免征关税。放行和复出口依据到货单进行。总局在与财政部协调后设立专门登记簿，对进境和复出口货物进行专项登记。

二、专项激励政策

**第十一条**　本法生效后设立的投资项目，根据投资地图，享受从应税净利润中核减如下比例的投资激励：

（1）A 类区域：投资成本核减 50%。享受的范围是根据投资地图和中央信息统计中心的统计报告，依据本法实施条例阐明的投资分布，被确定为急需开发的区域。

（2）B类区域：投资成本核减30%。享受的范围是根据投资活动分布，在共和国剩余区域的下列投资项目：

—根据本法实施条例规定的原则，确定为大量用工项目；

—中小型投资项目；

—使用或生产新能源、再生能源的项目；

—最高投资委员会确定的国家级和战略性项目；

—最高投资委员会确定的旅游项目：

—内阁总理根据有关部长、电力部长和财政部长的联名报告发布由总理确定的发电和配电项目；

—向阿拉伯埃及共和国地理区域之外出口产品的项目；

—汽车及其配套工业；

—木材加工工业、家具、印刷、包装、化工工业；

—抗生素、抗肿瘤药物以及化妆品工业；

—粮食、农产品、农业废物利用项目；

—工程机械、冶金、纺织、制革工业。

根据2005年91号《所得税法》的规定，在所有情况下，投资激励不得超过项目开始经营之日实缴资本金的80%。

在所有情况下，减税期限自开始经营之日起，不超过7年。

内阁总理根据有关部长、财政部长和各主管部长的联名报告发布决定，确定上述A/B类区域内投资活动的详细分类。

本法实施条例阐明投资成本的概念、A/B类区域的地理位置、专项激励的条件和原则。内阁总理上述决定中有关投资活动分类细目一经公布，立即包含在上述说明中。

根据最高投资委员会的决定，可以增加享受专项激励的投资内容。

**第十二条** 投资项目享受本法第11条规定的专项激励，须具备以下条件：

（1）设立新公司或机构承建投资项目。

（2）公司或机构应在本法实施条例生效之日起最长 3 年内设立。根据有关部长的报告，内阁可做出决定，将上述日期延长相同期限。

（3）公司或机构应设立正规账簿。如果公司或机构在一个以上区域经营，则应分别享受各个区域的核减比例。同时，每个区域应设立独立账簿。

（4）任何股东、合伙人或企业主在设立、组建享受激励机制的投资项目时，均不得提供、使用本法条款生效时业已存在的公司或机构的实物资产。或在本条第二款阐述的期限内清算现有公司或机构，以设立新的投资项目，享受上述专项激励。违反上述规定，将不得享受上述激励，公司或机构应缴纳一切应纳税款。

三、附加激励政策

**第十三条** 与本节规定的激励、优惠、豁免不冲突，内阁可作出决定，对本法第 11 条规定的投资项目给予附加激励如下：

（1）与财政部长商定，允许为投资项目的进出口货物设立专用海关窗口。

（2）在项目运营以后，投资者承担的公共设施连接到投资项目的费用可全部或部分由国家承担。

（3）国家可承担员工技术培训的部分费用。

（4）工业项目自接收土地后两年内投产，国家将返还一半的土地款。

（5）根据有关法律规定的条件，对部分战略性项目免费划拨土地。

当确有必要时，根据有关部长的报告，内阁可做出决定，新增其他的非税激励。

实施条例阐明给予本条附加激励的原则、条件。

**第十四条** 总局执行主席或授权代表向本法涉及的公司和机构颁发享

受本节第 10、11、13 条规定激励政策的必要证书。

该证书为最终证书，无须任何机构批准而自动生效。所有机构应据此操作，遵守证书规定。

## 第三节 投资者的社会责任

**第十五条** 为实现长远的全面发展目标，投资者应提取年利润的一定比例，在投资项目之外，通过参与下述领域的所有或部分活动，为建立社会发展机制做出贡献：

（1）采取必要措施，保护和改善环境；

（2）在医疗、社会或文化福利领域或其他任意社会发展领域提供服务或实施发展计划；

（3）与一所大学或科研机构合作，支持旨在发展和改善生产的职业教育，资助科研和启蒙活动；

（4）培训和科研。

投资者在上款规定领域的不超过年度纯利润 10% 的支出，可根据 2005 年 91 号所得税法第 23 条第 8 款的规定视同须予以抵扣的成本和费用。

有关部长与相关部门协调后，建立区域性或行业性从事社会发展活动的优秀投资项目清单。向公众舆论推出并宣传。

在所有情况下，均不得利用社会责任机制提供的项目、实施计划或服务实现政治的、政党的或宗教的目的，或出现国民歧视。

本法实施条例阐明实施社会责任制度应遵守的原则和条件。

# 第三章 投资机制

## 第一节 国内投资机制总则

一、投资规划和政策

**第十六条** 有关部提出投资规划的建议。规划包括落实投资政策；优先发展与国家总体政策和社会经济发展规划及现行的投资机制相吻合的投资项目。上述建议由最高投资委员会核准。

二、投资地图

**第十七条** 投资规划包括制订投资地图，确定投资种类和机制，地理区域和范围。同时确定向投资者提供的政府或其他公共法人拥有的不动产，以及根据不同投资机制确定的不动产划拨机制和方法。

总局与所有有关的国家机构全面协调和合作，编制投资地图方案。

当需要时，根据总局的建议，投资规划和地图至少每三年复核一次。

**第十八条** 投资者在获取投资服务时，本法规定的程序和期限必须执行。如果投资者依据任何其他法律或法规，可采用更简便的程序，耗费比本法及其实施条例的规定更短的时限获取批准证书、执照和许可时，本法规定不得与此冲突。

**第十九条** 在本法生效后90天内，总局与有关部门协调后，发布投资指南。包括划拨不动产、为本法涉及的投资活动颁发批准证书、执照、许可的条件、程序和时限。该指南可通过总局以及其他有关部门的网站并以各种印刷品的方式发放。

当有必要时，总局须根据国家现行的法律变化和调整，定期复核和更新上述指南。

同时，有关部门须在本法生效后最多60天内，向总局提供编制本指南所须的必要数据、资料、样表。

本法实施条例为此规定必要的规则。

**第二十条** 对于为设立旨在参与国家发展的战略性项目，或以私营与国家、国营企业、公共事业企业合营的方式，设立从事公共设施、地下基础设施、新能源、再生能源、公路、交通、港口建设的投资项目而组建的公司，内阁可颁布决定，对于这类项目的设立、运营和管理，其中包括建设许可、划拨必要的不动产等，进行一次性审批。该批准文件无须经过任何其他程序而自行生效。

同时，该批准文件还可包括项目适用本法规定的一项或多项激励政策。本法实施条例阐明发放该批准文件的条件和程序。

三、投资服务中心

**第二十一条** 为简化和便利投资程序，在总局及其分支机构设立名为“投资服务中心”的管理部门。

投资服务中心承担向投资者提供组建公司、设立分支机构、核准董事会和股东大会纪要、增加投资资本、变更经营内容、公司清算以及其他与公司有关事务的服务。

同时，中心承担接收投资者要求颁发设立或管理投资项目必须的各种许可、执照、批准证书、划拨不动产的申请，并根据法律、法规，在本法规定的时限内做出决定。

根据实施条例的规定，中心提供的服务，将逐步通过互联网和其他必要的技术手段，尽快实现自动化操作。

中心将吸收执行相关法律的有关部门代表。上述部门的代表在投资服务中心工作期间接受总局管理，遵守总局董事会为规范中心工作而制订的纪律和规则。

作为其他法律规定的例外，将根据本法条款，向有关部门代表移交依据有关法律规定的专业条件和总局发布的投资程序指南颁布批准证书、执照和许可的权利。并转移有关部门划拨不动产、根据本法规定给予投资者经营和投资活动所必须的批准证书、执照和许可的职责。

总局董事会确定构成投资服务中心的政府部门和公共设施公司，总局执行主席与上述部门协调后，确定投资服务中心中代表各自部门的基本员工和预备员工的必要数量，能够在投资服务中心履行职责的职务等级。实施条例规定上述工作人员遴选规则，入职方式。

在不提交下述章节规定的核准证明的情况下，投资服务中心的有关部门代表及管理部门的负责工作人员应在提交申请后两天内要求提供颁发批准证书、执照以及许可的必要文件。超过上述期限，则视同已经提供文件，不得再向投资者要求提供附加文件。

在所有情况下，投资者有权通过审核事务所或直接向有关部门或通过其在投资服务中心的代表，完善申请投资的专业条件及其他的必要条件和程序。

四、审核事务所

**第二十二条** 投资申请人或其代理人可委托在总局注册的审核事务所审核为获取投资项目设立、运营、扩建的批准证书、执照或许可而准备的文件。以确认上述文件是否满足专业、财务的必要条件及本法条款和授予批准证书、执照以及许可的有关法律规定的其他程序条件及满足的程度。

审核事务所应以实施条例规定的职业责任从事工作，特别是以下原则：

—遵循有关法律法规；

—高度负责进行查阅、收集和审核；

—避免利益冲突；

—为审核申请人的资料保密。

审核事务所可独立工作，或与专业审核事务所集团合作。

本法实施条例规定审核事务所的法律形式。

将根据本法实施条例确定的条件、原则和程序，向具备从事该项业务活动必要经验的审核事务所颁发许可。这些条件包括：为事务所从事活动可能发生的风险和损失签署年度保险文件；为所提供服务确定收费的原则。

总局设立专用登记簿，对许可设立的审核事务所进行登记，并提供给有关管理部门。

向审核事务所颁发许可收取不超过 2 万埃镑的费用。实施条例规定收费等级、许可每年更新，收取与颁发许可同样的费用。

审核事务所自行承担责任，为投资者颁发有效期一年的审核证明，依据颁发批准证书、执照和许可的有关法律，说明投资项目全部或部分符合条件的程度。事务所应依据本法实施条例阐明的方式向有关部门报送证明的一份副本。发放的证明在一年期满后失效。

有关部门及其派驻投资服务中心的代表以及行政管理部门应接受该证明。有关部门或其代表可在收到证明后 10 个工作日内提出说明理由的反对意见。该期限期满而没有回复，则视同接受投资者申请，总局执行主席将根据本法第 25 条的规定予以批准。

在执行刑法条款时，该证明视同正式文书。

与事务所承担的民事或刑事责任不冲突，罔顾事实或违背该法第 25 条规定原则出具证明，将扣取保险金额，给予受益方。发放证明的事务所将在不超过三年的期限内从总局登记簿除名。如果重复出现上述违法行为，将从登记簿永久除名。

本法实施条例对此作出规定。

**第二十三条** 投资者向总局缴纳手续费及法律规定的有关部门提供服务的费用。

总局有权就向投资者提供的实际服务收取费用。总局董事会决定收费的档次、原则、条件和程序。

**第二十四条** 与审核事务所对证明所附申请做出决定的时间不冲突，

有关部门应审查通过投资服务中心递交的投资申请，确认其对法律阐明的接受申请必要条件的满足程度。应在收到提供全部资料的申请后不超过 60 天做出决定。期限期满而未作出决定，则视为接受投资者的申请。总局执行主席依据该法第 25 条规定予以批准。

在所有情况下，都应在本条第一款规定的期限结束后 7 天内，以挂号回执的方式将作出的批准或拒绝的意见通知申请人。

当事人可对拒绝的决定向本法第 83 条规定的委员会提出申诉。

**第二十五条** 总局执行主席依据本法实施条例的规定，按照样本颁发本法第 22、24 条规定的批准证书。

**第二十六条** 在国家经济发展规划的框架下，或出于完善投资地图的目的，总局可在向投资项目划拨土地之前，发放在划拨土地上设立投资项目所必须的批准证书、执照或许可。此时，将在完成土地划拨手续时，向投资者收取手续费以及其他有关部门为发放批准证书、执照或许可而收取的费用。这些部门应根据本法实施条例规定的程序和期限，简化发放批准证书、执照或许可的程序。

**第二十七条** 执行本法条款的所有有关部门的工作人员应关注本法及其实施条例规定的目标、原则、程序和期限。

简化投资者的工作程序，使他们尽快获得合法利益，是考核上述工作人员的基本指标，确认他们履职的一种方法。

## 第二节 投资区投资机制

**第二十八条** 依据总局董事会的建议，有关部长和主管部长的报告，内阁总理可决定在不同投资领域设立专门投资区，其中包括物流区、农业区、工业区。设立投资区的决定应包括投资区位置、地理坐标、投资期内从事经营活动的性质、采取必要措施设立投资区的期限及与开展上述经营活动有关的通用条件。

承担投资区建设的开发商应采取必要措施，依据许可确定的项目实施时间表进行区域建设。否则，许可失效。

在获得总局董事会的批准后，内阁总理或授权代表可依据开发商提出的、得到认可的理由，对于区域建设给予附加期限。

与本机制运行性质不矛盾时，投资区内设立的项目适用于本法第一、第二章的规定。

同时，投资区适用相关法律、法规和规章制度规定的海关临时放行制度的原则。

根据有关部长的报告，内阁总理可以决定增加其他经营活动。

**第二十九条** 每个投资区设立董事会。根据区域的性质和项目种类，有关部长与主管部长协商一致后，决定董事会的组成。

区域董事会主要负责制订区域工作规划，制订从事经营的必要制度和标准，送交总局董事会核准。同时，区域董事会负责批准区域内投资项目的设立。董事会应根据实施条例的规定，向总局报送季报，将董事会纪要送交总局核准。

投资区董事会可准许私营公司开发和管理投资区，或为投资区招商。

区域董事会成员应全部财产公开。独立的第三方每年提供和核实公开的情况，调查是否存在违背财产公开情况，或实质性弄虚作假，或存在利益关联。该报告将通过有关部长递交最高投资委员会。

**第三十条** 区域应设立由总局工作人员组成的执行机构。总局执行主席决定人选并报有关部长批准。执行机构负责落实区域董事会批准项目，颁发许可的决定，发放区域内项目建设许可。

投资者根据本法实施条例的规定，对执行机构提供的全部实际服务支付不超过投资成本千分之一的费用。

**第三十一条** 区域董事会主席或授权人负责对投资区内的项目发放经

营许可。

许可应注明发放许可的目的、有效期。只有得到区域董事会批准，许可方可全部或部分转让。拒绝颁发许可或不同意许可转让的决定应说明理由。当事人可向本法第 83 条规定的委员会申诉。

## 第三节 科技园区投资机制

**第三十二条** 内阁总理可应主管通讯、信息科技事务部长的请求，根据总局董事会的建议，准许根据本法实施条例规定，在信息、通讯科技工业领域设立科技园区。这些领域包括加工制造活动；电子产品的设计、开发；数据中心；代工活动；软件开发、更新；科技教育以及其他有关的配套活动。

根据有关部长和主管通讯、信息科技事务部长共同提交的报告，内阁总理可决定增加其他经营活动。

科技园区内的项目依据运行经营项目所需的、一切种类的必要器具、机械、设备，根据实施条例阐明的条件和程序，不征收海关税费。

科技园区内设立的项目，根据设立的种类，享受本法第 11 条规定的激励政策。

每个科技园区均设立董事会。主管通讯、信息科技事务的部长与有关部长协商一致后，决定董事会的组成。区域董事会负责制订从事经营活动的必要规则和标准，并负责批准区域内项目的设立。

区域董事会成员应全部财产公开。独立的第三方每年提供和核实公开的情况，调查是否存在违背财产公开情况，或实质性弄虚作假，或存在利益关联。该报告将通过有关部长递交最高投资委员会。

## 第四节　自由区投资机制

**第三十三条**　依法设立包括整座城市的自由区。

根据有关部长的报告，在总局董事会批准后，内阁设立公共自由区，用以建设准许设立的项目而不考虑其法律形式。其基本目的是向境外出口。设立自由区的决定应说明其位置和边界。

区域董事会负责管理公共自由区。在有关部长核准后，总局执行主席决定区域董事会的组成，并任命主席。区域董事会成员应全部财产公开。独立的第三方每年提供和核实公开的情况，调查是否存在违背财产公开情况，或实质性弄虚作假，或存在利益关联。该报告将通过有关部长递交最高投资委员会。

公共自由区董事会应专门负责提出管理自由区必要规章和制度的建议，报总局董事会核准；负责在区域内实施本法及其实施条例条款，执行总局颁布的各项决定。

当需要时，根据有关部长的报告，内阁可批准为一个项目或内容相近的一些项目设立专属自由区。实施条例规定专属自由区的其他操作规则，以确保良好的经营和操控。

**第三十四条**　与准许设立以自由区机制运行的炼油项目的2010年133号法不冲突，考虑到本法生效时业已存在的、准许以自由区机制设立项目的公司法律地位，不应准许以自由区机制设立炼油项目、化肥项目、钢铁项目、天然气加工、液化和运输项目、最高能源委员会确定的高耗能项目、酿酒和酒精制品项目、武器、弹药、爆炸物以及其他与国家安全有关的项目。

**第三十五条**　与本法第10条第1款的规定不冲突，所有以自由区机制投资设立的项目，都应依据总局董事会与海关和税务总署协调后颁布的原则接受海关和税务监管。

区域董事会应将自由区内设立的有关生产型工业项目的全部数据通报给由主管工业的部长指定的部门。有关部长与主管工业的部长协商一致后，制订生产型工业项目从事经营活动的原则，特别是这些项目应遵循的出口比例。

**第三十六条** 考虑到1992年95号资本市场法、2003年88号中央银行、金融机构和货币法、2009年10号非银行金融市场和金融工具法的规定，公共自由区董事会专责最终批准区域内或坐落于该公共自由区地界内的专属自由区的项目，区域董事会主席专责准许上述项目运行。

上述许可应包括发放许可的经营范围，经营期限、被许可人缴纳的财务保证金的数量和种类。根据该法实施条例规定的比例，该保证金不得超过投资成本的2%。只有得到区域董事会的批准，该许可方可全部或部分转让。

准许经营的项目只有在许可规定的经营范围内，方可享受本法规定的减免或优惠。如果投资者没有其他要求，则仅凭此许可即可从有关国家机构获得对项目的服务、便利、优惠而无须进行工业登记。出于统计需要，可向有关部门送交许可副本。

**第三十七条** 依据本法实施条例说明的原则和规定，以转让使用权方式，向以公共自由区机制运行的项目划拨项目设立所需的必要不动产。

投资者应在得到批准设立项目的通知后30天内，前往区域管理部门接收实施项目所需土地，签订使用权合同，交纳商定的费用。

当投资者在被告知依据使用权合同中约定的条件接收土地后九十天内，没有采取有力措施实施项目，则该项目的批准证书失效。在投资者或其代表申诉理由，区域董事会评估后，可延长期限。

本法实施条例阐明执行本规定的必要条件和程序。

**第三十八条** 当项目取消或颁布的批准证书失效，投资者应将土地没有任何运营痕迹地移交区域董事会。如果土地上遗留有房屋、建筑或其他遗留物，应在区域董事会规定的、自挂号回执的通告时间起不超过六个月的期限内自费清除。

如果在上述期限内没有进行清除，区域董事会可决定采取行政手段收回土地以及地上的建筑和房屋。

根据本法实施条例的规定，当现场有遗留物存在时，区域管理部门和海关进行扣押、盘点，交由海关当局暂时封存，或依据海关法关于无主或遗失货物的规定进行拍卖，所得存入总局账户，在首先扣除总局应得、然后扣除政府债务后，用于投资者。

执行本条规定的总局所得，视为仅次于司法支出和国库所得的次优质债务。

**第三十九条**　考虑到法律和法规禁止部分货物或材料流通的规定，自由区内项目从事经营活动时出口国外或从国外进口的货物，不受进出口规则限制，不执行进出口的海关程序。同时，也不执行海关税、海关附加税以及其他的税费规定。

从国内市场向自由区内运营的生产性项目出口生产必需品，应根据主管商贸的部长与有关部长和财政部长协商后颁布的原则进行。

除去乘用车，自由区内投资项目从事经营活动所必需的全部工具、材料、机器、运输工具免除海关税、海关附加税及其他的税费。对于项目的工具、材料、机器，如果从事经营活动需要，依据内阁根据 有关部长和财政部长的报告决定的情况、保障、条件和程序，可暂时离开自由区进入国内，再返回自由区。

本法实施条例阐明货物从卸货到抵达自由区或从自由区到装货的运输和保证措施。

依据本法实施条例的规定，总局准许项目或第三方所有的当地产出或外国进口的货物、材料、部件、原料，无须遵循现行的进口规则，从国家内地暂时进入自由区，进行维修或工业加工后再返回国内。

根据海关法的规定，维修费用征收海关税。

**第四十条** 从自由区向国内进口，依据从国外进口的通用规则办理。

作为例外，自由区内项目产生的材料、废料、下脚料，在需要进入国内倾倒或复加工时，准许依据1994年4号环境法的规定，以安全的途径和方式，由当事人自费进入国内。

应执行上述环境法关于禁止从国外进口危险废料的规定。

从自由区进口到国内市场的货物，类似从国外进口，须缴纳海关关税。

至于从自由区项目进口的包含国内成分和国外成分的产品，其海关的税基以该货物国外成分从自由区出口到国内时的基准价格计算。但是，进口成分的应纳海关税不应超过从国外进口最终产品应纳的海关税。

根据情况，产品的国外成分应为进口部件、材料在进入自由区时的价格而不计算在区内加工的成本。

对于自由区内加工的产品，在核定产地时，自由区为该产品的原产地。

**第四十一条** 自由区内项目以及分配的利润，不受埃及现行税费的法律约束。

尽管如此，这些项目须实施下述规定：

第一，公共自由区项目：

（1）区域内的仓储项目在货物进入区域时按照货值的2%交纳管理费；加工、装配项目在货物运出区域时按照货值的1%交纳管理费；过境商品贸易免收管理费。

（2）主要经营活动无须商品进出口的项目，以一位注册会计师核准的会计报表为依据，按照收入的1%交纳管理费。

第二，专属自由区项目：

（1）加工、装配项目在货物向国外出口时，按照总收入的1%交纳管理费；在向国内进口时，按照总收入的 2% 交纳管理费，过境贸易免收管理费。

（2）上款以外的其他项目，按照总收入的 2% 交纳管理费。

本条第一款涉及的费用归于总局；第二款涉及的费用由财政部和总局平分。

所有情况下，设立于公共自由区和专属自由区的项目，应根据本法实施条例阐明的比例，缴纳不超过资本金总额千分之一的年度服务费，最高不超过 10 万埃及镑。可以交纳有关部长规定的等值其他货币。

与此同时，上述项目应向财政部和投资部提交经一位注册会计师核准的会计报表。

**第四十二条** 自由区内设立的海运项目免除 1949 年 84 号商船登记法和 1990 年 8 号海商法规定的船东和船员国籍的限制。同时，该项目拥有的船只不执行 1964 年 12 号关于设立埃及海运总公司的法律。

**第四十三条** 投资者应为建筑、机器、设备全额投保，包括从事核准的经营活动可能产生的所有事故和风险保险。

当发生投保的事故和风险时，区域董事会应作出决定，清除项目建筑。决定应说明理由，在决定作出后一周内，以挂号回执方式向投资者或其代表宣布。当必要时，区域董事会可缩短上述期限。

投资者应在区域管理部门规定的期限内自费执行清除的决定。

当投资者拒绝执行决定时，区域董事会应根据违规严重程度停止项目经营或取消项目。

**第四十四条** 在货品从国外返回，海关收取自由区管理费后放行的所有情况下，应由自由区、有关海关和当事人或其代表组成三方委员会在项目驻地进行查验。在与发票或装箱单核对相符后，编制由各方签字的报告，说明查验结果，向当事人移交货品，当事人成为托管人，承担全部责任。海关负责评估该货品价值，向区域管理部门报告。

当货物数量或货物内容或被保管的商品与装箱单核对出现无理由的短缺或溢出时，区域海关关长应向区域主席报告。

总局董事会发布决定，确定出现上款情况的责任和容许的程度。

**第四十五条** 自由区内项目不执行1958年113号关于股份公司和国有企业职务任命的法律。

本区域执行劳动法关于劳动关系、安全、职业卫生的规定。这些规定包含的工人权利的内容，在区内经营项目与工人签订个人或集体合同时，应作为协商的最低限度。

自由区内项目要制订项目必须遵守的劳动制度的内部条例，送交总局执行主席或其授权代表核准。该条例将成为个人或集体劳动合同的补充。

对于内部条例包含违反公共制度的规定或给予的优惠低于劳动法规定，总局执行主席可予以反对。

1975年79号社会保险法及1976年108号企业主及其类似人员保险法的规定适用于自由区内从事经营活动的项目员工。

**第四十六条** 任何个人只有获得区域董事会主席根据本法实施条例阐明的情况和条件颁发的许可，在缴纳了不超过5000埃及镑的年费后，方可在公共自由区内长期自费从事手工艺劳作。

对于违反本条第一款规定的人处以不低于5000埃及镑，不超过2万埃及镑的处罚。此时，只有根据有关部长命令，才可提起刑事诉讼。在所有情况下，禁止在自由区设立从事自由职业和咨询业的项目。进入自由区，须遵循总局董事会规定的条件。

**第四十七条** 本法规定的目标、原则和激励政策及其第11条的规定，如果与自由区工作机制不矛盾，将适用于依据自由区机制经营的投资项目。

依据本机制运行的项目，可以转换为国内投资机制。本法实施条例确定转换的条件和原则，以及项目许可规定的经营活动所需的机器、设备、仪器、生产线以及零部件的海关处置方法。

## 第五节　公司、企业组建的规定及其组建后的服务

**第四十八条**　考虑到本法第71条的规定，对于依据本法及1981年159号《股份公司、委托股份公司以及有限责任公司法》组建的公司，总局以及投资服务中心应提供自动化的公司组建以及组建后的服务，统一程序。在总局启用公司组建的电子程序后，立即实施。总局将不再采用其他法律规定的程序。

对于适用本法以及《股份公司、委托股份公司以及有限责任公司法》的公司和企业，本法实施条例将规定公司基本章程公布及其修订的程序、推行电子化组建服务的规则。

**第四十九条**　有关部长颁布决定，公布各种类型公司的合同和基本章程范本。组建公司的申请人一次性向总局缴纳法定手续费和总局代收的有关部门对公司组建以及组建后提供服务的收费。

总局有权对向投资者提供的服务收费。总局董事会颁布决定，确定收费的档次以及收取的原则、条件和程序。

**第五十条**　有关部门应适应总局实施电子服务机制的现状。应依据本法实施条例的规定，在本法生效后90天内，提供所有文件、表格、材料，将本部门工作机制和网址与总局电子服务机制及其网站链接。

同时，有关部门应根据本法实施条例的规定，准备好电子签名，采取任一科技途径制作的电子文件和范本，对所有支出接受电子支付。

**第五十一条**　总局应在完备的申请文件递交后最长一个完整的工作日内，对公司组建的申请作出决定。在完成工商注册、颁发组建证书后，公司即可获得法人资格。总局执行主席颁布决定，规定组建证书的内容。

组建证书一经颁发，所有有关部门、银行及有关机构都应将其作为开

展业务的正式文件。

依据本法组建的公司，应提交公司金融证券存储于中央存储公司的证明。

总局执行主席颁布决定，建立总局向投资项目发放证书的机制。每个企业或公司，不论采取何种法律形式，都将获得核准的统一国家代码。该代码实施后，将在投资者与国家一切机关、单位交往中使用。

上述内容，均按本法实施条例的规定执行。

**第五十二条** 本法涉及的公司可使用任何可兑换货币确定公司注册资本，以该种货币编制和公布财务报表。条件是公司应以相同币种募集资本。至于资产公司，则应依据 1981 年 159 号《股份公司、委托股份公司以及有限责任公司法》缴纳注册资本的规定比例。

同时，本法涉及公司的名义注册资本可根据当天中央银行公布的兑换价格，由埃及镑兑换为任何可兑换货币。

本法实施条例为此规定有关的规则。

**第五十三条** 作为 1981 年 159 号《股份公司、委托股份公司以及有限责任公司法》第 45 条的例外，本法涉及的资产公司的成立股份和证券，可在得到有关部长的批准后，在公司成立的最初两年内进行流通。

**第五十四条** 总局应颁布决定在工作程序方面便利投资者、提供快速服务。为不受其他法律规定的程序限制而实现上述目标，可在与公开、透明、可控、管理先进、责任分明的原则不冲突的情况下，制订保障投资程序与公司监管分离的规则。主要是：

（1）简化有关股东大会、董事会及核准其会议纪要的程序，包括可使用现代化科技手段，在材料提交 15 天内完成核准。

（2）与科技发展同步，以电子手段替代账簿、单据。

（3）与财务监管总局法定职责不冲突，更新、统一、简化注册资本增资、减资和财务评估手续。如果评估正确，简化确认手续。

上述内容，均按本法实施条例的规定执行。

## 第六节　划拨必要不动产，设立投资项目

**第五十五条**　投资者，不管其入股比例，有权获得从事或扩大经营活动所必需不动产。此时，或由不动产托管部门依据其法律、法规及其实施条例规定的原则划拨，或由总局依据本法规定的不动产处置条款进行划拨。此时，应考虑到位于专门法律涉及的地理区域内部分不动产的专门规定。

**第五十六条**　自本法生效之日起90天内，作为资产托管人的管理部门，与所有有关部门和全国国家土地利用规划中心协调后，向总局报送其托管的、可向投资者提供的所有不动产的详细地图，以及包含其位置、面积、预计建筑高度、预估价格、适宜接纳的投资种类、划拨的方式等内容的完整资料。资产托管部门应每6个月或在总局要求时定期更新上述资料。

实施投资规划需要时，共和国总统可在内阁批准后颁布决定，将部分不动产的所有权或托管权或管理权从作为资产托管人的管理部门移交给总局。总局将依据本法条款负责划拨。

**第五十七条**　考虑到国家投资规划，投资项目规模、投资活动的性质和投资金额等因素，依据本法的规定、规则和程序，向投资者划拨国家或公共法人所有的不动产，用于投资项目。

只有当本法没有专门规定，且与本法条款不矛盾，此种划拨方可适用1998年89号《招标、拍卖法》的规定。

有关部门只要履行了其对投资者的责任，投资者也应按其提交的、经有关部门核准的投资项目实施时间进度表履行项目实施责任。

只有得到有关部门或其在投资服务中心代表的书面批准，投资者方可

变更或扩大投资项目经营范围、增加项目规模或进行其他调整。

**第五十八条** 考虑到本法第37条的规定，可根据本法条款，采取下列方式之一，向投资项目划拨不动产：出售、租赁、融资租赁、使用权转让。

根据本法条款，可根据投资者申请、总局邀请或公告，确定在划拨不动产时采取上述的一种方式。

作为资产托管人的管理部门，可以上述不动产作为实物股份参与投资项目，或在内阁决定的情况下参与投资项目。

本法实施条例阐明有关部门以不动产参与投资项目的情况、程序和方式。

**第五十九条** 当投资者申请提供国有不动产建设投资项目时，应在申请中说明有意设立投资项目的经营范围、需要的不动产面积和有意设立投资项目的位置。总局负责将自身拥有的或作为资产托管人的管理部门拥有的、适合申请人投资活动的不动产的基本情况、提供条件、是否配置基础设施、提供的价格以及其他必要的条件和情况提供给投资者。

**第六十条** 共和国总统在内阁批准后颁布决定确定的区域内，根据投资地图，完全出于发展的考虑，可将国家所有的不动产无偿划拨给具备内阁决定规定的专业和财务条件的投资者。上述规定适用于本法第58条规定的不动产划拨。

在所有无偿划拨不动产的情况下，投资者应根据本法实施条例阐明的标准和规则，向不动产划拨部门提交不超过项目投资成本额5%的保证金或其他保障。在生产型项目实际投产或其他类型项目实际经营三年后，该保证金可退回。但投资者应切实履行不动产划拨条件。

**第六十一条** 以转让使用权方式划拨不动产，许可期限不超过50年，当项目继续存续时，根据双方商定的条件，可以展期。此项规定，与作为资产托管人的管理部门在不动产展期时有权调整使用权费不冲突。

许可应颁发给具备总局与作为资产托管人的管理部门协商后规定的专业和财务条件的投资者。

上述规定，适用于以租赁形式划拨的不动产。

**第六十二条** 以出售方式划拨不动产时，用于设立或扩建投资项目的投资者，应提交签署合同的申请，并具备总局与作为资产托管人的管理部门协商后规定的专业和财务条件。

只有当全额缴纳不动产价款，生产型项目已经实际投产、不动产及旅游项目已经结束施工、其他类型项目已经实际运行，方可向投资者转让不动产所有权。应在与投资者签订的合同中对此做出规定。

根据投资者的要求，在得到作为资产托管人的管理部门的同意后，可商定迟期至项目实际运行之后缴纳全部或部分金额，或给予其他便利。合同应重新规定应履行的保证和措施。

上述条款适用于融资租赁。

**第六十三条** 当投资者提交的、为设立投资项目划拨不动产的申请过多时，不管采用出售方式还是租赁方式、融资租赁方式、转让使用权方式，都要依据投资者投标金额及专业及财务条件优先的原则，以计分方式选择投标金额及专业和财务条件优先者。

如果以计分方式难以决定优先者，则选择缴费最高者。

本法实施条例阐明申请过多的情况以及优先选择的规则、程序和遵循的原则。

**第六十四条** 在实施本节条款时，对出售、出租价格及使用权转让价格的评估，可根据项目经营内容的实际，通过下述渠道之一进行：政府服务总局；农业部国有土地估价最高委员会；新城区总局；旅游总局；工业发展总局。

评估部门应吸收资深人士为评估委员会成员。评估应在递交评估申请后不超过 30 天内完成。

本法实施条例阐明评估的必要标准、规则和程序；评估有效期；在不动产划拨时资产托管部门向估价委员会支付的报酬。

**第六十五条** 在有关部长核准后，总局执行主席决定组成一个或多个委员会，成员包括资历和经验与签约性质和重要性相符的专业、财务和法律人士。该委员会在收到资产托管部门对投资者申请提出的专业性意见后不超过 30 天的期限内，对投资者要求划拨不动产的申请作出决定。而资产托管部门则应在收到申请后一周内提出专业性意见。对委员会的决定，总局予以核准，并通知申请人。

本法实施条例阐明上述委员会的工作程序，通知的途径，缴纳价款或租金或使用权费的方式。所得全部移交有关部门。同时，实施条例还规定根据国务委员会审核后，总局董事会核准的合同样本编制、誊写合同的程序。

**第六十六条** 在所有划拨国有或公共法人所有的不动产时，投资项目应坚持不动产划拨的用途。只有在得到作为资产托管人的管理部门书面批准，且不动产性质和位置允许变更时，方可变更不动产用途。此时，须根据实施条例规定的金额，缴纳费用。

该部门应在收到变更申请后 30 天内作出答复。期满没有答复，则视同拒绝申请。

投资者可就该部门的决定，向本法第 83 条规定的委员会提出申诉。

在所有情况下，项目投产或运营未满一年，不得申请变更经营范围。

**第六十七条** 根据资产托管部门员工撰写的投资项目建设时间进度表的关注追踪报告，在发生下述情况时，作为资产托管人的管理部门，在总局董事会批准后，可废除出售、出租、融资租赁或使用权转让合同，收回不动产：

（1）在通告接收不动产后 90 天内拒绝接收；

（2）在接收没有任何施工障碍的不动产后 90 天内，没有令人接受的理由而不启动项目实施，在向其发出书面警告后，经过相同期限，仍未启动项目；

（3）违背履行财务义务的条件和期限；

（4）改变规定的不动产用途，或没有依据本法条款，在不动产所有权转移之前，事先取得资产托管部门的书面批准而办理不动产抵押或转移其实物权；

（5）在项目实施任一阶段，实质性违反合同或使用权转让的条件，在向投资者提出书面警告后仍未消除违法事实。

实施条例阐明上述实质性违法内容，以及在证实投资者拒绝继续实施项目时收回不动产的程序。此时，可对不动产重新划拨。

## 第四章　有关投资的机构

### 第一节　最高投资委员会

**第六十八条**　成立以共和国总统为主席的最高投资委员会。其主要职责，除本法规定以外，主要是：

（1）尽一切可能，营造优越的投资气氛。

（2）搭建对投资环境进行法律和管理上改革的总体框架。

（3）制订投资政策和规划，以便确定与国家总体政策、经济和社会发展规划以及与现行投资机制相吻合的投资项目优先原则。

（4）关注国家各部门有关投资的规划、计划执行情况，关注重大经济项目进展以及与私营界合作项目的状况。

（5）关注国家经济发展规划框架下各投资领域、各地理区域投资地图更新和执行情况。

（6）发布各个领域投资机会，研究解决与此有关的关键问题。

（7）关注国际投资指数和报告中，埃及排位的进展情况。

（8）关注投资争议处理机制和国际仲裁问题的状况。

（9）研究和制订解决投资障碍的措施，消除本法条款实施过程中的困难和障碍。

（10）推动主管投资的政府各部、国有机构、政府部门团结一致，齐心协力完成任务。

（11）解决国家各投资部门之间可能出现的分歧和矛盾。

共和国总统颁布决定，组建该委员会，确定其工作机制。

所有政府机构均须执行委员会发布的决定。

## 第二节　投资和自由区总局

**第六十九条**　投资和自由区总局系具有法人资格的经济总局，隶属有关部长。负责组织和促进国家的投资、管理投资事务、开展招商，以实现国家经济发展规划。

总局总部所在地位于开罗省。在董事会决定后，可在阿拉伯埃及共和国境内外设立分支机构或办事处，归并在贸易代表处内。

**第七十条**　与1992年95号资本市场法、1995年95号融资租赁法、2001年148号不动产融资法、2003年88号中央银行、金融机构和货币法以及2009年10号非银行金融市场和工具监管法的规定不冲突，总局是实施本法以及1981年159号《股份公司、委托股份公司以及有限责任公司法》的唯一管理部门。

总局在财务和管理方面，不受政府机制和规则限制。为履行职责，总局可借助当地和世界上最好的才能和经验。与2014年63号有关国家机关工作人员录用工资最高限额的法律规定不冲突，总局董事会将颁布决定，解决这一问题。

为实现其工作目标，总局可谈判签约、进行各项工作，可将国有不动产划拨或重新划拨，用于总局行政事务。

**第七十一条** 为实现其工作目标，除本法规定之外，总局可从事以下工作：

（1）与国家的所有相关机构协调和合作，制订投资规划草案，包括投资质量、机制、地理区域、投资领域、国家或其他公共法人拥有的用于投资的不动产、根据投资机制不同确定不动产划拨机制和途径。

（2）制订在各个领域依据国家投资规划吸引和鼓励国内外资本投资的规划、展开研究及建立保障机制。并为此采取各种必要的措施。

（3）编制投资机会、投资项目和投资活动的资料和地图，经常更新。并向投资者提供上述资料和地图。

（4）向投资者颁发依据本法规定享受投资激励和保障的证书。

（5）制订招商规划，向国内外广泛宣传；利用各种途径，采取一切措施，广泛进行招商。

（6）与有关部门协调，统一有关投资的官方范本，利用国际信息网络及其他一切途径向投资者提供。

（7）制订服务于国民经济的自由区和投资区管理机制。

（8）研究和提出有关投资的立法建议，并定期复核。

（9）组织、举办与投资有关的国内外论坛、研讨会、工作训练营、博览会等。

（10）与国际和外国投资和招商机构和组织合作，进行投资推介。

（11）依据本法实施条例以及其他相关法律规定的原则和程序，对本法涉及的公司进行监督和检查。

**第七十二条** 为执行向国内外招商的计划，总局可委托专业公司代行职责，并依据本法实施条例阐述的原则，不受1998年89号《招投标法》的约束与其签约。

**第七十三条** 总局设立董事会，负责制订总体政策，并指导实施。总理颁布决定，确定董事会由下列人员组成：

（1）有关部长担任董事长；

（2）总局执行主席；

（3）总局各执行副主席；

（4）3名相关机构和部门的代表；

（5）2名资深人士，一名为私营投资领域人士，一名为法律界人士。

董事任期三年，可连选连任。

董事会至少每个月召开一次会议。只有至少三分之二成员出席，会议方有效。董事会可指定其成员组建一个或多个委员会，赋予其特定工作。当需要时，董事长可自行确定专家，邀请出席董事会。

董事会以与会成员的绝对多数作出决定。票数相等，以董事长意见作出决定。本法实施条例规定董事会议事规则。

董事会成员应全部财产公开。独立的第三方每年提供和核实公开情况，调查是否存在违背财产公开的情况，或实质性弄虚作假，或存在利益关联。该报告将通过有关部长递交最高投资委员会。

**第七十四条** 总局董事对内部事务具有最高绝对权力。可根据本法及其实施条例，作出认为必要的决定，以实现总局组建的目标。特别是承担以下职责：

（1）在国家投资政策的框架下，制订总局的工作规划和计划；

（2）制订推动投资服务中心有序运行的机制，并跟踪实施；

（3）确定总局提供服务的收费；

（4）决定总局财务、行政管理及专业业务方面的内部条例，颁布实施决定，确定组织架构；

（5）决定总局年度预算草案和最终决算；

（6）制订自由区和投资区董事会组成规则、职责和工作机制。总局执行主席颁布有关董事会组成和职责决定；

（7）决定自由区及投资区设立、开发、管理的条例、机制，核准必要文件范本。确定依据不同投资机制取消现存项目的规则和机制。确定批准失效的必要时限；

（8）根据本法规定，核准给予不动产－特别是投资区的不动产，许可、运营和收回的条件，其中包括房屋、建筑及内部设施；

（9）与海关总署协调，核准货物进出及其登记的规则，核准仓储场地使用费用、文件查核程序、自由区监管、警卫、收取应付费用的专门制度；

（10）批准设立总局分支机构和办事处，以推动本法规定的投资服务中心，提供投资服务；

（11）建立总局提供的投资服务自动化机制；

（12）根据本法实施条例的规定，采取必要措施，建立确保执行公司可控原则和经常、持续性监管的制度和原则；

（13）与国家安全、专业权利、信息保密、保护他项权利等提法不冲突，建立有关机制，确保投资项目提供从事经营活动的必要统计数据、资料和信息。

在建立此机制时，所有有关部门应按总局要求提交资料。

**第七十五条**　总局财务由以下资源构成：

（1）国家给予的财务信用额度；

（2）总局收取的手续费和提供服务的收费，为其他部门代收的除外；

（3）根据既定原则，总局董事会批准获取的国内外赠与、捐款、贷款；

（4）使用总局资产支付的报酬；

（5）总局董事会在得到内阁批准后确定的其他收入。

**第七十六条**　总局按照其他经济部门预算的类型，编制独立预算。总局财务年度与国家财务年度一起开始，共同结束。其会计、余额和资金受中央会计机构监管。总局所有财务资源均存于埃及中央银行统一金库账户内的专有账户。预算余额按年结转至专有账户。根据总局董事会的决定动用账户资金。

**第七十七条** 政府总理根据有关部长的提议，颁布决定，任命总局执行主席及其副手，决定他们的财务待遇。任期三年，可连任同样期限。总局执行副主席不得超过 5 人。有关部长决定执行副主席的职责。

总局执行主席对外代表总局，处理总局事务，执行董事会决定。为此，他可采取必要措施简化总局向投资者提供服务的程序，推动先进的监管、公开、可控和管理机制。

执行主席可将其部分职责委托一位副主席。但不包括对外代表总局的职责。

实施条例阐明执行主席的其他职责和工作。

**第七十八条** 执行主席应制订总局年度计划和五年长远战略。每半年向总局董事会提交一份工作报告。内容包括：工作成果、在简化投资程序及对外招商方面取得的成果。

有关部长分别向最高投资委员会和内阁提交总局年度计划和上述报告。报告包含执行总局年度计划和五年战略的成果；在简化投资程序以及对外招商方面取得的进展；投资方面存在的突出困难；有关部为改善国家投资氛围而建议的政策、措施及对法律的修订等。

必要时，执行主席可在得到总局董事会同意后，批准对非总局拥有的公共自由区的基础设施条件进行补充和扩展。其费用从向该地区项目收取的土地使用权费中抵扣，从而使土地所有方受益。

本法实施条例阐明上述补充和扩展的原则、所支出费用确定的基础和偿付途径。

**第七十九条** 总局每年在总局网站发布报告，公布享受本法激励政策的公司名单。报告包含公司经营地点、经营性质、激励性质、合伙人或股东或公司实际拥有人的姓名。

同时，总局每年发布报告，公布根据本法条款获得国有土地的公司名单。报告包含获得土地的用途、性质、方圆、准确位置、专家评估、合伙人或股东或企业主的姓名。

公司应提交投资规模的报告、年度财务报表、员工人数、职位、国籍、工资总额以及其他本法实施条例规定的内容。

**第八十条** 司法部长与有关部长协商一致后确定的总局职员，作为司法专员，负责查证违反本法和 1981 年 159 号《股份公司、委托股份公司以及有限责任公司法》及其实施决定的犯罪行为。为此，根据执行主席的决定，他们可以进入本法涉及的投资项目，查阅文件和账簿。工作结果的报告送交执行主席。

有关投资项目应为他们执行任务提供便利。

**第八十一条** 公司或企业违反本法规定，总局应立即发出警告，要求在警告之日起不超过 15 天的期限内消除违法因素。

警告应包含消除违法因素的期限。一旦期满而未能纠正，则总局执行主席在得到董事会批准后，决定在不超过 90 天的期限内，终止公司或企业经营。如果公司或企业继续违规，或在第一次违规一年之内再次违法，可采取下列措施：

（1）暂停享受有关激励和豁免；

（2）缩短享受激励和豁免的期限；

（3）结束公司或企业享受的激励和豁免，以及受其影响而颁发的决定和许可；

（4）吊销经营许可。

对于危及公共卫生、公民健康或国家安全的违法行为，总局执行主席在通知董事会后，发布决定，在 90 天内终止项目经营活动。如果公司或企业继续违规，或在第一次违规一年之内再次违法，则吊销许可。

## 第五章　处理投资纠纷

**第八十二条**　与诉诸法律的权利不冲突，投资者与一个或多个埃及政府部门就公司资本金或本法条款的解释和实施产生的任何纠纷，可及时通过争议各方谈判友好解决。

### 第一节　申诉委员会

**第八十三条**　总局设立一个或多个委员会，负责审议对总局或颁发批准证书、执照或许可的有关部门依据本法规定发布的决定提出的申诉。

委员会由一个司法机构的参赞担任主席，由该机构的专门委员会确定人选。总局代表及一位资深人士为成员。

有关部长颁布决定，组建委员会和业务秘书处，确定委员会的工作机制。

**第八十四条**　在有关决定通知申诉人或其得知决定后15个工作日内，向委员会提出申诉。提出申诉将中止投诉期。委员会将联系当事人和有关管理部门，要求提交说明、解释及认为必要的文件。委员会可以借助总局以及其他管理部门的各种经验和专业知识。

委员会在听取各方观点和意见后30天内，对申诉作出说明理由的决定。与投资者有权寻求司法途径不冲突，该决定为最终决定，有关各方均须遵守。

实施条例阐明委员会会议地点和会议决定通知的途径。

## 第二节　处理投资纠纷部际委员会

**第八十五条**　组建名为“处理投资纠纷部际委员会”的机构，负责审议提交或移交的投资者申请、投诉或投资者与国家、有关部门、国有公司之间可能发生的争议。

内阁总理颁布决定，组建委员会。国务委员会的行政事务委员会确定一位国务委员会副主席，作为委员会的成员。其作出的决定，由内阁核准。在必要时，作为委员会成员的部长可委派代表出席委员会会议，进行表决。

委员会设立业务秘书处，有关部长颁布决定，组建秘书处，决定工作机制。

**第八十六条**　当委员会主席和至少半数原始成员出席，委员会会议方为有效。委员会决定以出席会议成员的多数同意通过。如果票数相等，主席意见为最终决定。

当委员会提出要求时，有关管理部门应向委员会提交解释性备忘录和必要的文件。如果上述部门为委员会成员单位，则在讨论有关议题时没有表决权。

委员会在听取各方观点和意见后30天内，对申诉作出说明理由的决定。

**第八十七条**　与投资者有权寻求司法途径不冲突，该决定由内阁核准后，须付诸实施，有关各方均须遵守，负有履行的义务。拒不执行上述决定，将按照《刑法》第123条关于拒不执行民事判决罪追究刑事责任。对委员会决定提出申诉，将不会终止该决定的执行。

## 第三节　处理投资合同纠纷的部际委员会

**第八十八条**　内阁设立名为处理投资合同纠纷部际委员会的机构，专门处理以国家、有关部门、国有公司为一方的因投资合同产生的纠纷。

内阁总理颁布决定组建委员会。国务委员会的行政事务委员会确定一位国务委员会副主席，作为委员会的成员。其作出的决定，由内阁核准。委员会成员不得委派代表出席会议。

委员会主席和半数成员出席，委员会会议方为有效。委员会以多数人的意见作出决定。如果票数相等，主席意见为最终决定。

委员会设立业务秘书处，内阁总理颁布决定，组建秘书处，决定工作机制。

**第八十九条** 委员会负责研究和分析合同各方出现的分歧。为令各方满意，委员会将进行必要的调解，以解决合同不平等的问题，延长合同规定的期限。

在必要时，委员会将重新制订付款时间表，或修改签署合同的程序，以便尽可能求得合同的公平，在各种情况下，确保最佳经济结果，维护公共资产和投资者权利。

委员会将调解结果报告内阁，说明涉及的各种因素。该调解意见经内阁核准后，须付诸实施，有关各方均须遵守，负有履行的义务。

## 第四节 处理纠纷的友好方式和仲裁中心

**第九十条** 与实施本法规定有关的投资纠纷，可采用与投资者协商的途径处理，或根据1994年27号《民商仲裁法》的规定处理。

双方可以在争议发生的任何时间，依据现行的任意争议处理方式协商处理。其中包括进行自由仲裁或规则仲裁。

**第九十一条** 设立以开罗省为办公地点、名称为“埃及仲裁中心”的具有法人资格的独立仲裁机构。

考虑到埃及有关仲裁和纠纷处理的法律规定，机构负责调解投资者之间或者投资者与国家及国有 / 私有机构之间可能发生的投资纠纷。前提是纠纷各方在纠纷处理的任意阶段协商同意由该中心仲裁。

中心由董事会管理。董事会由总理决定任命的 5 名声誉良好的资深专业人士组成。

董事会任期 5 年，可连任一次。根据中心基本章程的规定，只有当因病无法履行职务失去信任、严重违反工作责任，董事会成员方可在任职期间罢免。

董事会从其成员中选举一人担任董事长。中心设立执行主任，由董事会任命并决定报酬。

中心董事会颁布决定，公布中心基本章程、工作机制、职业规则、工作程序、服务报酬、仲裁员和协调员名单、费用。中心基本章程在埃及政府网站公布。

中心财务资源来自根据基本章程提供服务的报酬。

在本法生效的最初三年，由国库为中心提供充裕的财务资源。在此之外，中心不得从国家或任何机构获取任何资金。

**第九十二条** 与承担民事责任不冲突，当私营法人犯罪时，只有当证实实际负责人知晓犯罪行为，并有意犯罪，从而为个人或他人谋利后，方可对其进行处罚。

当未能证实自然人有上段所述责任时，可对法人处以不少于法定处罚 4 倍，不超过 10 倍的处罚。当重新犯罪时，可视情况，裁决吊销许可或解散法人。并将裁决由企业法人自费在两份广泛发行的日报上刊登。

**第九十三条** 违反 1963 年 66 号《海关法》、2005 年 91 号《所得税法》、2016 年 67 号《附加税法》规定的罪行，如果犯罪嫌疑人隶属于本法涉及的一个投资项目，在证据确凿的情况下，报经有关部长同意后，可提起诉讼。

有关部长应在收到征求意见函后 7 天内作出答复。否则，将提起诉讼。

**第九十四条** 与2003年88号《中央银行、金融机构和货币法》第131条规定以及2009年10号《非银行金融市场和工具监管法》第16条的规定不冲突，只有当有关部长按照本法第93条规定的原则提出意见，方可对投资者违反刑法第二篇第四章规定的罪行提起诉讼或展开调查。

# 中华人民共和国和沙特阿拉伯王国关于相互鼓励和保护投资协定

中华人民共和国政府和沙特阿拉伯王国政府（以下称“缔约双方”），愿根据相互尊重主权，平等互利原则和为发展两国间经济合作，愿促进、保护缔约一方的投资者在缔约另一方领土内的投资并为之创造有利条件，达成协议如下：

## 第一条　定义

本协定内：

一、“投资”一词系指缔约一方投资者依照缔约另一方的法律和法规在缔约另一方领土内拥有、控制和投入的各种财产，特别是包括以下：

（一）动产和不动产及其他权利，如抵押权、留置权和质权及类似权利；

（二）公司的股份和在公司中拥有的权益；

（三）与投资有关的金钱请求权或其他具有经济价值的行为请求权；

（四）著作权、工业产权，包括但不限于商标、专利、工业设计、专有技术、商名、工艺流程和商誉；

（五）法律赋予的或政府合同项下的任何权利，或依法颁发的任何许可证、许可或特许权。

投资或再投资的资产形式的变更不影响其作为投资的性质，但此种变更不得与接受投资缔约一方的法律相抵触。

二、“投资者”一词

在中华人民共和国方面，系指：

（一）具有中华人民共和国国籍的自然人；

（二）依照中华人民共和国的法律设立，其住所在中华人民共和国领土内的经济组织。

在沙特阿拉伯王国方面，系指：

（一）根据沙特王国法律具有沙特王国国籍的自然人；

（二）根据沙特王国法律设立，在其领土内设有总部的法人或非法人实体，如社团法人、合作社、公司、机关、机构、办公室、集团、基金、组织、商业社团和其他类似实体，而不论其责任是否有限；

（三）机构和机关如沙特阿拉伯货币总署、公共基金、发展署和其他类似的，在沙特阿拉伯设有总部的政府机构。

三、“收益”一词系指由投资所产生的款项，如利润、股息、提成费、资本利得或任何类似收费或收入。

**第二条**

一、缔约一方应尽可能鼓励缔约另一方的投资者在其领土内投资，并依照其立法接受此种投资，并应在任何情况下给予此种投资以公正和公平的待遇。

二、缔约各方在不损害其法律、法规的条件下，对缔约另一方投资者在其领土内的投资的管理、维持、使用或享有不得采取任意的或歧视性的措施。

三、缔约双方应在其国家立法的框架内对缔约任何一方与投资有关人员的入境申请给予善意的考虑和帮助；同样的待遇应适用于希望进入接受投资缔约另一方领土内的与投资有关的人员的雇用。

**第三条**

一、缔约任何一方应尽量根据其法律和法规给予缔约另一方投资者的投资或投资收益以不低于其给予任何第三国投资者的待遇。

二、根据其法律、法规，缔约任何一方应给予其接受的缔约另一方投资者的投资和投资收益以不低于其给予本国投资者的投资和投资收益的待遇。

三、缔约任何一方应给予缔约另一方的投资者在投资的管理、维持、使用、享有或处置或保证投资者对投资的权利的措施，如转让和赔偿，或在其领土内与此相关的其他活动方面以不低于其给予任何第三国投资者的待遇。

四、本条第一、二和第三款所述的待遇，不应包括另一方依照关税同盟、自由贸易区、经济联盟，避免双重征税协定和为了方便边境贸易而给予第三国投资者的任何优惠。

**第四条**

一、缔约任何一方投资者的投资在缔约另一方领土内应享受充分的保护和保障。

二、缔约任何一方不应对缔约另一方的投资者的投资采取征收、国有化或其他类似措施（以下称“征收”），除非满足下列条件：

（一）征收和国有化是为了公共利益；

（二）依照国内法律程序实施；

（三）非歧视性的；

（四）给予补偿。

三、本条第一款（四）所述的补偿，应等于宣布征收前一刻被征收的投资财产的价值，该补偿应是可以自由转移的。补偿的支付不应无故迟延。

四、缔约一方的投资者在缔约另一方领土内的投资，如果由于战争或其它武装冲突、革命、全国紧急状态、叛乱或其他类似事件而遭受损失，其给予该投资者的待遇不应低于给予第三国投资者的待遇。

**第五条**

一、缔约一方应保证缔约另一方投资者自由转移在其领土内获得的与投资和投资收益有关的支付款项，包括；

（一）利润、股息、利息及其它合法收入；

（二）投资的全部或部分清算款项；

（三）与投资有关的贷款协议的偿还款项；

（四）第一条第三款中的收益；

（五）技术援助或技术服务费、管理人员收费；

（六）有关承包工程的支付；

（七）在缔约任何一方的领土内从事与投资有关活动的缔约另一方国民的收入。

二、上述转移应依照转移之日接受投资缔约一方通行的汇率进行。

三、在本协定中，前款所述汇率应根据国际货币基金商定的官方汇率而定，若无此汇率，则根据特别提款权或美元或任何其它缔约双方同意的可兑换货币的官方汇率而定。

**第六条**

如果缔约任何一方或任何有关机构对其投资者在缔约另一方领土内的某项投资做了担保，并据此向投资者作了支付，缔约另一方应承认该投资者或其任何分支机构的权利或请求权转让给了缔约一方。

**第七条**

一、缔约双方对本协定的解释或适用所产生的事端应尽可能通过外交途径协商解决。

二、如在六个月内通过协商不能解决争端，根据缔约任何一方的要求，可将争端提交仲裁庭。

三、该仲裁庭由三名仲裁员组成。缔约双方应在缔约一方收到缔约另一方要求仲裁的书面通知之日起的两个月内各委派一名仲裁员。该两名仲裁员应在其后的两个月内共同推举一名与缔约双方均有外交关系的第三国的国民为第三名仲裁员，并由缔约双方任命为首席仲裁员。

四、如果在缔约任何一方收到缔约另一方要求将争议提交仲裁的书面通知后四个月内仲裁庭尚未组成，缔约双方间又无其他约定，缔约任何一方可提请国际法院院长任命尚未委派的仲裁员。如果国际法院院长是缔约任何一方的国民，或由于其它原因不能履行此项任命，应请国际法院中非缔约任何一方国民的资深法官履行此项任命。

五、仲裁庭应自行制定其程序规则。仲裁庭应依照本协定的规定和缔约双方均承认的国际法原则作出裁决。

六、仲裁庭的裁决以多数票作出。裁决是终局的，对缔约双方具有拘束力。应缔约任何一方的请求，为以上目的设立的仲裁庭应说明作出裁决的理由。

七、缔约双方应负担各自出席仲裁程序的有关费用。首席仲裁员和仲裁庭的费用由缔约双方平均负担。

**第八条**

一、缔约一方的投资者与缔约另一方之间就在缔约另一方领土内的投资产生的争议应尽量由当事方友好协商解决。

二、如争议在提交解决六个月内未能按照第一款规定的方式解决，争议将提交接受投资的缔约一方有管辖权的法院，或者因国有化和征收补偿款额产生的争议将根据1965年3月18日开放签字的“关于解决国家和他国国民间投资争端公约”提交仲裁。裁决应具有拘束力，并不得上诉或以公约规定以外的手段进行补救。

三、缔约双方不应通过外交途径商谈仲裁和法律程序的有关事宜，除非以上程序终止后缔约任何一方不能遵守仲裁庭或法院的裁决。

**第九条**

如果缔约一方根据其法律和法规给予缔约另一方投资者的投资或与投资有关的活动的待遇较本协定的规定更为优惠，应从优适用。

**第十条**

协定适用于在其生效之前或之后缔约任何一方投资者依照缔约另一方的法律和法规在缔约另一方的领土内进行的投资。

**第十一条**

一、本协定自缔约双方完成各自国内法律程序并以书面形式相互通知之日起下一个月的第一天开始生效，有限期为十年，在此之后可无限期延长。除非缔约任何一方在期满前十二个月书面通知缔约另一方终止本协定。本协定十年有效期满后，缔约任何一方可随时提前十二个月通知缔约另一方终止本协定。

二、第一至第十条的规定对本协定终止之日之前进行的投资应继续适用十年。

由双方政府正式授权其各自代表签署本协定，以昭信守。

本协定于 1996 年 2 月 29 日在北京签订。本协定一式两份，每份都用中文、阿拉伯文和英文写成。三种文本同等作准。若解释上发生分歧，以英文本为准。

编者注：缔约双方相互通知已完成各自法律程序。本协定于一九九七年五月一日起生效。

附件：议定书

值此中华人民共和国和沙特阿拉伯王国关于相互鼓励和保护投资协定签字之际，双方签字人议定如下条款，作为本协定的组成部分：

一、关于第五条

（一）第五条所述与投资有关的“缔约一方应保证缔约另一方的投资者自由汇出”的款项，在中华人民共和国方面，系指：

第五条所述款项应依据本协定签字时有效的中华人民共和国外汇管理条例，从合营企业或外商独资企业的外汇账户中汇出。

（二）若上述的合营企业或外商独资企业的外汇账户中没有供汇出的充足的外汇存款，中国政府应在下列条件下提供汇出所需外汇：

1. 本协定第五条第二、五、七款所述支付款项；

2. 本协定第五条第一款第（三）项所述的已归中国银行担保的款项；

3. 本协定第五条第一款第（四）项所述，合营企业或独资企业在获得国家主管当局批准其以不可兑换货币销售其产品时取得的款项。

本议定书于 1996 年 2 月 29 日在北京签署，每份都用中文、阿拉伯文和英文写成。三种文本同等作准。若解释发生分歧，以英文本为准。

# 中华人民共和国政府和沙特阿拉伯王国政府关于石油、天然气、矿产领域开展合作的议定书

中华人民共和国政府和沙特阿拉伯王国政府（以下简称“双方”）。

鉴于双方希望按照平等互利、长期合作的原则，巩固两国的友好关系，加强两国的经济联系；

根据两国政府于公历 1992 年 11 月 5 日（回历 1413 年 5 月 11 日）所签署的经济、贸易、投资、技术合作协定的条款；

致力于发展双方在石油、天然气、矿产领域内（以下简称“合作领域”）的合作关系；

认识到在合作领域内确定合作范围、通过相关途径取得符合两国利益、促进经济增长的成果的重要性，根据双方相关法律法规，促进世界经济良性发展；

达成协议如下：

**第一条** 本着相互理解的精神，双方致力于在如下方面发展和加强合作：

（一）就世界石油市场动态、维护石油市场稳定等进行信息交流和分析工作；

（二）两国石油、天然气和矿产领域内的代表通过互访、会晤的方式，在合作领域及其他相关领域，如石油业务，石油炼制等，确定相互投资领域；

（三）双方有关公司、企业在执行合作领域内达成的联合项目时，以经济可行性标准、经济效益和商业收益为指导，开展技术合作；

（四）加强合作，推动能源生产国和消费国之间在各个方面的对话，更新包括国际能源论坛在内的相关机制，以维护能源市场稳定，确保世界经济的发展与繁荣；

（五）促进合作领域内的共同研究。

**第二条** 双方致力于通过以下方式进行本协议第一条规定的合作：

（一）为建立联合公司提供便利，以执行两国有关公司和企业在合作领域及相关基础设施内达成的项目；

（二）在石油、天然气及其附属产品的勘探、抽取、生产、炼制、储存、分送、销售、运输、使用等各环节进行联合科研，以提高技术标准及操作水平；

（三）在油气开采及炼制领域内，交流关于发明专利、技术工艺知识方面的信息；

（四）就矿产资源勘探、抽取、开采、利用、运输、生产等方面交流信息及统计数据；

（五）就矿业投资监督、管理、安全、矿产储量评估交流信息；

（六）就合作领域内人员培训交流专业经验，以促进合作领域发展；

（七）利用两国政府和民间的教育机构、研究中心、商会，组织关于石油、天然气、矿产方面的会议、研讨会、座谈会和专业展览。双方在信息交流过程中应遵守双方国家有关知识产权保护的法律与国际责任。

**第三条** 授权执行本合作议定书的部门为两国石油、天然气和矿产资源主管部门，具体为：中华人民共和国国家发展和改革委员会与沙特阿拉伯王国石油和矿产资源部。

**第四条** 为促进合作领域内合作，双方将组建联合工作组。联合工作组由中华人民共和国国家发展和改革委员会与沙特阿拉伯王国石油和矿产资源部以及其他有关部门代表组成。上述工作组将根据需要，轮流在两国举行会晤，探讨促进合作领域内合作的途径。

**第五条** 为实现双方在合作领域内必需的合作，本议定书第三条所注明的两主管部门负责协调两国间政府部门、商会、高等教育和科研机构对有关合作活动的参与。

**第六条** 双方对本议定书框架内有关项目参与方在执行项目时所承担的义务不负任何责任。

**第七条** 本议定书内容不得背离或违反中华人民共和国或沙特阿拉伯王国参加的国际协议或条约所产生的权利和义务。

**第八条**

（一）本议定书自双方根据各自国内相关法律法规完成报批手续并通过外交渠道以书面形式相互通知后第 30 天生效。

（二）本议定书有效期 5 年。如缔约双方中任何一方未在本议定书期满前至少 6 个月书面通知另一方终止本议定书，则本议定书有效期自动延长一个相等的时期，并依此顺延。

（三）除非双方另有约定，在本协定书终止的情况下，根据本议定书的规定正在进行的项目或活动继续有效，直到项目或活动完成。

本协定书于公历二〇〇六年一月二十三日即回历 1426 年 12 月 23 日在北京签订，一式两份，每份均由中文、阿拉伯文、英文写成，三种文本具有同等法律效力，在对文本主旨或解释出现 分歧时，以英文文本为准。

# 沙特阿拉伯外国投资法

回历1421年1月5日第（1）号决议内阁研究了首相办公厅1420年12月29日20517（乙）类第7号来文，该文包括有工业和电力大臣1420年8月28日的电报并附有根据1420年2月8日国王令组成的大臣委员会关于审议工业和电力部就王国投资环境提出的建议，研究了最高经济委员会1420年1月14日的第1号决定，审议了协商会议1420年12月22日第（64/60）号决议，研究了专家委员会1420年12月30日第（382）号备忘录，决定：批准呈报的外国投资法，并附上为此拟定的国王令草案。

内阁首相

**第一条** 下列术语和表达含义如以下所解释，除非行文要求另外的含义：

（1）委员会：最高经济委员会。

（2）管理委员会：投资总局管理委员会。

（3）总局：投资总局。

（4）局长：投资总局局长和管理委员会主席。

（5）外国投资者：非沙特阿拉伯国籍的自然人或所有合作伙伴都不具有沙特阿拉伯国籍的法人。

（6）外国投资：根据本法律将外国资本用于被允许的活动。

（7）外国资本：在本法律中所指的外国资本（比方说，而不是限定）使外国投资者拥有以下权利（当地拥有时）。

①现金、证券和商业票据。

②用于增加资本或扩建现有项目或增建新项目的外国投资的利润。

③机器、设备、仪表、零件、运输工具和投资有关系的生产用品。

④精神权利如许可证、知识产权、技术知识、管理技能和生产方法。

（8）产品设施：生产工业和农业（植物和动物）产品的项目。

（9）服务设施：服务和承包项目。

（10）法律：外国投资法。

（11）条例：外国投资法的执行条例。

**第二条** 为了不违背法律和协定，外国资本在沙特阿拉伯任何长期的或短期的投资活动都由投资总局发给许可证。总局须在收到执行条例所要求的文件之后30天内对投资要求做出决定。如果总局在规定期限内未作出裁决，总局应给投资者发给所要求的许可证。

如果总局在上述期限内拒绝了投资要求，被拒绝者可因此按照法律提出申诉。

**第三条** 最高经济委员会负责发布不属于外国投资的项目清单。

**第四条** 考虑到第二条的规定，外国投资者在不同的投资活动中可以取得不止一个许可证，执行条例对此做出相应的规定。

**第五条** 根据本法律规定获得许可的外国投资可以采取下列两种方式中的一种：

（1）由本国投资者和外国投资者共有的企业；

（2）完全由外国投资者所有的企业。

根据法律和指令确定企业的法律形式。

**第六条** 根据本法律批准的项目，按照法律和指令，享受本国项目同样的优惠、鼓励和保障。

**第七条** 外国投资者有权将他出售自己的股份或它得到的企业结算的盈余和利润汇往国外，用其他任何合法的手段使用。还可以汇出必要的款项用于履行同项目有关的任何合同义务。

**第八条** 根据本法律获准建立的外国企业，在从事获批准的活动所需要的范围内，为了安置该企业全体或部分员工的住宿，可以依据非沙特阿拉伯人拥有房地产的规定购置必要的房产。

**第九条** 外国投资者和他的沙特阿拉伯籍员工由获批准的企业担保。

**第十条** 投资总局为有意投资者提供所有必要的资料说明和统计，并为他们提供一切便利和完成投资的服务和措施。

**第十一条** 不得没收外国投资者的投资，除非根据司法判决；不得取消其投资的所有权，除非为了公共利益，并根据法律和指示给予公正的补偿。

**第十二条**

（1）发生违反本法律和执行条例的规定时，投资总局书面通知外国投资者在总局规定的适宜的时限内予以纠正。

（2）为避免更严重的后果，外国投资者在未纠正违规时将受到下述的处罚：

①取消全部或部分给外国投资者的鼓励和优惠；

②处以不超过 50 万里亚尔的罚款；

③吊销外国投资者的许可证。

（3）根据总局管理委员会的决定实施上述第 2 款的处罚。

（4）可以依法向投诉法庭对处罚决定提出申诉。

**第十三条** 为履行沙特阿拉伯王国为一方的协议：

（1）尽可能通过友好的方式解决沙特阿拉伯政府和外国投资者在有关根据投资法获准的投资问题上发生的分歧，有困难时按法律解决。

（2）尽可能通过友好的方式解决外国投资者同他的沙特伙伴在有关根据《投资法》获准的投资问题上发生的分歧，有困难时按法律解决。

**第十四条** 根据本法律获准的所有外国投资均按沙特阿拉伯王国现行调整的税收法对待。

**第十五条** 外国投资者必须遵守沙特阿拉伯王国现行的法律、条例和指令及沙特阿拉伯作为一方签订的国际协议。

**第十六条** 贯彻本投资法不应向原有外国投资在实施本法前正常获得的权益，但这些项目在从事活动和增加资本时要服从本投资法的规定。

**第十七条** 总局发布和在官方报纸上刊登执行条例，从刊登之日起实行。

**第十八条** 本投资法在官方报纸上刊登，从发表之日起三十天后实行。回历1399年2月2日第4号王室法令发布的外资法取消，与新投资法相矛盾的规定也一并取消。

# 沙特阿拉伯劳动法

回历1426年8月23日(即公历2005年9月27日),据内阁和舒拉(协商会议)的决议,发布M/51号国王令,批准《劳动法》。正文如下:

## 第一章　定义及总则

### 第一节

**第一条**　本法称为《劳动法》。

**第二条**　下列词语(无论在本法中什么地方出现)若无其他解释,都具有以下所述含义。

部:劳工部;

部长:劳工部长;

劳动厅:劳动部决议规定范围内的劳动事务行政主管部门;

雇主:雇用一名或多名雇员为其劳动,支付给他们劳动报酬的自然人或法人;

雇员:在雇主的管理或者监督下,即使不在雇主的视线内,为了雇主的利益而劳动以换取劳动报酬的自然人;

少年:年满15周岁,未满18岁的劳动者;

劳动:在人类运动中付出的一切努力,以履行劳动合同(成文的或非成文的),无论其性质或类型,无论是工业的、商业的还是技术性质的其他类型,无论是体力的还是脑力的。

基本工作:对于个人而言,基本工作即他们的正常工作;对于企业而言,基本工作即为之成立企业,并写入公司章程或者特许经营合同(若是特许经营公司)或商务注册证内的工作。

临时工作：其性质在雇主的经营范围内，要求在固定的时间内完成的工作，期限不超过 90 天。

兼职工作：其性质不在雇主的经营活动范围内，历时不超过 90 天的工作。

季节性工作：在公认的定期季节里完成的工作。

零工：占用劳动者空闲时间进行的工作，其工作时间低于平日工作时间的一半。

连续服务：即劳动者自开始提供服务之日起，在同一雇主或该雇主的法定继承人处不间断地服务；在下列情况下，服务都是连续的：

（1）法定假期、假日；

（2）完成本法中所述考试的间断期；

（3）劳动者无薪旷工，其期限在一个工作年内累计不超过 20 天。

基本工资：依照成文的或非成文的劳动合同的规定，支付给劳动者的包括津贴在内的全部劳动报酬，无论报酬的性质及支付方式如何。

实际工资：劳动者的基本工资加劳动者在工作中或者承担风险中付出努力后应得的，或者依据劳动合同或工作条例的规定，劳动者应得的报酬及费用，其中包括：

（1）佣金，或者销售额百分比，或者利润百分比等，劳动者在销售、生产、创收，或者增产、促进生产等工作中应得的劳动报酬。

（2）劳动者付出努力或承担风险后应得的各种补贴。

奖金：雇主发给雇员，是对他们能力、诚信等的肯定；如果这种奖品或奖金在劳动合同或者用人单位的工作条例中有规定，或者是习惯性颁发，以至于雇员认为这是他们工资的组成部分，而非福利。

奖品：在劳动合同或者工作条例中有明文规定的，雇主提供给雇员劳动报酬；如果在劳动合同或者工作条例中没有做具体规定，那么每年的奖品，其价值按雇员两个月以上的基本工资数额计发。

工资：实际工资。

用人单位：雇用一个以上员工，并支付给劳动报酬的自然人或者法人管理的项目。

一个月：30天，除非劳动合同或者工作条例中另有规定。

条例：本法的执行条例。

## 第二节

**第三条** 劳动是公民的权利，只有具备本法所述条件的公民可以行使劳动权；公民有平等的劳动权利。

**第四条** 雇主及雇员在执行本法时，当遵守伊斯兰教法律的规定。

**第五条** 本法对下列人员及事项生效：

（1）与雇主签订的，在雇主的监管下为雇主的利益工作而换取报酬的任何一份合同。

（2）政府机构、企业事业单位的雇员，包括在农场或者牧场工作的人员。

（3）慈善机构的雇员。

（4）雇用10名或更多雇员的农牧单位的雇员。

（5）加工农业产品的农业公司的雇员。

（6）长期从事农业机械加工或维修的人员。

（7）与本法规定范围内的非在职人员签订的就业培训合同。

（8）与安全、职业健康、工伤及劳工部决议相关的做零工的雇员。

**第六条** 关于义务、培训制度、最高工时、每日及每周休息时间、加班、官方假日、安全制度、职业健康、工伤及其赔偿的规定及劳工部决议，对临时工、季度工、计时工有效。

**第七条** 下列人员不在本法约束范围内：

（1）雇主家庭成员，即在没有外人的家庭企业中工作的雇主的妻子、父母、儿女、孙子孙女；

（2）家政服务人员；

（3）在排水量低于500吨的船上工作的船员；

（4）非本法第5条所述人群范围内的农业人员；

（5）前来沙特完成某项任务，为期不超过两个月的非沙特籍人员；

（6）俱乐部运动员、体育团体及其教练员。

劳工部协调有关各方，落实关于家政服务人员的相关规定，划清他们与服务对象之间的关系，确定各方的权利及义务，并将其提交到内阁。

**第八条** 在合同有效期内，一切违反本法规定或有损雇员利益的条款皆无效。

**第九条** 阿拉伯语是在所有说明文件、档案、劳动合同及本法所述其他文件，或者执行本法所颁布的任何决议，以及雇主向其雇员发布的所有指示中必须使用的语言。

在上述任何一种情况下，如果雇主在使用阿拉伯语的同时又使用了其他语言的话，以阿拉伯语版本为准，而非其他语言。

**第十条** 本法中所述所有期限及时间皆以伊历为准，除非在劳动合同或者劳动法执行条例中另有规定。

**第十一条**

（1）如果雇主约定某个自然人或者法人为自己做事，双方相互合作，共同负责的话，那么事后雇主当给予其雇员足够的权利及待遇。

（2）如果有多名雇主的话，多名雇主共同履行本法及劳动合同所产生的一切义务。

**第十二条** 雇主及雇员双方都应该了解劳动法的所有内容，明白自己应该享有的权利及应尽的义务；雇用10名以上雇员的雇主必须自本法生效之日起一年内，向劳工部提交一份工作条例，涉及整个工作流程的内部管理规定，包括工作安排制度及其相关规定，与待遇相关的一些规定，与违约及违约责任相关的规定，而所有的规定都不能与本法的规定相矛盾。

**第十三条** 劳工部对工作条例进行批示，并在提交之日起60天内对其提出修改意见。

如果过了这一期限还未对其做出批示，那么该条例自期满之日起自行生效。

在条例获得批准之后，雇主当在用人单位的一个显眼的地方或者以能让雇员了解到的其他方式进行公布。

**第十四条** 劳工部将通过决议发布一份规范或者工作条例规范，以指导雇主编写工作条例。

**第十五条** 任何用人单位的雇主，在用人单位开始运作之际都当向所属劳动厅书面说明以下事项：

（1）用人单位名称、性质、总部、通信地址以及方便联系到用人单位的任何信息。

（2）允许经营范围、商务注册号或者许可证号及其有效期限和发证机关，并附上复印件一份。

（3）拟聘用雇员数。

（4）用人单位负责人姓名。

（5）劳工部需要的其他数据。

**第十六条**

（1）如果雇主不能亲自负责工作的话，他必须委任一名代表，负责现场工作。如果合伙人或者经理为数众多的话，那么任命其中一位常驻现场，代表雇主，对违反本法规定的一切负责。

（2）雇主当向所属劳动厅书面说明合伙人或者经理的姓名，如果合伙人或者经理有变动的话，当在任命新的合伙人或者经理后最多七天内，将新合伙人或者经理的姓名报给所属劳动厅。

（3）如果没有正式任命某人作为用人单位经理的话，那么实际工作中谁从事经理或者雇主的工作，谁就被认为是该用人单位的负责经理。

**第十七条** 雇主当在现场保存一份与用人单位性质相关的档案、证件，以及用人单位规章制度必须包含的各种数据。

同时还必须在现场显眼的地方放置工作时间表、休息时间、每周休息日，正常工作期间的上下班时间。

**第十八条** 如果用人单位产权易主，或者法律性质因为兼并或改组或其他而发生改变的话，之前签订的劳动合同仍然有效，服务仍然继续。

至于变动后雇员的权利，工资或者应得奖金或其他权利，由前任及后任雇主共同负责，如果私人企业因为各种原因而转让的话，前任及后任雇主协商一致后，在雇员书面认可的情况下，将雇员先前的权利一并转移给继任雇主，如果雇员不同意转移权利而要求终止合同的话，由前任雇主负责支付其应得薪酬。

**第十九条** 根据本法的规定，雇员及其继承人的应得薪酬金额被认为是一级优先债务，雇员及其继承人有权从雇主的财产中优先获得应得薪酬金额，如果雇主破产或者用人单位清算，那么将上述金额记录为优先债务，在支付其他任何费用之前（包括司法费用及破产或者清算费用）预先支付给雇员相当于该雇员一个月工资的首付金。

**第二十条** 雇主或者雇员都不能恶意利用本法规定或者本法的执行条例及决议，同时任何一方都不能通过控制另一方或者其他雇主、雇员自由的任何手段来实现某种利益或者达到某种目的。

**第二十一条** 为了执行本法的规定，必要时部长有权协调有关各方。

# 第二章　就业安排

## 第一节　就业单位

**第二十二条**　劳工部在合适的地方为雇主及求职者免费提供职介单位，包括：

（1）帮助求职者获得合适的工作，帮助雇主们找到合适的雇员。

（2）搜集必要的劳动市场发展信息，并进行研究，让有关经济社会事务规划公、私机构采纳。

（3）履行下列义务：

①求职者登记；

②从雇主处获取空闲职位信息；

③向合适的空闲职位递交求职者的求职申请；

④为求职者提供建议与帮助，包括职业培训或者获得空闲职位所必要的再教育；

⑤劳工部规定的其他工作。

**第二十三条**　每一个到达就职年龄、能工作、想工作的公民，要求到就业单位进行登记，登记自己的名字、出生年月、学历、之前从事的工作、求职意向及住址。

**第二十四条**　执行条例规定了在就业单位求职的手续及流程、登记表格及通知和所使用的纸张的规范格式，这些是就业安排流程中的基础。

**第二十五条**　每一位雇主都当向所属劳动厅寄去下列信息：

（1）空闲职位和新职位说明，包括该职位的工作性质、工作地点、薪酬待遇、职位要求，在有空闲职位或者新职位的 15 天之内寄出；

（2）在接到就业单位发出的推荐信之后 7 天内，向该就业单位寄去是否录用被推荐人的通知；

（3）非沙特阿拉伯籍雇员名单，包括他们的姓名、职务、职位、薪酬、年龄、国籍、工作许可证号及有效期等执行条例规定的信息；

（4）关于工作环境、工作条件及性质，以及下一年估计有可能会增减的工作的一份报告；

（5）在每年一月份寄出本条第3、第4款所述资料。

**第二十六条**

（1）所有的用人单位，无论它的业务是什么，也无论它的雇员人数是多少，都应该通过定向就业培训吸引沙特阿拉伯人、招聘沙特阿拉伯人，为他们继续工作提供途径，给予他们合适的试用机会。

（2）沙特阿拉伯籍雇员的比例当不低于聘用雇员总人数的75%，如果他们不具备足够的技术能力或者学历或者资历的话，部长有权暂时降低这一比例。

**第二十七条** 在必要的情况下，在某些行业与职业及某些省市中，部长有权要求雇主必须按照部长本人颁发的决议所规定的条件及方式在就业单位注册登记之后才能招聘雇员。

## 第二节 残疾人的就业

**第二十八条** 每一位雇员数达25人或25人以上的雇主，如果他那里有适合经过培训的残疾人的岗位的话，他必须招聘经过培训的残疾人，其比例不低于雇员总人数的4%，无论是通过就业单位推荐还是其他途径。

同时还必须将被录用的残疾人员雇员数名单寄发到所属劳动厅，内容包括他们的工作与薪酬说明。

**第二十九条** 如果残疾人雇员在为雇主工作的过程中遭受工伤，失去了其他工作能力的话，那么该雇主应当为他安排一份合适的工作，薪酬不变；而工伤者应得的赔偿不能有任何减免。

## 第三节　就业招聘办

**第三十条**　若未经劳工部的批准，任何自然人或者法人都不允许从事招聘沙特阿拉伯人或者聘用雇员的活动。

执行条例分别对这两项工作做了详细的规定，包括颁发与更换许可证的条件、义务与禁戒、拒绝更换或注销许可证的规定、由此产生的后果等保障此项工作健康运作的必要条件与制度。

**第三十一条**　劳动厅分配的沙特籍雇员及代表雇主招聘的雇员被认为是雇主的雇员，与雇主有直接的合同关系。

## 第三章　非沙特籍人员的就业

**第三十二条**　不得以工作为目的招聘外籍雇员，除非是通过劳工部的批准。

**第三十三条**　非沙特阿拉伯籍人员不可以从事任何工作，除非已经获得劳工部颁发的工作许可证；获得劳动许可证当具备以下条件：

（1）通过合法途径进入本国，允许在本国工作。

（2）具有本国所需的相当的技术能力或学历，本国公民不具备或者是现有人数不能满足需求，或者是本国所需的普通工种。

（4）与雇主签订合同，受雇主担保。

本条中所指的“工作”，包括工业工作、商业工作、农业工作、金融工作或者其他方面的工作以及包括家政服务在内的任何服务。

**第三十四条**　其他部门所要求的从事某项工作或某种职业任何许可证或者证件，都不能代替上述工作许可证。

**第三十五条**　在更换工作许可证之前，必须肯定他不在具备条件的沙特阿拉伯籍求职者之列，而他愿意从事该项工作。

**第三十六条** 劳工部通过决议规定禁止非沙特籍人员从事的工作与职业。

**第三十七条** 非沙特阿拉伯籍人员的劳动合同当为书面合同，并注明合同期限，如果合同里没有明确注明合同期限，那么工作许可证的期限即为合同期限。

**第三十八条** 不允许雇主雇用雇员从事与工作许可证上登记的职业不对口的职业，禁止任何雇员在采取法律手续更改职业之前从事其他职业的工作。

**第三十九条**

（1）雇主不可以（在不遵守规定的法律程序及制度的情况下）让自己的雇员为其他人工作，也不允许任何雇员为其他雇主工作，同时也不允许雇主雇用其他人的雇员。

（2）不允许雇主让自己的雇员在外自立门户（自己工作，自己结算），同时也不允许任何雇员在外自立门户（自己工作，自己结算）。

**第四十条**

（1）雇主负责招聘非沙特阿拉伯籍雇员所需的一切费用、获得与更换居住证及工作许可证的费用，以及延迟办证所产生的罚款、更换职业的费用、出境入境所需费用、双方之间的劳动关系终止后，雇员的返程机票费用。

（2）雇员不适合所要求的工作，或者无正当理由，自己想回家的话，由雇员自己承担回家的费用。

（3）雇主承担把某位雇员的服务转归自己所产生的转让费用。

（4）雇主必须承担运送雇员遗体的费用，将其运送到合同约定的或者招聘雇员的地方，如果死者的家属不同意将其埋葬在沙特阿拉伯境内，雇主又无法将其移交给社会保险总用人单位，让保险用人单位负责运送遗体的话。

**第四十一条** 招聘雇员、服务转让、更改职业的条件及其制度、手续，执行条例另作规定。

## 第四章 就业培训

### 第一节 在职人员的培训

**第四十二条** 每一位雇主都必须对自己的沙特阿拉伯籍雇员进行培训，加强他们的技术、管理、职业等水平，逐渐让他们替代非沙特阿拉伯籍雇员的职位，同时还当根据执行条例规定的制度与条件，对已经替代了非沙特阿拉伯籍雇员职位的沙特阿拉伯籍雇员进行造册登记。

**第四十三条** 在不违反与培训、教育、派遣有关的优待协议所述条件、规定的同时，每一位雇用50人以上雇员的雇主，每年对沙特阿拉伯籍雇员的在职培训人数不得低于雇员总数的6%，劳工部可以要求部分用人单位适当提高这一比例。

**第四十四条** 培训计划当包括接受培训所需条件、规定，以及培训期限、培训时间、理论与实践培训计划、测试方式、所颁发的证书；在所属专业领域，提高雇员技能水平、业务能力应该遵循的总的规则与标准，执行条例另行规定。

### 第二节 非在职人员的培训合同

**第四十五条** 培训合同即雇主培训某个人从事指定的职业所必须遵守的合同。

**第四十六条** 培训合同当以书面形式订立，合同中规定双方约定的培训后所从事的职业的种类、培训期限、各培训阶段、通过每一培训阶段后给予受训人员的奖金金额，而计件生产的职业培训无需确定这一数量。

**第四十七条** 部长有权根据劳工部与有关用人单位管理层签订的协议中所规定的条件、期限、受训人员的奖金，要求某些用人单位(部长决议规定的用人单位)接受一定数量或比例的大学院系的在校生及毕业生，进行实习锻炼。

**第四十八条** 如果受训人员拒绝或无法很好地完成培训内容的话，雇主有权终止培训合同，受训人员或其监护人、其亲人也有这一权利，想要终止合同的一方当在停止培训之日前一周通知另一方。

在培训期结束之后，雇主可以要求受训人员在自己的用人单位工作一段时间，这一段时间可以是培训期的一倍时间或者一年，以最长者为准。

**第四十九条** 本法的规定对培训合同依然生效，特别是年假、官方假日、工作时间，每天及每周的休闲时间、安全与职业健康准则、工伤及其条件，以及部长决定的一切。

## 第五章 劳动关系

### 第一节 劳动合同

**第五十条** 劳动合同即雇主与雇员之间签订的合同。雇员根据劳动合同的规定，在雇主的监管下工作，换取报酬。

**第五十一条** 劳动合同当为一式两份，双方各执一份；假如没有书面写出来，在这种情况下，雇员可以单独通过一切方式确定合同及其所产生的权利，任何一方都有权在任何时候要求书写合同；至于政府部门及国营企业的雇员，有关方面发布的委任命令或者决定相当于合同。

**第五十二条** 合同的基本内容当包括：雇主姓名及住址、雇员姓名及其国籍、有效身份证明、约定薪酬、工作性质及工作地点、开始上班时间、合同期限（如果规定期限的话），同时还要遵守本法第37条的规定。

**第五十三条** 如果雇员有试用期的话，当在合同里明确，试用期不得超过90天，不计开斋节和宰牲节的节日假及病假，在这期间双方都有权终止合同，只要合同没有明文规定把终止合同的权利给予某一方。

**第五十四条** 不允许在一个雇主那里给雇员设立一个以上试用期，除非双方签订过协议，雇员愿意接受为期不超过90天的第二个试用期，而条件是第二个试用期是针对另一种职业或另一份工作；如果在试用期间终止合同，任何一方都不应该索赔，同时雇员也不应该要求任何奖金。

**第五十五条**

（1）合同到期后，合同即自动终止，如果双方愿意继续执行的话，合同被认为是无固定期限的新的合同，对于非沙特籍雇员还当注意本法第37条的规定。

（2）如果有固定限期的合同中规定：合同到期后自动延长一个相同的期限或者某个固定期限的话，合同即可延长至双方约定的期限，如果合同连续延长期限两次，或者两次合同的限期达3年（两者取其最短），双方还愿意继续执行的话，合同即转成无固定期限的合同。

**第五十六条** 在任何情况下，合同期限的延长，也是雇员权利的延续。

**第五十七条** 为某份固定的工作而签订的合同，也当以该工作终止合同。

**第五十八条** 如果住在原地不会给雇员造成伤害，也不是因为工作需要，雇主不能将雇员从原工作地转移到改变住址的另一个地方。

**第五十九条** 不可以将领取月工资的雇员转移到日结或者周结或者计时或计件雇员行列中，除非雇员书面同意这么做，同时不能免去雇员领取月工资期间享受到的权利。

**第六十条** 在不放弃本法第38条规定的同时，不可以在雇员没有书面同意的情况下，要求雇员从事与约定的工作有实质性区别的工作，除非是临时需要，具体期限每年不超过30天。

## 第二节　义务及惩处制度

雇主的义务

**第六十一条**　除了本法及其执行条例、为执行本法而颁布的决议的规定之外，雇主还应注意：

（1）禁止零薪酬雇用雇员；禁止克扣雇员的全部或部分工资；给予雇员适度的尊重，不可用任何言语或行为侮辱他们的尊严和宗教信仰。

（2）给予他们必要的时间，让他们享受本法中规定的他们的权利，不可以扣减他们在这一时间内的工资，应该对他们享受权利的时间进行合理安排，避免因此而误工。

（3）给予有关部门的工作人员以方便，配合他们完成与执行本法规定有关的工作。

**第六十二条**　如果雇员在规定的时间前来工作，或者事先已经说明他准备在这个时间完成他的工作，但是由于雇主的原因而没有完成该项工作，那么他有权获得在这一时间内的工资。

**第六十三条**　雇主及其代理或者任何一位有权监管雇员的责任人，当禁止非法（宗教法律）物品流入工作地点，若有违者，他有权对其进行本法规定的处罚，同时不能免除宗教法律的处罚。

**第六十四条**　在终止合同时，雇主当遵守以下事项：

（1）无条件给雇员开一个服务证明（根据雇员的要求），在该证明中注明他开始上班工作的时间、结束劳动关系的时间、他的职业、基本工资；该证明应该如实反映；有可能损害到雇员声誉或导致工作机会减少的事项。

（2）把雇员的所有证明文件归还给雇员。

雇员的义务

**第六十五条** 除了本法及其执行条例、为执行本法而颁布的决议的规定之外，雇员还应注意：

（1）按照职业规范要求及雇主的指示完成工作，如果他的指示没有违反合同或者劳动法或者惩处制度的规定，按照他的指示执行也不会产生危险的话；

（2）看管好雇主的机械设备、工具、材料、物资等，把没有用完的材料归还给雇主；

（3）工作中保持良好的品行；

（4）面对危及工作地点及人员安全的重大灾情、险情，积极伸出援手，不讨价还价；

（5）在开始上班前或者工作期间，服从雇主安排，进行必要的身体检查，以确定没有任何职业病或者传染病；

（6）保守自己直接或间接参与生产的产品的技术、商业、工业秘密，以及一旦泄露将直接损害到雇主利益的与用人单位或者工作有关的所有秘密。

惩处制度

**第六十六条** 雇主可以对雇员进行的处罚有：

（1）警告；

（2）罚款；

（3）扣除奖金，或者扣押一段时间，扣押期限不超过一年，自雇主发出决定之日开始；

（4）延迟晋升期限，期限不超过一年，自雇主发出决定之日开始；

（5）停止工作，停发薪金；

（6）开除。

**第六十七条** 雇主不可以向雇员施以本法或者工作条例中所述处罚之外的处罚。

**第六十八条** 不可以加重对再次违规的处罚，如果自雇员接到违规处分通知之日开始至下一次违规之间的时间，已经超过180天。

**第六十九条** 违规调查超过30天之后，即不可指控雇员违规，调查期限结束后亦不可对其实施处罚。

**第七十条** 不可以对雇员在外犯下的事进行处罚，只要所犯的事没有牵涉工作或者雇主及某位负责人；同时，对雇员的违规处罚的数额，一次不可以超过雇员5天的工资；也不可以对同一次违规进行多次处罚；工资扣抵罚金，每月不可以超过5天；停工时间每月也不能超过5天。

**第七十一条** 只有在查明真相，书面通知雇员并得到雇员的回复，将其记入会议纪要入档之后，才可以对雇员进行处罚；也可以对处以警告、罚款不超一天工资的较轻的违规行为进行口头回复，但是也应当记入会议纪要。

**第七十二条** 必须将处分决定书面通知雇员，如果雇员拒绝接收，或者不在工作地，那么将其通过挂号信寄往档案中记录的该雇员的住址，雇员有权在接到处分通知后15天内(除节假日)对其提出申诉，将诉状递交到“劳务纠纷仲裁委员会”，委员会当在受理诉状后30天内对其作出判决。

**第七十三条** 必须对来自雇员的罚金进行统一登记，一一注明被罚雇员的姓名、工资、罚金数额、被罚缘由及日期，不可以随便处理罚金，只能经劳工部批准后，用以福利公司员工。

## 第三节 劳动合同的终止

**第七十四条** 发生以下任何一种情况，劳动合同即行终止：

(1)双方一致同意终止合同，雇员书面认可；

（2）合同到期(只要根据本法的规定，合同不可能再延期)；

（3）无固定期限的合同，根据一方的要求，终止合同；

（4）雇员到达退休年龄，即男雇员年满60岁，女雇员年满55岁，只要双方事先没有约定，到达退休年龄后还可以继续工作；工作安排规章制度中明文规定的可以提前退休的情况，可以适当降低退休年龄；如果劳动合同有固定期限，该期限超过法定退休年龄，那么合同到期后，即行终止；

（5）不可抗力。

本条第四项规定，在本法生效两年后开始执行。

**第七十五条** 如果合同没有规定的期限，那么任何一方都可以根据合法的理由要求终止合同，但是如果雇员的工资是按月结算的话，当提前30天书面通知另一方，说明终止合同的原因，而其他情况也当至少提前15天通知另一方。

**第七十六条** 如果提出终止合同的一方没有注意到本法第75条所述通知限期的话，那么他必须对另一方进行赔偿，赔偿金额相当于通知限期或者不足天数雇员的工资，以雇员最后一次工资作为赔偿标准，这是对于以时间为标准领取工资的雇员而言。

而对于以其它标准领取工资的雇员，其赔偿标准参照本法第96条。

**第七十七条** 如果一方非法终止合同，因终止合同而受害的另一方，有权通过劳务纠纷仲裁委员会评估后索赔，评估内容包括物质损失及精神伤害、目前的及有可能会发生的。

**第七十八条** 无合法理由离职的雇员，可以要求重返工作岗位，雇主可以根据本法的规定及劳务纠纷仲裁委员会诉讼法的规定给予考虑。

**第七十九条** 劳动合同不因为雇主的死亡而失效，只要合同内未曾明确；但是因为雇员的死亡或者失去工作能力(依据有关卫生部门或者雇主委任的医生开具的医疗证明)而终止。

**第八十条** 不允许雇主在不发薪酬或未通知雇员及无任何补偿的情况下单方面解除合同，除非发生下列情况之一，但也当给他机会，让他说明违反合同的原因：

（1）当该雇员在工作期间或者因为工作而攻击雇主及某位负责人时；

（2）当雇员没有完成劳动合同所产生的实质性义务，或者不服从合法的指令，或者尽管已经书面警告仍然不听指示（雇主在显眼的地方公布的）时，特别是与员工及工作安全有关的指示；

（3）当证明他有某种不良行为；

（4）当雇员明知故犯，或者有意怠慢工作，给雇主造成经济损失时，但是雇主当在知道事发后48小时内通知有关部门；

（5）当得知雇员造假，以获得工作后；

（6）雇员尚在试用期中；

（7）当雇员在一年内无故旷工累计达20天以上或者连续旷工10天时，前一种情况雇主当在雇员旷工10天时给予其书面警告，第二种情况当在雇员旷工5天时给予其书面警告；

（8）当证实雇员利用职务之便，非法牟取私利时；

（9）当证实雇员泄露与自己工作有关的工业、商业秘密时。

**第八十一条** 在下列情况下，雇员有权在不预先通知的情况下放弃工作，同时享有一切应该享有的合法权益：

（1）当雇主不履行对雇员的合同义务或法律义务时；

（2）当证实雇主及其代表在签订合同时存在欺诈，合同中的工作条件及工作环境与事实不相符时；

（3）当雇主违反本法第60条的规定，让雇员从事与合同约定的工作有实质性区别，自己不愿意去做的工作时；

（4）当雇主或者雇主的某位家庭成员及某位负责经理用暴力手段或者不文明的行为攻击雇员或其家庭成员时；

（5）如果雇主或者负责经理经常虐待、轻视雇员；

（6）工作地点存在重大危险，危及雇员的生命或健康，雇主已经知道，但是没有采取任何措施消除险情；

（7）如果雇主或其代表故意，特别是利用不正当手段或者违反合同的方式迫使雇员终止合同。

**第八十二条** 不允许雇主在本法规定的病假期满前，因病解雇雇员，雇员有权申请病假与年假双休。

**第八十三条** 如果授权给雇员的工作，允许雇员了解雇主的客户和雇主的商业机密的话，雇主可以为此向雇员提出条件，与雇员达成协议，在合同终止后绝不将其用作商业竞争或者将其泄露给他人；而协议中必须明确时间、地点、工作性质及保护雇主的合法权益所必需的事项，同时，在任何情况下，本协议的期限都不能超过双方劳动关系终止后两年。

## 第四节 结束服务的奖励

**第八十四条** 在终止劳动关系时，雇主应该支付给雇员一定的服务奖，其金额在头五年为每年半个月的基本工资，五年后，每年一个月的工资；将雇员的最后一次工资作为计算服务奖的基础；同时雇员还应该获得工作绩效奖。

**第八十五条** 雇员自动辞职终止劳动关系，如果他已经连续服务了两年以上五年以下，那么他应该获得三分之一服务奖；如果他已经连续服务了五年以上十年以内，那么他应该获得三分之二服务奖；如果他已经连续服务了十年或十年以上，那么他应该获得全数服务奖。

**第八十六条** 除本法第 8 条规定外，可以事先达成协议，计算服务奖的基本工资不包括全部或部分佣金、提成及支付给雇员的其他的费用。

**第八十七条** 除本法第八十五条规定者外，因意料不到的人力不可抗拒的因素而放弃工作的雇员，应该获得全额服务奖，签订婚约后6个月内或者怀孕后3个月内终止合同的女雇员也当获得全额服务奖。

## 第六章　工作条件及工作环境

### 第一节　工　资

**第八十九条**　在必要时，内阁将（根据劳工部长的提议）设定最低工资标准。

**第九十条**

（1）必须以国家官方货币给雇员支付工资及应得款项，同时还当按照下列规定的时间及地点支付工资：

①日结雇员，至少每周一结。

②领取月工资的雇员，每月一结。

③所需时日超过两周的计件工作，每周一结，其余的薪酬当在交工后一周内全部付清。

④其他情况至少每周一结算。

（2）在雇员同意的情况下，只要兑现的期限不超过上述规定，可以通过沙特阿拉伯国内的可靠银行支付工资。

**第九十一条**

（1）如果因为雇员的原因而导致雇主的工具或者产品受损或毁坏或丢失，而其中又没有发生其他原因或不可抗力的话，雇主有权从雇员的工资中扣除相当的金额对其进行维修或恢复，但是每月扣除的金额不能超过雇员5天的工资，如果该数额远远不能满足所需金额，而雇员有其他财产可供赔偿的话，雇主有权将其诉诸法律；雇员也有权向劳务纠纷仲裁委就雇主提出的赔偿要求提起抗诉，如果判定雇主无权索赔的话，雇主当无条件向雇员退还之前已经扣除的工资数额，或者判定所需赔偿金额低于雇主所要求的数额的话，雇主当在判决公布之后一周内，无条件向雇员退还多扣除的金额。

（2）任何一方都必须在 15 个工作日内提出控诉，否则控诉无效，雇主的控诉时间自发现问题之日开始计算，而雇员的控诉时间自接到雇主的索赔通知当日开始计算。

**第九十二条** 除下列情况外，不允许未经雇员同意而扣除雇员的工资作为其它费用：

（1）偿还欠雇主的债，但是所扣金额不得超过雇员工资的 10%；

（2）社保费及雇员应该支付的其他法定费用；

（3）银行存款及欠银行的贷款；

（4）雇主用来为雇员建盖住宅（该住宅的所有权归雇员），雇员应该承担的摊付金；

（5）雇员的违规罚金以及损坏赔偿金；

（6）法庭判决应由雇员承担的款项，但是只要判决中没有明确规定，那么所扣除的金额每月不能超过雇员月工资的四分之一。

**第九十三条** 被扣工资的比例不能超过雇员应得工资的一半（无论在任何情况下），只要劳务纠纷仲裁委没有说明可以提高被扣工资的比例，或者已经确定需要雇员支付一半以上工资；即使是最后一种情况，不管是因为什么事，都不能扣除雇员超过四分之三的工资。

**第九十四条**

（1）如果不是因为本法所述原因，在未经雇员书面同意的情况下，扣除了雇员的工资，或者雇主非法拖欠雇员应得的工资，那么雇员及其代表或者所属劳动厅厅长可以向劳务纠纷仲裁委提出申诉，要求雇主退还无故扣除的雇员的工资或者支付被拖欠的雇员的工资。

（2）劳务纠纷仲裁委一旦证实雇主无故克扣或者拖欠雇员工资，可以对雇主实施罚款，罚金不超过被克扣或者被拖欠的雇员工资的一倍。

**第九十五条**

（1）如果在劳动合同或者工作安排规章制度中没有明确雇主应该支付给雇员的工资数额，那么按照用人单位内同一种工作的工资待遇(如果有)衡定工资，否则即按照行业惯例衡定工资，再就是委托劳务纠纷仲裁委按照司法要求衡定工资。

（2）同样，以此方法确定雇员的服务种类及服务期限。

**第九十六条**

（1）如果雇员的工资是计件工资，按劳取酬，那么以雇员最后一年的实际产值除以实际工作天数，作为计算平均工资的标准。

（2）如果工资全是佣金、提成或类似的，其性质可增可减，那么雇员的日平均工资用雇员的实际产值除以实际工作天数进行计算。

**第九十七条**　如果雇员因为与工作有关的刑事案件或者因为工作而被有关部门拘捕或扣押，那么雇主当继续为其支付50%的工资，直到被释放，只要被拘捕或被扣押的时间不超过180天；如果超出这一期限，雇主再无责任为超出的天数支付任何工资；如果雇员被判无罪，或者查无实据，雇主应当补发之前被扣减的工资；如果雇员被判有罪，也无须退还之前雇主给他支付的工资，只要没有其他规定。

## 第二节　工作时间

**第九十八条**　不允许让雇员一天工作超过8个小时，如果雇主是按天计发工资的话；或者一周超过48小时，如果雇主是按周计发工资的话；在斋月里适当缩短工作时间，每天不超过6小时，或者每周不超过36个小时。

**第九十九条**　可以对某些雇员或者某些不能让雇员连续作业的工种适当延长本法第九十八条所述工作时间至每天9个小时；同样可以对某些

雇员或者某些高危、有害的工种适当缩短工作时间至每天 7 个小时；上述“某些雇员”及“某些工种”具体由部长决议确定。

**第一百条** 一些工作性质需要轮班作业的企业老板(劳工部批准的)，可以在每天 8 小时或者每周 48 小时的基础上适当延长工作时间，条件是平均工作时间不超过 3 周，或者低于每天 8 小时或每周 48 小时。

## 第三节 休息时间

每天的休息时间

**第一百零一条** 合理安排每天的工作时间及休息时间，不可以让雇员不休息、不礼拜、不吃饭，连续作业超过 5 个小时，而每一次休息、礼拜、吃饭的时间不得低于半个小时，同时不让雇员留在工作地点每天超过 11 个小时。

**第一百零二条** 休息、礼拜、工作的时间不计入实际工作时间内，在这些时间段内，雇员不在雇主的权力范围内，雇主不可以在这些时间段内勒令雇员留在工作地点。

**第一百零三条** 部长有权通过决议对由于施工环境或者技术原因，必须不休息持续作业的工作及情况进行确定，在这些工作及情况中，雇主必须通过内部协调安排，给予雇员礼拜、吃饭及休息的时间。

每周的休息时间

**第一百零四条**

（1）星期五为每周休息日。

雇主(在通知所属劳动厅后)可以将这一天改在一周中的任何一天，但是应该给予他们可以完成他们的宗教义务的时间，不可用现金补偿的方式占用每周的休息日。

（2）每周休息日为带薪休息日，不少于连续 24 小时。

**第一百零五条** 除本法第四条规定外，如果雇主、雇员协商一致，劳动部批准的话，在无人烟的偏远山区和工作性质及施工环境要求必须不间断作业的工作中，可以集中休周假，时间不超过8周；在计算每周休息时间时，当排除雇员“主麻”(聚礼)的时间，自雇员抵达交通方便的最近的城市开始，至返回原地结束。

**第一百零六条** 在下列情况下，雇主可以不遵守本法第98条、第101及第104（1）条的规定：

（1）年终核算、预算、清算、封账户、为降价销售做准备、为某些仪式做准备，条件是雇员做这些工作的天数每年不能超过30天；

（2）为了消除险情，或者处理重大事故，或者降低损失；

（3）为了面对非正常的工作压力；

（4）节日、仪式及其他获得和部长决议确定的季度性工作。

在上述所有情况下，实际工作时间都不可超过每天10小时，或者每周60小时；部长通过决议确定一年内最多允许加班时间。

**第一百零七条**

（1）雇主当付给雇员相对于基本工资50%的加班费；

（2）如果用人单位以周为标准，那么超出一周约定工作时间的工时即为加班时间；

（3）在节假日的所有工作时间都是加班时间。

**第一百零八条** 在下列情况下，本法第98条及第101条无效：

（1）高层管理人员，如果他有权对雇员行使雇主的权力；

（2）在开工前或者完工后必须完成的准备工作或者附属工作；

（3）必须间断作业的工作；

（4）环卫及警卫专业人员，公安干警除外。

执行条例对本条第2、3、4款所述工作及最长上班时间，作具体确定。

## 第四节 假 期

**第一百零九条**

（1）雇员每年都有权获得一次年假，假期不少于 21 天，如果雇员已经为雇主连续服务了 5 年的话，年假假期不低于 30 天；年假为带薪假，预先支付薪金。

（2）应该让雇员在当年享受他的年假，不可取消或者用现金替代，雇主可以根据工作需要对雇员年假的时间进行确定，或者安排换班以保障工作正常进行，但是应当至少提前 30 天通知享受年假的雇员。

**第一百一十条**

（1）雇员在雇主同意的情况下，可以延迟自己的年假或者部分时日至下一年。

（2）如果工作需要的话，雇主有权将雇员享受年假的时间推迟不超过 90 天。

如果工作需要持续延迟假期的话，必须获得雇员书面同意，但不得延迟到下一年的年末。

**第一百一十一条** 雇员在享受假期之前放弃工作的话，他有权获得应得的假日工资。

**第一百一十二条** 每一个雇员都有权在执行条例规定的节日、典礼中获得全额工资。

**第一百一十三条** 雇员有权获得一天带薪生日假，三天带薪婚礼假，或者在雇员的配偶或某位亲属归真（死亡）的情况下，有权获得 3 天带薪假。

**第一百一十四条** 如果雇员已经连续为雇主服务了两年，之前没有朝觐过的话，他有权获得包括宰牲节假期在内的不少于 10 天，不超过 15 天带薪假，前去朝觐，雇主每年都当对应该享受这一假期的雇员进行统计，并根据工作需要进行统一安排调整。

**第一百一十五条** 参加某教育机构培训的雇员，有权获得带薪假完成考试，但不包括复考，假期为实际考试的天数；如果是复考，那雇员也有权获得无薪假期完成考试；在雇员请假时，雇主有权要求雇员提供可靠证件及考试证明，而雇员应该至少提前 15 天向雇主请假；如果证实雇员并没有参加考试，雇主无须支付假期工资，同时可处分该雇员。

**第一百一十六条** 雇员在雇主同意的情况下，可以获得无薪假期，双方商定假期的期限，如果超假 20 天，合同即行终止，只要双方没有达成其他协议。

**第一百一十七条** 确实生病的雇员有权获得带薪病假，在一年内的头 30 天为全薪，接下来的 60 天为四分之三薪水，最后 30 天为无薪假，无论这些假期是连续的还是间断性的；“一年”指的是自休病假的第一天开始后的一年。

**第一百一十八条** 雇员不可以在享受本节上述任何假期期间，到其他雇主处工作，一旦证实雇员违反这一规定，即不能向他支付假期内的工资，或者是令其退还已经支付的假期工资。

## 第七章 零 工

**第一百一十九条** 因为经济原因、技术原因、人事原因而暂时、集体缩短正常工作时间的雇员不被称作零工雇员。

**第一百二十条** 部长颁发规范零工所必需的制度、规定，确定零工雇员及雇主各自应遵守的事项；除有关雇员安全、职业健康、工伤的规定外，本法的其他规定只在部长批示的范围内有效。

# 第八章 重大工业事故、工伤、卫生及社会服务

## 第一节 预防工伤事故

**第一百二十一条** 雇主必须贯彻执行根据部长决议确定的与健康、卫生、照明、饮用水等相关的安全制度及保护性措施、等级。

**第一百二十二条** 雇主必须采取必要的预防、保护措施，保护雇员，避免因为工作及所使用的工具而发生疾病、危险；雇主必须在用人单位明显的位置，用阿拉伯语及雇员能看明白的语言，公布与工作及雇员相关的安全提示，雇主不能让雇员承担任何金额或者扣减雇员的工资作为预防工作的费用。

**第一百二十三条** 雇主必须事先告知雇员所从事工作的危险性，命令他们使用必需的保护工具；当为雇员提供合适的保护性工具，并教会他们使用。

**第一百二十四条** 雇员必须在每一项工作中都使用专门的防护工具，并保护好所使用的防护工具；遵守保护健康、预防工伤与疾病所必需的指示；禁止雇员违反、忽视安全指示，或者挪用、破坏为保护工作地点、工作人员健康、安全所准备的工具。

**第一百二十五条** 雇主必须采取必要的防火措施，准备必要的专业防火工具，随时可以使用，将其悬挂在工作地点显眼的位置，并注明“消防工具”。

**第一百二十六条** 雇主当对伤及他人（非自己的雇员，包括在事故现场工作的人员及在雇主或其代理人的允许下进入现场的人员）的事故负责，如果事故的发生是因为没有采取必要的专业预防措施，那他当根据相关规定，对所造成的伤害及损失进行赔偿。

## 第二节　预防重大工业事故

**第一百二十七条**　对重大危险源实施本节规定。

**第一百二十八条**

（1）重大危险源：长期或者暂时生产、提供、清除、研究、使用、储存某种或多种危险品，其数量超出允许的标准，即被列入重大危险源的行列。

（2）危险品：其化学性质或者物理性质或者毒性，在单独存在或者与其它物品混合的情况下，都会构成危险的某种物质或者某种合成品。

（3）重大事故：突发事故，比如源自重大危险源的重大泄漏事故，或者火灾，或者爆炸，包括一种或者多种危险品，随时会对雇员或者民众或环境造成重大危险。

**第一百二十九条**　劳工部制定规范制定，根据危险品或危险品成分或两者的目录，确定重大危险源。

**第一百三十条**　雇主当配合劳工部，根据本法第一百二十九条所述规范制度将自己的企业确定为重大危险源。

**第一百三十一条**　部长颁布各种制度与决议，确定危险等级、雇主义务，以及保护民众在重大危险源周边环境所采取的措施，保护雇员的权利及义务等防止重大事故的发生、降低重大事故的危险及所造成的影响所采取的必要措施。

## 第三节　工伤

**第一百三十二条**　本条规定对遵守社会保险制度职业险险种的企业无效。

**第一百三十三条**　如果雇员遭受工伤或者职业病，雇主必须负责治疗，并承担由此产生的直接或间接费用，包括住院费、医疗检查与化验费、放射费、辅助器材费及转院费。

**第一百三十四条** 工伤，根据社会保险制度所述规定进行界定，职业病被列入工伤，同时，病人医疗证明日期当天被算为工伤的日期。

**第一百三十五条** 旧病复发或者并发症也是工伤，津贴及医疗费用的比例按照工伤的相关规定执行。

**第一百三十六条** 职业病根据社会保险制度所述“职业病表”进行确定；伤残程度也根据上述制度所述“伤残比例表”进行确定。

**第一百三十七条** 因工受伤暂时失去工作能力者，有权获得现金补贴，其金额在30天内相当于工资的全额，在接下来的治疗期间相当于工资的75%；如果治疗了一年，或者医疗报告显示他已没有康复的可能，已不能再进行工作的话，那算为完全失去工作能力的工伤，终止合同并进行工伤赔偿；而雇主也无权索还这一年内支付给伤者的医疗费用。

**第一百三十八条** 如果因为工伤而长期丧失劳动能力，或者因工伤而死亡的话，受工伤者或其亲属有权获得赔偿，金额相当于他3年的工资，最低5.4万里亚尔；

如果因工伤而长期丧失部分劳动能力的话，受工伤者有权获得赔偿，金额相当于用根据可靠的伤残比例表评定的伤残比例乘以长期完全丧失工作能力的赔偿金额。

**第一百三十九条** 一旦证实有下列情况之一，雇主即无须遵守本法第一百三十三条及第一百三十七条、第一百三十八条所述规定：

（1）雇员有意受伤；

（2）工伤是由于雇员有目的的不正当行为所致；

（3）雇员拒绝就医，或者无故拒绝接受雇主委派的医生的治疗。

**第一百四十条** 雇员患职业病的上述雇主，其责任根据医疗报告确定，必须根据本法第一百三十八条所述规定进行赔偿。

**第一百四十一条**　部长决议确定关于工伤的通知程序。

## 第四节　卫生与社会服务

**第一百四十二条**　雇主必须准备一个或者多个医务室，配备有药物及其他急救器械。

执行条例对医务室必须配备的急救工具及其数量、药品的数量、急救人员应具备的条件、级别等作具体规定。

**第一百四十三条**　雇主必须与一名或多名医生签约，每年对雇员有可能会患的职业病进行一次全面检查，详细记录检查结果，并入档。

**第一百四十四条**　雇主必须根据雇主决定的等级，做好疾病预防与治疗工作，同时当注意医疗合作制度的要求。

**第一百四十五条**　雇主可以在部长批准之后，设立储备基金，条件是雇员自愿入股，与该基金有关的规定当作具体宣传。

**第一百四十六条**　雇主必须根据部长的决定，为在偏远山区工作的雇员提供下列全部或部分服务：

（1）商店，平价销售食物、服装等生活用品，如果在工作地点没有商店的话；

（2）合适的娱乐工具、运动场所；

（3）合适的医疗服务措施，为雇员的家庭人员提供全面的医疗服务（家人是指与雇员同住工地的雇员的配偶、孩子、母亲、父亲）；

（4）学校，让雇员的孩子能够接受教育，如果没有合适的学校的话；

（5）清真寺或者礼拜堂；

（6）设立雇员扫盲计划。

执行条例对“偏远山区”进行确定。

**第一百四十七条**　雇主当为在偏远山区、矿山、石场、石油钻探点工作的雇员提供宿舍、帐篷、食物。

部长通过决议对宿舍及帐篷的条件与标准、每日的餐数、每餐食物的数量及其种类、应具备的条件、雇员应该承担的费用等保护雇员健康必需的事项进行确定。

**第一百四十八条** 如果在约定的上班时间没有交通工具抵达工作地点的话，雇主必须为雇员提供从住处或集合点到工作地点的每日往返交通工具。

## 第九章 妇女用工

**第一百四十九条** 根据本法规第四条规定，妇女应从事符合其生理特点的工作，不可以从事危险和对身体有害的工作，劳工部部长规定不可以让妇女从事被认为对健康有害和容易对其造成某种危害的工种和职业，禁止或限制妇女在特殊条件下工作。

**第一百五十条** 未经劳工部部长批准，女员工不可以在夜间工作，不得连续工作超过 11 个小时。

**第一百五十一条** 女员工有权在产前四周，产后六周休产假，预产期有医疗机构出具的证明为准，或根据卫生部门出具的医疗证明。女员工禁止在产后六周内工作。

**第一百五十二条** 如果女员工休产假，如果女员工在该用人单位工作年限为一年或超过一年，用人单位应支付女员工全额工资的一半；如果女员工工作年限为三年或超过三年，则用人单位应支付全额工资，如果女员工在本年度已经休了全薪产假，则用人单位无须支付其年假期间的工资，如果女员工在本年度已经休了半薪产假，则用人单位在其休年假期间应支付其全额工资的一半。

**第一百五十三条** 用人单位应在女员工怀孕和哺乳期提供医疗服务。

**第一百五十四条** 产假结束后，女员工回到工作岗位有权在上班时间给予一次或者多次哺乳时间，但一天内总时间不得超过一小时，以上哺乳休息时间不包括所有员工都休息的时间，并且是在工作时间内，不可以扣其工资。

**第一百五十五条** 用人单位不可以在女员工休产假期间将其开除。

**第一百五十六条** 用人单位不可以在女员工因为怀孕而生病期间将其开除，病情应以医疗证明为准，因病旷工不得超过一百八十天，另外，如果女员工没有违反本法规的任何条款，用人单位不可以在预产期前一百八十天内将其开除。

**第一百五十七条** 根据本法规，如果女员工在产假期间为其他用人单位工作，女员工将丧失其权利，在此情况下，原来的用人单位可以扣留其产假期间的工资，并收回所提供的福利。

**第一百五十八条** 所有用人单位应该在女员工工作的所有场所设置座位，以保证其可以休息。

**第一百五十九条**

（1）女员工数量达到五十或超过五十人的情况下，如果其六岁以下的孩子数量达到或超过了十个，用人单位应设立适合的场所和足够的保育员，用以照看女员工六岁以下的孩子。

（2）劳工部部长规定，用人单位在本市的女员工如果达到或超过一百名，则应该设立自己的托儿所或与本市的其他用人单位共同设立托儿所，在女员工上班期间为其照顾六岁以下的孩子，在这种情况下，劳工部为托儿所的设立出台相关规定，要求受益女员工应适当负担此项服务的费用。

**第一百六十条** 如果女员工的丈夫去世，女员工有权在其丈夫死亡日起享有不少于五天的带薪休假。

## 第十章　未成年人用工

**第一百六十一条**　由于未成年人的生理特点和所需的成长环境，未成年人不可以从事危险和对其身体健康及成长有害的工作。劳工部已经明确限定未成年人的从业工种。

**第一百六十二条**

（1）任何人都不可以雇用十五岁以下的未成年人，并且不允许其进入工作场所。在一些工业领域，劳工部相应地提高此年龄段。

（2）根据本条第一部分所述，劳工部部长规定十三到十五岁的未成年人可以从事相对轻松的工种，但应遵守以下规定：

（1）不可以从事有害其身体健康和成长的工作。

（2）不可以使其旷课，缺席职业培训，损害其受教育的权利。

**第一百六十三条**　未经劳工部部长批准，未成年人不可以在夜间工作，不得连续工作超过 11 个小时。

**第一百六十四条**　在斋月期间未成年人每天的有效工作时间不得超过四小时，在其他月份每天有效工作时间不得超过六小时。在工作时间内，在没有短时或长时休息，进餐和祷告情况下，未成年人不可以连续工作四小时，且每次休息不得少于半小时，未成年人不可以在工作场所停留超过七小时。

**第一百六十五条**

用人单位在雇用未成年人时应获得以下全部证件：

（1）国民身份证或正式的出生证明。

（2）由专业医疗机构出具的工作所需的从业健康证明，以及卫生部门出具的证明书。

（3）其监护人的证明书。

应用个人文件夹保存以上证件。

**第一百六十六条** 用人单位应该在雇用未成年人一个星期内向劳务专属办公室提交情况，在工作地点需要登记未成年人的个人信息，注明未成年人的姓名、年龄、监护人全名、居住地、雇用日期。

**第一百六十七条** 本章的法律法规不适用于以公共教育或职业技能培训及其他培训为目的的儿童和未成年人从事工作的情况，也不适用于十四岁以上的未成年人，如果工作内容符合劳工部规定，其必须符合以下基本要求：

教学课程或培训班，主要在学校或培训机构。

通过主管部门批准，此工作为部分培训计划或全部培训计划。试点或指导方案，旨在方便进行职业的选择。

## 第十一章　海上用工合同

**第一百六十八条** 在本章节出现的以下词语均为其下面的固定含义：

船：所有在沙特阿拉伯王国注册的海上浮动设备，其载重量不低于五百吨。

船务：所有自然人，公共或私人设施，进行船上装备的统计。

船长：所有具备驾驶船只的能力和担负驾驶责任的船员。

船员：所有依照海上用工合同在船上工作的人员。

海上用工合同：在船主或船舶装备主人或其代表与在船上工作的船员之间签订的所有用工合同，在不违反本法规和本章法规的情况下有效。

**第一百六十九条** 所有在船上工作的人员都必须服从船长和船负责人的管理。

**第一百七十条** 船舶记录上必须登记或附上船上所有员工的海上用工合同，用工合同必须格式清晰，内容清楚。如果有限定时期或行程必须写入合同，如果限定时期则必须清楚注明所限制时期，如果限定行程目的地城市或港口，必须注明每个阶段的装载、卸载情况。

**第一百七十一条** 海上用工合同必须写明签订日期和地点，船上装备名称，船员姓名、性别、年龄、国籍和祖国，所分配工作、职能情况和从事海事工作期间所获证书，个人海事通行证，工资报酬，合同期，如果只是一次行程的合同则应该限定目的地城市或港口，注明在哪个装货，卸货城市或港口终止合同，以及合同其他的相关细节。合同一式三份，一份由船务持有，一份由船长持有，另一份由船员持有。

**第一百七十二条** 必须在船上或特定地点公告给所有员工在船上工作的规章制度，该规章制度必须包含以下内容：

（1）船员需要履行的职责，船上工作的规章制度，工作日程表和每天的工作时间；

（2）船务对船员应负的责任、工资、奖金，以及其他福利待遇情况；

（3）工资的发放情况，前期工资所占比例及发放方式，后期工资的支付方式；

（4）清算工资和结算的时间和地点；

（5）关于船上的食宿情况的规定；

（6）对于船员生病和受伤的治疗；

（7）对于船员行为和回国的规范；

（8）船员的带薪年假；

（9）服务完成奖金，以及其他终止劳动合同的赔偿情况。

**第一百七十三条** 对于船员的规定：

（1）年龄必须要达到十八岁；

（2）必须获得从事海事服务的工作许可证；

（3）身体健康状况适合从事海上工作。

**第一百七十四条** 海员的所有薪金都要以官方货币进行支付，如果是在本地区海域以外的船上，则可以以外币支付，船员也可以要求用人单位兑换之后以现金支付。

**第一百七十五条** 如果一次出海过程中，由于某种原因缩减航行，不管是有选择还是必须如此，都不可以减少船员海上劳动合同上所规定的工资。

**第一百七十六条** 当船员的工资为出海所得利润的份额时，如果航行取消船员将得不到任何补偿或者因航行延误、延期，工资不会增加，但是如果航行延误、延期是由于装卸货，则要支付船员补偿金。

**第一百七十七条** 如果船被劫，或者沉没，或者不适于航行，应该支付船员截至事发当天之前的所有工资。

**第一百七十八条** 关于船员在船上的餐饮和住宿，应根据劳工部发布的决议来规范。

**第一百七十九条** 船在海上航行期间，船员在二十四小时内的总工作时间不得超过十四个小时，在七天内的总工作时间不得超过七十个小时。

**第一百八十条** 每个船员都有责任帮助，救助其他船只，分享船只所获利润的一部分，这也是工资的一种。

**第一百八十一条** 如果在航行期间有船员去世，如果工资是按月结算，其继承人有权获得其到去世那天的工资。如果工资是按航期结算，其继承人有权获得其整个航期的工资。如果工资是航船利润的份额，则应获得应得的全部份额。对于没有继承人的死亡或失踪的船员的工资，应交由国内目的地港劳务办事处保管。

**第一百八十二条** 如果没有事先通知，在以下情况下，用人单位可以无赔偿的终止合同：

（1）如果船只沉没，或者被扣押，或者已不适合使用；

（2）如果由于船务管理，航行在开始时就被取消，工资是基于一个航期发放的情况，除非合同另有其他规定。

**第一百八十三条** 在以下情况下，用人单位可以终止或解除合同：在开始执行合同时船员返回始发港。

供给船员食宿直到到达始发港。

**第一百八十四条** 在以下情况下，船务应该将船员遣送回国：

如果在刚开船就被船务取消航行。

如果因为被委任的部门被禁止贸易行为，在开船后取消航行。

如果船员由于受伤，生病或残疾而下船。

如果船只购买自国外。

如果航行期间，船员以非正规理由拒绝服务。

如果与船员合同期满时在非合同说明的港口。

## 第十二章 在矿山和采石场工作

**第一百八十五条** 在矿山和采石场工作包括以下内容：

（1）对矿物质的开采和研究工作，在颁发了开采许可证的区域开采加工稀有矿石，不论是固体矿物质还是液体矿物质。

（2）在地表或地下矿床的开采工作，在颁发了开采许可证的区域提纯或加工矿藏。

（3）在进行本条一、二两项中提到的工作过程中涉及的所有建筑工作，结构和设备的建立工作。

**第一百八十六条** 未满十八岁的人不可以在矿山和采石场工作，妇女无论年龄多大都不可以在矿山和采石场工作。

**第一百八十七条** 任何人从事本章所述工作前都要进行全面的身体检查，获得允许其从事所要求工作的医疗许可证，并定期重复检查，员工不承担任何医疗检查费用。劳工部规范了所需遵守的条款和规定。

**第一百八十八条** 一天内员工在地表上有效工作时间不得超过七小时，不论是在地表还是地下一天内员工不可以在工作场所停留超过十小时。如果工作场所为地下，这个限定时间包含员工从地表到地下工作场所及从地下工作场所返回地表的时间。

**第一百八十九条** 禁止非工作人员进入工作场地及附属场地，被委派的检察人员进入矿场或采石场要随身携带主管部门批准的特殊通行证。

**第一百九十条** 用人单位应该准备一个专用登记册，用于记录员工进入工作场地时间和外出的时间，以计算在工作场地停留时间。

**第一百九十一条** 用人单位业主或负责人应该在工作场所张贴公共安全特殊说明及相关规范。

**第一百九十二条** 用人单位应该在工作场所附近设立救援站，配备救助设备和必要的急救设备，该救援站应配有联系方式以便及时求助，应任命一个训练有素的技术人员监督管理救援工作。

**第一百九十三条** 在不影响本法规第一百四十二条规定的情况下，在每个不少于五十个员工的矿山和采石场，用人单位应设立配有救助、急救设备的专属房间及病房，还要有一个或多个更衣室。在员工数少于五十的矿山和采石场，用人单位可以与其他矿山，采石场共同在离工作场二十千米以内设立救助场所，或者设立独立的救助场所。

劳工部限定了矿山和采石场救助方式及保护预防培训，对此，用人单位负责人及员工都有责任，权利和义务。

## 第十三章 监督检查

**第一百九十四条** 由劳工部部长发布决议，委派专门的检察人员进行检察工作，并书面说明在整个组织里检察人员的权力和职能。

**第一百九十五条** 除了对员工的公共条款以外，检察人员执行工作时还应遵循以下几点：

（1）要始终保持中立；

（2）不可以与接受检察工作的企业有任何直接或间接关系；

（3）检察人员在接受不少于九十天的培训后，已经通过相关考试的，才能从事检察工作。

**第一百九十六条** 检察人员有以下职责：

（1）从安全角度监督其对法律法规，相关条例的履行情况；

（2）为员工和业主提供信息和技术指导，使其以最佳方式执行法律规定；

（3）通知主管部门现行规范的缺陷，并提出必要的建议；

（4）调整执行决议和相关规定时的不当之处。

**第一百九十七条** 在检察人员直接进入工作职位之前，需要在劳工部部长面前发誓将诚信、忠实的工作，不可泄露任何工业发明秘密，以及其他关于检察裁决的秘密，即使是在他们离开其检察职位，也不可泄露。检察人员必须持有劳工部颁发的证明其身份的卡片。

**第一百九十八条** 检察人员有以下职权：

在任何时间，白天或者晚上都可以进入每个服从于劳务规定的企业。可以进行任何检测或对规定的安全执行进行有必要的相关调查。

（1）单独或有证人在场情况下，向用人单位负责人或其代表、员工询问关于规定的执行的任何情况。

（2）阅读所有根据有关规定决议保存的登记本，注册本及其他相关文件，可以获得文件的复印件或提取其中部分信息。

（3）取得在加工过程中所使用的材料及其他需要检查的物质的一个或多个样品，以检测确定该物质是否会对员工健康及安全产生不良影响，样品要在政府实验室里进行化验，如果存在不良影响，应通知用人单位负责人或其代表。

**第一百九十九条** 用人单位负责人或其代理应该提供给检察人员或负责检察工作的人员检察所需的必要设备，如果检察人员有要求，应提供与其工作性质相关的数据，在检察人员询问问题时用人单位负责人或其代表必须回答。

**第二百条** 检察人员去进行检查前需要通知用人单位负责人或其代表，除非是所规定的检察以外的事务。

**第二百零一条** 检察人员有权向用人单位提出意见，在指定的截止日期前对其设备的操作规范进行修正，以确保员工健康，安全工作。同样在存在威胁员工健康、安全的情况时，检察人员有权要求用人单位立即采取措施消除隐患。

**第二百零二条** 检察人员应该对收到的关于设备缺陷或违规操作的投诉绝对保密，不可以将投诉人告知用人单位负责人或被投诉部门。

**第二百零三条** 如果检察人员发现有违反本法规或相关决议现象的存在，检察人员根据其违规的具体情况，或提供咨询和指导，消除违规现象，或口头对其发出提醒，或在规定时间内向其发出书面警告，或以书面形式提交其违规的相关检测报告。

**第二百零四条** 根据需要，检察工作需要医生、工程师、化工人员、健康安全专家的共同参与。在必要时，劳务办公室主任及检察人员可以要求主管执行部门的协助。

**第二百零五条** 工作检察办事处主席准备每个月检察工作报告，内容包括受检机构、违规数量、改正措施等内容。办事处还应有专门负责整理年度工作报告的专属部门，内容包括检察结果、影响、备注和建议。这两种报告都要上交至劳工部。

**第二百零六条** 在每年年底一百八十天前上交完整的检察工作年度工作报告至劳工部副部长处，并要涉及对劳工部发布的劳务法规的执行情况的监督。

工作报告必须包含以下几点内容：

（1）对检察规范的声明；

（2）对专业的检察人员的声明；

（3）对接受检察的企业及其员工数量的统计；

（4）对检察人员进行检察和走访的统计；

（5）对发生违规现象的说明及解决措施的统计；

（6）对工伤情况的统计；

（7）对职业病的统计。

## 第十四章　解决劳务纠纷的机构

**第二百一十条**　解决劳务纠纷的机构包括：

（1）初级解决纠纷机构。

（2）高等解决纠纷机构。

**第二百一十一条**　经劳工部理事会主席批准后，纠纷解决结果被称为部长级决议，初级解决纠纷机构成员均持有权威的许可证。

**第二百一十二条**　部长级决议限定初级解决纠纷机构应由多个成员和所有决策部门组成，其中的每个部门都负责一类案件，初级解决纠纷机构委派多个成员作为部长，他们除了要完成作为成员的本职工作以外，还要为机构成员分配案件，完成行政及文书等工作。

**第二百一十三条**　如果初级解决纠纷机构在某个办事处没有委任部长，当需要时，可以解决邻近机构的没有职权等限制的案件。

**第二百一十四条**　初级解决纠纷机构有以下职权：

（1）对于以下案件的终审。

①劳务纠纷，涉及金额不超过一万沙特里亚尔；

②员工对用人单位发放的报酬不满；

③对于违反本法规相关条例的纠纷，处理罚款不超过五千沙特里亚尔的案件，罚款总金额不超过五千沙特里亚尔；

（2）对于以下案件的初审。

①劳务纠纷，涉及金额超过一万沙特里亚尔的案件；

②工伤赔偿纠纷，无论涉及金额多少；

③辞退员工纠纷；

④对于违反本法规相关条例的纠纷，罚款超过五千沙特里亚尔的案件，罚款总金额超过五千沙特里亚尔；

⑤对违法行为判处罚款或死刑的案件。

**第二百一十五条**

高等解决纠纷机构的每个部门不少于三个成员，劳工部理事会发布决议，在部长的提议下，委派持有权威的许可证作为机构的主席或成员，并要拥有丰富的劳务纠纷解决经验，在机构主席的建议下，限定机构办事处数量和部级决议的工作范畴，由机构主席委任各个办事处部长，分配工作任务，监督所有相关的行政工作。

**第二百一十六条**

高等解决纠纷机构的每个办事处都可以进行案件的终审，分阶段进行，负责所有来自初级机构办事处提交的上诉。

**第二百一十七条**

上诉周期为自初级解决纠纷机构提交决议后的三十天，从确定决议送达之日起。

**第二百一十八条**

如果初级机构办事处在规定期限内未提交上诉，则将上一条中的决议作为用于执行的最终决议，高等机构办事处的决议应从发布之日起开始执行。

**第二百一十九条**

所有上述机构均为唯一的，没有其他替代，有权解决与本法规相关的所有纠纷，对于因劳务合同产生的纠纷，应澄清合同中存在所有质疑，或者委派成员中的一个代表提供排疑咨询，同时还可以提交文件，材料分析等其他规定的解决措施。在以调查为目的时，高等机构的成员有权进入企业的任何地方，查阅所有其认为应该查阅的文件和记录中的信息。

**第二百二十条**

提交上诉应通过初级机构下属的主管劳务办事处，在其所在地区的总部或主管部门。在将纠纷提交至机构之前，劳务办事处应该采取相应的解决措施使纠纷友好的解决。劳工部发布了专门的解决措施和规定的相关决议。

**第二百二十一条**

本条例规定的上诉被视为紧急事项。

**第二百二十二条**

本法规规定，两个机构都不接受任何关于要求争取在本法规规定中的权利的上诉，以及在劳务关系结束十二个月之后由劳务合同产生的纠纷的上诉。

在本法规生效十二个月后，不接受任何关于要求争取在以前的劳务法规定的权利的上诉。

在纠纷发生十二个月后，不接受任何对于违背本法规的规定条例及决议的纠纷上诉。

**第二百二十三条**

本章所述的任一机构均不能够在可以做出判决时，因本法规不包括相关内容而拒绝发布决议，此时应该以安全执法为原则，按照以前的案件中达成的共识来公平公正的解决。

**第二百二十四条**

劳动合同双方可以以仲裁的方式根据合同规定来解决纠纷。

双方也可以在分歧产生后私下和解。在任何时候都可以按照国家相关法律法规及执行条例来解决。

**第二百二十五条**

纠纷双方都不可以因本章所述机构公布的最终判决而在该机构或其他

司法机构内挑起冲突。

**第二百二十六条**

在执行调解或仲裁程序期间，或向本章所述的机构之一上诉期间，对于造成员工的伤害的现行的劳务条款，在开始执行调解程序之前，用人单位不可以进行更改。

**第二百二十七条**

机构可以判决败诉的一方支付胜诉的一方仲裁期间所产生的所有或部分费用。

**第二百二十八条**

劳工部理事会对解决劳务纠纷机构发布诉讼条例。

## 第十五章　法律责任

**第二百二十九条**

除了其他法规中的处罚，本章所述的处罚同样执行。

**第二百三十条**

对于违反法规中任一条款的人，本章规定都处以不少于三千不超过一万沙特里亚尔的罚款，尤其要培养沙特员工的职业技能，以取代违反本法规及相关决议的职位。

**第二百三十一条**

对于违反本法规第十六条、第二十五条、第三十三条、第三十七条、第三十八条规定的，处罚不少于二千，不超过五千沙特里亚尔的罚款，罚款数量根据产生纠纷的员工数的增加而增加。

**第二百三十二条**

对于违反本法规第三十条的人处以不少于一万，不超过三万沙特里亚尔的罚款。

**第二百三十三条**

对违反本法规第三十九条的人处以不少于五千不超过二万沙特里亚尔的罚款，罚款数量根据产生纠纷的员工数的增加而增加，如发现员工同时做其他工作，则将其辞退。

**第二百三十四条**

对于违反本法规第六章第二、三、四节或任一决议的规定的业主或用人单位负责人，对每项违规处罚不少于二千不超过五千沙特里亚尔的罚款。

**第二百三十五条**

对于违反本法规第九十条规定的用人单位业主处以不少于五百不超过三千沙特里亚尔的罚款，罚款数量根据产生纠纷的员工数的增加而增加。

**第二百三十六条**

根据本法规第一百二十一条规定，对于违反本法规第八章第一、二节规定的每项违规处以不少于三千，不超过一万沙特里亚尔的罚款，或者停业不超过三十天，或者彻底停业，可以结合根据制止危险的情况，确定判处罚款还是停业。

**第二百三十七条**

在不影响其他机构的处罚规定，未执行职权的情况下，可以进行权力转换，对于违反本法规第一百九十九条规定的人，处以不少于五千，不超过一万沙特里亚尔的罚款。

**第二百三十八条**

对于拒绝或推迟执行解决劳务纠纷机构公布的仲裁决议或者最终决议的用人单位业主或项目负责人或员工，处罚不少于一万沙特里亚尔不超过三万沙特里亚尔的罚款。

**第二百三十九条**

对于本法规中没有明确说明的违反本法规其他条款或决议的处罚结果

时，均处以不少于二千不超过五千沙特里亚尔的罚款。

**第二百四十条**

对于在九十天内重复违规或者在规定期限内没有改正其违规行为的，将处以加倍的罚款。

**第二百四十一条**

违规者可以在不诉诸劳务纠纷解决机构的情况下，直接支付本章规定的相应的最高罚款。

**第二百四十二条**

根据本法规条例或相关决议征收的所有罚款将纳入人类资源发展基金。

## 第十六章　附　则

**第二百四十三条**

劳工部在发布本法规的一百八十个工作日内完成其相关执行条例及决议，执行条例将在政府公报上发表。

**第二百四十四条**

本法规将取代国家颁布的伊历 1389/9/6 第 (21/M) 号的员工和劳务法规，取消了所有与之相矛盾的规定，在本法规处于修正状态，未执行之前，继续使用旧版法规。

**第二百四十五条**

本法规将发表在政府公报上，在发表后一百八十天起生效。

# 参考文献

## 一、专著类


[1] 陈诚 .“一带一路”中非发展合作新模式：“造血金融”如何改变非洲 [M]. 北京：中国人民大学出版社，2018.

[2] 韩秀丽 . 中国海外投资的环境保护问题研究：国际投资法视角 [M]. 北京：法律出版社，2013.

[3] 李超民 . 埃及社会保障制度 [M]. 上海：上海人民出版社，2011.

[4] 梁咏 . 中国投资者海外投资法律保障与风险防范 [M]. 北京：法律出版社，2010.

[5] 林灿铃 . 国际环境立法的伦理基础 [M]. 北京：中国政法大学出版社，2019.

[6] 马迅 . 能源宪章条约投资规则研究 [M]. 武汉：武汉大学出版社，2012.

[7] 漆彤 . 中国海外投资法律指南 [M]. 北京：法律出版社，2019.

[8] 史本叶 . 国有企业境外投资风险防范机制研究 [M]. 北京：经济科学出版社，2016.

[9] 谭民 . 中国—东盟能源安全合作法律问题研究 [M]. 武汉：武汉大学出版社，2016.

[10] 吴芳芳 . 国有中资企业在海外经营中的社会责任问题研究 [M]. 北

京：北京大学出版社，2013.
[11] 杨青.中国企业境外投资法律实务指南[M].北京：法律出版社，2019.
[12] 余劲松.国际投资法（第五版）[M].北京：法律出版社，2018.
[13] 曾华群、余劲松.促进与保护我国海外投资的法制[M].北京：北京大学出版社，2017.
[14] HANSEN V.The Silk Road：A New History [M] .Oxford：Oxford University Press，2012.
[15] REINISCH A，SCHREUER C. International Protection of Investments [M] .Cambridge：Cambridge University Press，2020.
[16] TITI C，GOMEZ K F. Mediation in International Commercial and Investment Disputes [M] .Oxford：Oxford University Press，2019.

## 二、期刊类

[1] 陈德敏，郑泽宇.中国企业投资“一带一路”沿线国家环境风险的法律规[J].新疆社会科学，2020（2）.
[2] 程春华.能源宪章转型与全球能源治理：历程、原因及影响[J].社会科学，2015（11）.
[3] 单文华，王鹏，王晗.“一带一路”建设背景下中国加入《能源宪章条约》的成本收益分析[J].国际法研究，2016（1）.
[4] 邓苏宁.沙特外商投资法立法译介[C]//上海市法学会.《上海法学研究》集刊（2021 年第 10 卷 总第 58 卷）——华东政法大学文集，2021.
[5] 龚柏华，朱嘉程.论中国企业境外投资立法基本原则[J].社会科学，2022（10）.

［6］龚柏华．论境外投资规制中可持续发展理念［J］．政法论丛，2022(2)：3-1.
［7］顾维遐．全球国际商事法庭的兴起与生态［J］．南大法学，2022(06).
［8］韩永红．“一带一路”国际合作软法保障机制论纲［J］．当代法学，2016，30(4).
［9］洪永红，高明东．在埃及投资务必重视缴纳社保费用［J］．中国投资（中英文），2022(Z3).
［10］孔庆江，王荣华．“一带一路”投资安全保障机制体系研究［J］．上海政法学院学报（法治论丛），2022，37(5).
［11］李况然，李正图．中国对外能源投资保护法律机制初探——基于上合组织框架的研究［J］．江淮论坛，2021(5).
［12］李姗姗，石现明．论中国涉外商事仲裁立法国际化改革——以建设“一带一路”国际商事仲裁中心为目标视角［J］．学术探索，2023(5).
［13］林松业．从“三大法案”到“国民对话”——兼论后冷战时代沙特阿拉伯的政治变革［J］．西亚非洲，2010(12).
［14］莫建建，高建勋．“一带一路”投资者与国家争端解决机制的革新［J］．国际商务研究，2022，43(4).
［15］欧丹．沙特阿拉伯仲裁制度的发展及其借鉴意义［J］．东南司法评论，2016，9.
［16］石岩．欧盟外资监管改革：动因、阻力及困局［J］．欧洲研究，2018，36(1).
［17］托马斯·R.斯奈德，珍·拉赫曼，库斯布·沙赫达普利，朱伟东．中东的能源仲裁［J］．中东研究，2021(2).
［18］王筝．“一带一路”战略模式构建的国际法思考［J］．当代经济，2019(6).
［19］魏庆坡．“一带一路”投融资绿色化的法律保障体系研究［J］．环境

保护，2019，47（19）.

［20］肖蓓.中国企业投资“一带一路”沿线国家的生态环境风险及法律对策研究［J］.国际论坛，2019，21（4）.

［21］徐卫东，闫泓汀.“一带一路”倡议下的海外投资法律风险对策［J］.东北亚论坛，2018，27（4）.

［22］杨璐源.企业境外投资的现状、法律风险及对策研究［J］.中国集体经济，2021（21）.

［23］岳树梅.“一带一路”能源合作法律机制构建研究［J］.社会科学战线，2017（8）.

［24］翟语嘉.“21世纪海上丝绸之路”框架下能源通道安全保障法律机制探究［J］.法学评论，2019，37（2）.

［25］张楚楚.以实正名：中国与中东国家的基础设施合作［J］.西亚非洲，2021（4）.

［26］张乃根.“一带一路”倡议下的国际经贸规则之重构［J］.法学，2016（5）.

［27］张荣芳，刘昕洁.埃及投资争端解决机制改革的法律风险防范［J］.东北农业大学学报（社会科学版），2020，18（3）.

［28］赵宏.世贸组织争端解决机制25年：辉煌、困境与出路［J］.国际贸易，2021（12）.

［29］朱伟东，王婷.非洲区域经济组织成员身份重叠现象与消解路径［J］.西亚非洲，2020（1）.

［30］朱伟东.“一带一路”背景下中阿投资争议的解决途径［J］.西亚非洲，2018（3）.

［31］朱伟东.国际商事仲裁裁决承认和执行中的公共政策问题［J］.河北法学，2007，163（5）.

［32］朱伟东.中国与“一带一路”国家间民商事争议解决机制的完善［J］.

求索，2016，292（12）.
［33］朱正远．“一带一路”倡议下中国企业对外投资的环境风险与防范［J］．河海大学学报（哲学社会科学版），2021，23（6）.
［34］AGYEMANG A A. African states and ICSID arbitration［J］. Comparative and International Law Journal of Southern Africa，1988，21（2）.
［35］BROWER C N，TEPE J B. The Charter of Economic Rights and Duties of States：A Reflection or Rejection of International Law?［J］. The InternationalLawyer，1975.
［36］GRABOWSKI A. The definition of investment under the ICSID Convention：a defense of Salini［J］. Chi. J. Int'l L.，2014，15.
［37］KIDANE W. The China-Africa factor in the contemporary ICSID legitimac debate［J］. U. Pa. J. Int'l L.，2013，35.
［38］NASSAR N. Internationalization of State Contracts：ICSID，The Last Citadel［J］. J. Int'l Arb.，1997，14.
［39］WANG X J. African Development and China-Africa Joint Efforts on the Belt and Road Initiative［J］.China International Studies，2019（3）.
［40］YOUSSEF F. Egypt：New Decree Organising Deposit of Arbitral Awaids-A Stab in the Back of Arbitration in Egypt［J］. International Arbitration Law Review，2009（6）.

## 三、学位论文类

［1］冯德恒．身份转换语境下的中国海外投资法律保护研究［D］．长春：吉林大学，2019.
［2］高波．“一带一路”建设中的对外直接投资风险研究［D］．长春：吉

林大学，2020.
[3] 龚思进．“一带一路”建设中我国海外利益的国际法治保障研究［D］．北京：外交学院，2022.
[4] 黄志瑾．中国国有投资者境外投资法律问题研究［D］．上海：华东政法大学，2013.
[5] 贾辉．国际投资环境保护之国家责任研究［D］．北京：中国政法大学，2021.
[6] 李松榆．中东伊斯兰国家商事仲裁制度研究［D］．湘潭：湘潭大学，2019.
[7] 李文怡．“一带一路”投资争端解决机制研究［D］．重庆：西南政法大学，2018.
[8] 刘笑晨．海外投资保险法律制度研究［D］．大连：大连海事大学，2020.
[9] 罗丹思（Rodanthi Chatzopoulou）．投资者国家争端解决机制及其对东道国法治影响的研究［D］．武汉：中南财经政法大学，2018.
[10] 王彬．外国投资的国家安全审查法律制度研究［D］.长春：吉林大学，2017.
[11] 吴小国．“一带一路”合作机制中国际软法问题研究［D］．武汉：中南财经政法大学，2019.
[12] 徐磊．对外投资经济安全法律问题研究［D］．上海：华东政法大学，2017.
[13] 闫飞．中央企业境外投资法律问题研究［D］．上海：华东政法大学，2020.
[14] 昝丙艳．中国对外直接投资的政策与制度研究［D］．北京：对外经济贸易大学，2019.
[15] 张倩芸．论外国仲裁裁决在沙特的承认与执行［D］．北京：北京外国

语大学，2018.

［16］张正怡．国际能源投资争端法律问题研究［D］. 上海：华东政法大学，2013.

## 四、报告类

［1］普华永道．普华永道 2020 境外投资风险管理白皮书［R/OL］.（2020-5-22）［2021-6-12］.https：//www.pwccn.com/zh/research-and-insights/belt-and-road/publication/2020-white-paper-on-overseas-investment-risk-management.pdf.

［2］商务部国际贸易经济合作研究院，中国驻埃及大使馆经济商务处．对外投资合作国别（地区）指南埃及（2022 年版）［R］. 商务部对外投资和经济合作司，2022：49-50.

［3］商务部国际贸易经济合作研究院，中国驻突尼斯大使馆经济商务参赞处．对外投资合作国别（地区）指南：突尼斯［R］. 商务部对外投资和经济合作司，2019：72-73.

［4］走出去情报，埃及新能源市场概述［R/OL］.（2021-8-04）［2021-8-11］.https：//mp.weixin.qq.com/s/zrDSjlMBqX43BjzUJmEzpw.

［5］走出去情报，沙特阿拉伯新能源市场的特点、机遇和挑战概述［R/OL］.（2021-7-22）［2021-8-11］.https：//mp.weixin.qq.com/s/TkJJmrEMSMbFlcnOaByCw.

［6］Deloitte.International Tax Egypt Highlights 2022［R/OL］.（2022-3-22）［2022-3-30］.https：//www2.deloitte.com/content/dam/Deloitte/global/Documents/Tax/dttl-tax-egypthighlights-2022.pdf?nc=1.

## 五、电子资源类

［1］联合国粮食及农业组织.FAOLEX数据库：阿尔及利亚［EB/OL］.［2020-8-19］.http：//www.fao.org/faolex/ country-profiles/general-profile/zh/?iso3=DZA.

［2］联合国粮食及农业组织.FAOLEX数据库：突尼斯［EB/OL］.［2020-8-19］.http：//www.fao.org/faolex/ country-profiles/general-profile/zh/?iso3=TUN.

［3］央视网.《民营企业境外投资经营行为规范》公布［EB/OL］.（2017-12-18）［2022-7-11］.https：//www.sohu.com/a/211172232_428290.

［4］张利宾，曾雪皓.能源宪章条约（ECT）：历史背景、基本框架规定和争端解决［EB/OL］.［2016-1-20］.https：//www.china5e.com/news/news-930534-1.html.

［5］Italaw. Helnan International Hotels A/Sv Arab Republic of Egypt（ICSID Case No. ARB /05 /19）［EB/OL］.（2010-6-15）［2021-9-10］.https：//www.italaw.com/cases/529.

［6］OECD iLibrary. OECD Investment Policy Reviews：Egypt 2020［EB/OL］.［2021-7-8］.https：//www.oecd-ilibrary.org/sites/9f9c589a-en/1/3/3/index.html?itemId=/content/publication/9f9c589a-en&_csp_=1a0017284fd213909b8930994bc6bae6&itemIGO=oecd&itemContentType=book.

［7］Oxford University Press. Tanmiah v Tunisia，Court Decision（Summary），Arab Investment Court 1/1 Q，IIC 238（2006），12th October 2006，Arab League［EB/OL］.（2006-12-12）［2021-6-5］.https：//oxia.ouplaw.com/display/10.1093/law：iic/238-2006.case.1/law-iic-238-2006#：~：text=Tanmiah%20v%20Tunisia%2C%20Court%20Decision%20

%28Summary%29%2C%20Arab%20Investment，IIC%20238%20%282006%29%2C%2012th%20October%202006%2C%20Arab%20League.

[ 8 ] Ronald Reagan. Statement by President Ronald Reagan on International Investment Policy [ EB/OL ] . ( 1983-9-9 ) [ 2021-3-2 ] .https：//www.reaganlibrary.gov/archives/speech/statement-international-investment-policy.

[ 9 ] UNCTAD. Hesham Talaat M. Al-Warraq v The Republic of Indonesia [ EB/OL ] . ( 2014-12-15 ) [ 2021-12-6 ] .https：//investmentpolicy.unctad.org/investment-dispute-settlement/cases/426/al-warraq-v-indonesia.

[ 10 ] Word Bank Group. ICSID Member States [ EB/OL ] . [ 2021-6-9 ] . https：//icsid.worldbank.org/about/member-states.